普通高等职业教育
“十三五”规划教材

Excel
在会计中的应用

秦 刚 王 艳 徐 栋 主 编
魏春生 王 娜 丁小华 王 尧 刘 芳 副主编
余 爽 梁 平 参 编

清华大学出版社
北 京

内 容 简 介

本书以会计工作基本流程、会计基本方法为主线进行编写，内容涵盖了中小企业会计核算的各个环节，按照会计循环的一般过程，遵循简练、实用的原则，循序渐进地讲解了 Excel 在会计中的应用。全书共包括 10 个模块，分别为 Excel 在会计工作中的应用基础、Excel 在初始建账中的应用、Excel 在记账凭证处理中的应用、Excel 在固定资产管理中的应用、Excel 在成本核算中的应用、Excel 在工资管理中的应用、Excel 在账簿管理中的应用、Excel 在财务报表编制中的应用、Excel 在财务报表分析中的应用和 Excel 在会计中的综合应用。

本书适合普通高等职业院校财务管理、经济管理等专业的学生阅读，也适合其他跨专业的学生选修或企业培训使用。

图书在版编目(CIP)数据

Excel 在会计中的应用 / 秦刚，王艳，徐栋主编 .--北京：清华大学出版社，2017(2022.1 重印)
(普通高等职业教育“十三五”规划教材)
ISBN 978-7-302-46150-0

Ⅰ. ①E… Ⅱ. ①秦… ②王… ③徐… Ⅲ. ①表处理软件-应用-会计-高等职业教育-教材 Ⅳ. ①F232

中国版本图书馆 CIP 数据核字(2017)第 013768 号

责任编辑：刘志彬
封面设计：汉风唐韵
责任校对：宋玉莲
责任印制：刘海龙

出版发行：清华大学出版社
网　　址：http：//www. tup. com. cn，http：//www. wqbook. com
地　　址：北京清华大学学研大厦 A 座　　**邮　　编**：100084
社 总 机：010-62770175　　**邮　　购**：010-62786544
投稿与读者服务：010-62776969，c-service@tup. tsinghua. edu. cn
质量反馈：010-62772015，zhiliang@tup. tsinghua. edu. cn
印 装 者：三河市龙大印装有限公司
经　　销：全国新华书店
开　　本：185mm×260mm　　**印　　张**：14　　**字　　数**：357 千字
版　　次：2017 年 1 月第 1 版　　**印　　次**：2022 年 1 月第 8 次印刷
定　　价：42.00 元

产品编号：072673-02

Preface 前言

Excel是微软办公套装软件的一个重要组成部分，它可以进行各种数据的处理、统计分析和辅助决策操作，广泛地应用于管理、财务统计、金融等众多领域。

本书遵照会计工作基本流程、会计基本方法进行编写，内容涵盖了中小企业会计核算的各个环节，按照会计循环的一般过程，遵循简练、实用的原则，循序渐进地讲解了Excel在会计中的应用。

全书共包括10个模块，主要内容如下。

模块一：Excel在会计工作中的应用基础，主要介绍Excel的基本操作、数据编辑、公式和语法、函数的应用等内容，这是全书的基础。

模块二：Excel在初始建账中的应用，主要介绍期初经济数据的试算平衡、企业会计所需账表的设计和制作、会计核算体系的构建方法。本模块的突出特色是会计科目体系严谨，符合会计准则和企业实际，为后续的会计核算工作奠定了基础。

模块三：Excel在记账凭证处理中的应用，主要介绍会计凭证、会计凭证汇总表的设计和制作，突出特色是可利用相关函数从会计凭证汇总表中取数，自动形成会计凭证，在会计凭证中有平衡检查功能，减轻了工作量。

模块四：Excel在固定资产管理中的应用，主要介绍固定资产的增加、折旧、处理和更新决策，以及资金的时间价值计算。

模块五：Excel在成本核算中的应用，主要介绍Excel在品种法、分批法和分步法中的应用。

模块六：Excel在工资管理中的应用，主要介绍工资管理初始化的设置、工资构成项目数值的计算、工资数据分析和统计，以及工资条的制作。

模块七：Excel在账簿管理中的应用，主要包括科目汇总表的编制、日记账的编制、明细分类账的编制和总账的编制。

模块八：Excel在财务报表编制中的应用，主要包括期末余额表的编制、资产负债表的编制、利润表的编制、现金流量表的编制。

模块九：Excel在财务报表分析中的应用，主要对企业的偿债能力、盈利能力、营运能力、成长能力等指标进行了分析。

模块十：Excel在会计中的综合应用，主要针对模拟企业一个核算周期内发生的经济业务进行综合核算，涵盖了建账、填制凭证、成本计算、工资管理、税务核算、资产管理、出具会计报表等会计工作，是一个完整的会计核算工作。

本书既能满足会计学习的需要，也能满足会计模拟实训的需要，能很好地解决学生顶岗实习难的问题。

本书的编写过程中，参考了一些相关的著作、文献以及网上的资料，在此向这些著作、文献、网上资源的作者及提供者表示衷心的感谢。由于水平有限，加之时间仓促，书中难免存在疏漏与不当之处，敬请广大读者批评指正。

Contents 目录

模块一 Excel在会计工作中的应用基础

模块二 Excel在初始建账中的应用

模块三 Excel在记账凭证处理中的应用

模块四 Excel在固定资产管理中的应用

模块五　Excel 在成本核算中的应用

模块六　Excel 在工资管理中的应用

模块七　Excel 在账簿管理中的应用

模块八　Excel 在财务报表编制中的应用

模块九　Excel 在财务报表分析中的应用

模块十　Excel 在会计中的综合应用

1 模块一 Chapter 1 Excel在会计工作中的应用基础

学习目标

1. 掌握Excel的基本操作方法，包括文件的编辑与保存、各种数据的输入、工作表的格式化、公式的输入与编辑、函数的使用等。

2. 能正确使用Excel软件的菜单工具。

3. 能独立完成Excel文件的录入、编辑和格式化等基础工作。

4. 能正确使用公式和函数。

项目一 Excel的基本操作

Excel是微软办公套装软件的一个重要的组成部分，目前的主流版本是Excel 2013版。本书采用的是Excel 2013中文版。

一、Excel的启动与退出

1. Excel的启动

启动Excel主要有以下几种方法。

(1) 单击Windows桌面左下角“开始”→“Excel 2013”选项。

(2) 单击Windows桌面左下角“开始”→“所有程序”→“Microsoft Office 2013”→“Excel 2013”选项。

(3) 双击桌面Excel程序。

(4) 双击任何一个扩展文件名为“.xls”或“.xlsx”的文件，将自动启动Excel 2013，并打开工作簿。

2. Excel的退出

(1) 在Excel工作界面中，单击窗口右上角的关闭按钮 ×。

(2) 在 Excel 工作界面中，单击窗口左上角 按钮，选择“关闭”。

(3) 在 Excel 工作界面中，按下 Alt+F4 组合键。

二、Excel 的工作界面

Excel 的工作界面主要由标题栏、列标识、行标识、功能区、名称框、编辑栏、工作区、滚动条、工作表标签、状态栏、视图切换区和比例缩放区组成，如图 1-1 所示。下面对常用的几个部分进行简单介绍。

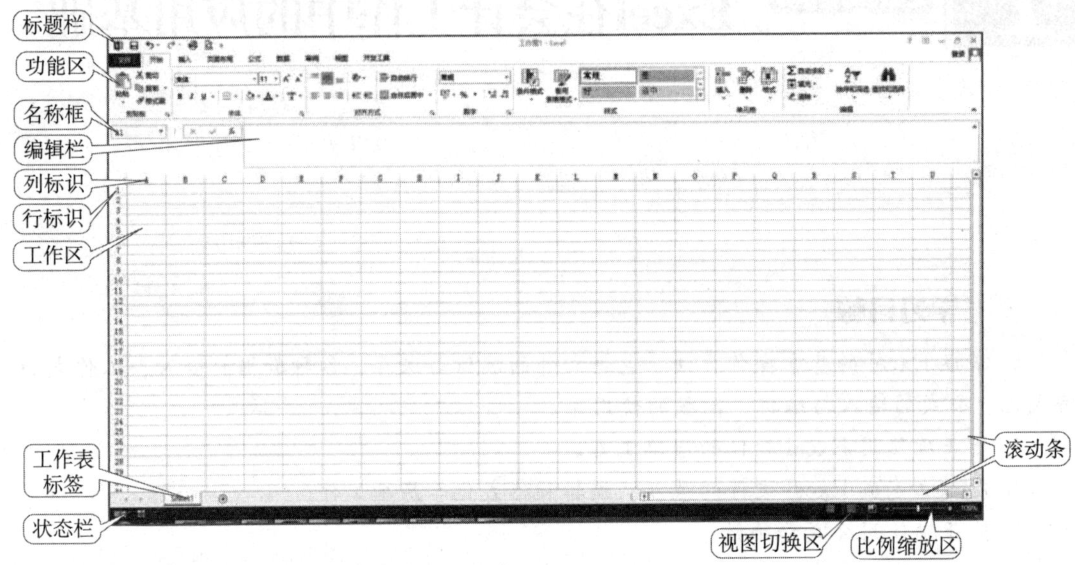

图 1-1 Excel 的工作界面

▶ 1. 标题栏

标题栏位于窗口的最上方，由控制菜单图标、快速访问工具栏、工作簿名称和控制按钮等组成。

▶ 2. 功能区

功能区主要由选项卡、组合命令按钮等组成。通常情况下，Excel 工作界面中显示开始、插入、页面布局、公式、数据、审阅以及视图 7 个选项卡。使用者可以切换到相应的选项卡中，然后单击相应的命令按钮完成所需要的操作。

功能区右上角还包括了功能区最小化、Microsoft Excel 帮助按钮，以及 3 个窗口控制按钮，即窗口最小化按钮、窗口还原按钮和窗口关闭按钮。这 3 个窗口控制按钮用来控制工作区窗口操作。

▶ 3. 名称框

名称框主要用于指定当前选定的单元格。

▶ 4. 编辑栏

编辑栏用来显示和编辑当前活动单元格的数据和公式。

▶ 5. 工作区

工作区是用户用来输入、编辑以及查询的区域。工作区主要由行标识、列标识、表格区、滚动条和工作表标签组成。

▶ 6. 视图切换区

视图切换区位于状态栏的右侧，用来切换工作簿视图方式，由普通按钮、页面布局按钮和分页视图按钮组成。

▶ 7. 比例缩放区

比例缩放区位于视图切换区的左侧，用来设置表格区的显示比例。

三、保存 Excel 文件

在完成工作簿文件的操作之后，就需要将上述内容保存成 Excel 文件。

▶ 1. 保存文件的方法

(1) 单击“文件”→“保存”命令或“另存为”命令。

(2) 单击标题栏上的“保存”快捷按钮。

(3) 按下 Ctrl+S 组合键。

(4) 关闭 Excel，按提示菜单进行保存。

▶ 2. 保存文件的类型

保存文件时，系统默认为 Microsoft Excel 工作簿，也可以单击“保存类型”下拉按钮，修改文件类型。常用的文件保存类型有 Excel 工作簿、网页、PDF 等。

▶ 3. 文件名

文件名应能简单明了地反映文件的主旨内容。文件名由文件主名和扩展名组成，文件主名最多可由 255 个字符组成，扩展名由文件类型确定。主名和扩展名之间由一个小圆点隔开。文件名中不能有/ | \ * ? <>":。

▶ 4. 文件的保存位置

文件的保存路径是由保存文件时的路径决定的。可在保存文件的“另存为”对话框的地址栏中选择。如图 1-2 所示，文件“初识 Excel 2013”的位置在桌面“Excel 2013 在会计中的应用”文件夹中。

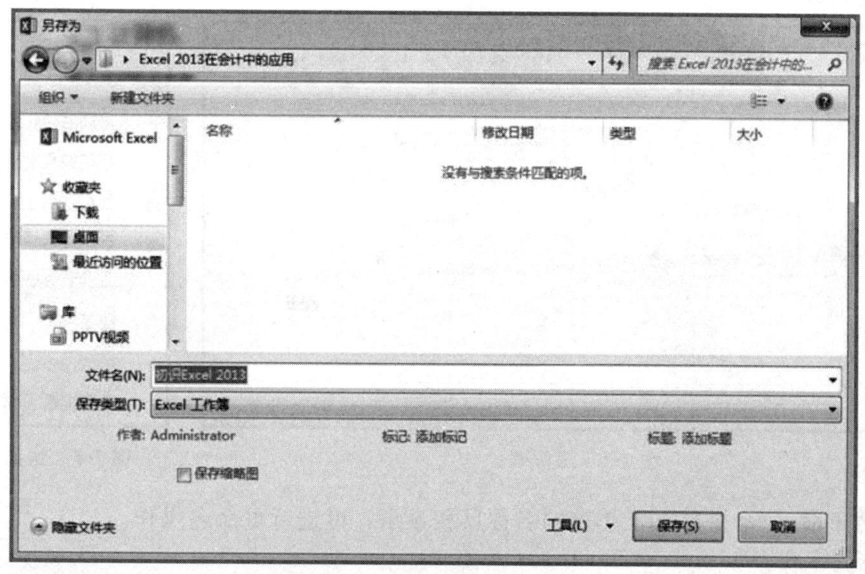

图 1-2　Excel 文件的保存

项目二　数据的编辑

一、数据编辑区域

▶ 1. 工作簿

每一个 Excel 文件都可以看作一个工作簿，当打开一个 Excel 文件时，就等于打开了一个 Excel 工作簿。它是工作表、图表及宏表的集合，以文件的形式存储，如图 1-3 所示。

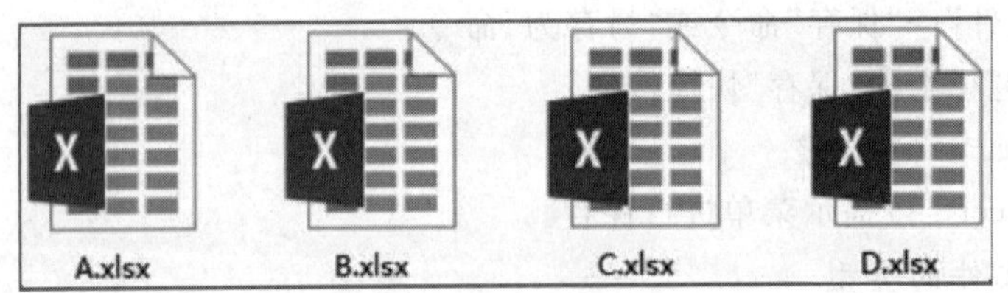

图 1-3　工作簿

▶ 2. 工作表

打开 Excel 工作簿后，在窗口底部看到的 Sheet1 标签表示的是工作表，有几个标签就表示有几个工作表，如图 1-4 所示。

工作表是 Excel 中用于编辑、显示和分析一组数据的电子表格，由排列成行和列的单元格组成。对工作表可进行以下操作。

1）增加工作表

单击 Sheet1 后面的添加表按钮⊕，可增加工作表。

2）重命名工作表

右击需重命名的工作表，弹出快捷菜单，如图 1-5 所示。

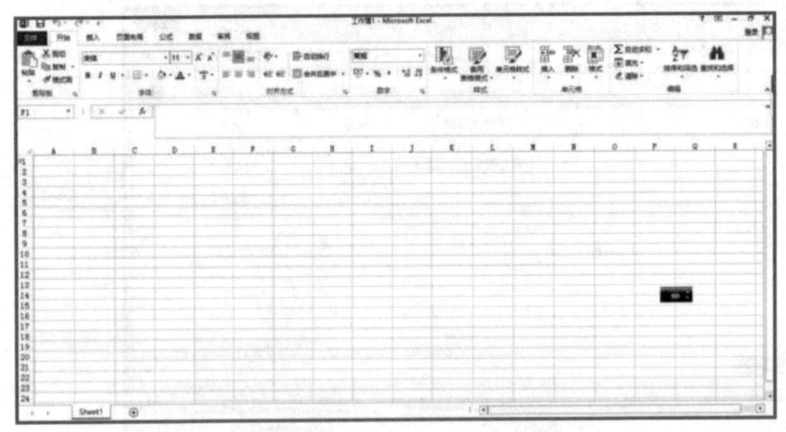

图 1-4　工作表

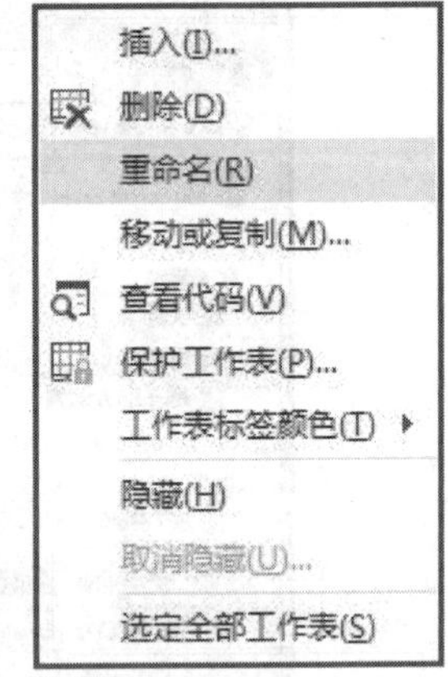

图 1-5　快捷菜单

单击“重命名”命令后，工作表的名称反相显示，可进行重命名操作。

3）插入工作表

插入工作表操作是默认的在当前工作表的前面插入一个新的工作表。右击工作表标签，弹出快捷菜单。单击“插入”命令，弹出“插入”对话框，如图 1-6 所示。在“常用”选项卡中选择“工作表”，单击“确定”按钮。

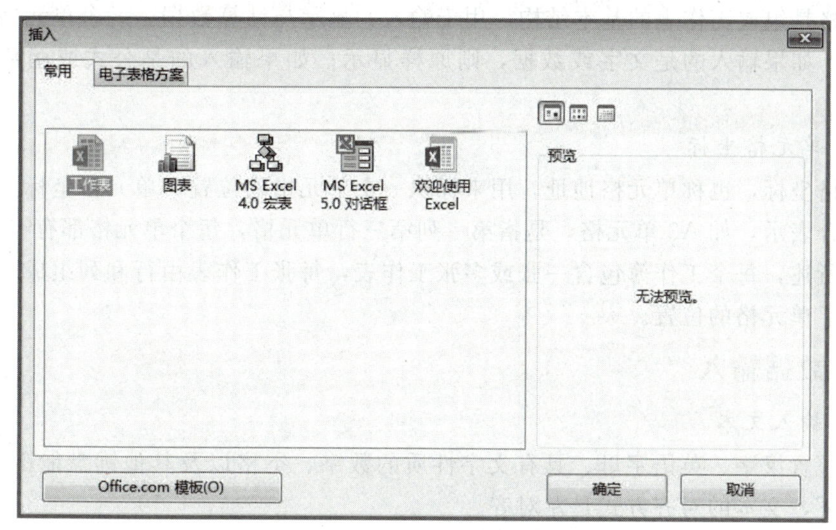

图 1-6　“插入”对话框

4）移动或复制工作表

右击需要移动或复制的工作表，弹出快捷菜单，单击“移动或复制”命令，打开“移动或复制工作表”对话框，如图 1-7 所示。

通过设置“工作簿”和“下列选定工作表之前”可将当前工作表移动或复制到相应的位置。

5）设置工作表标签颜色

右击需要更改标签颜色的工作标签，在弹出的快捷菜单中选择“工作表标签颜色”可在“主题颜色”关联菜单中选择需要的颜色，如图 1-8 所示。

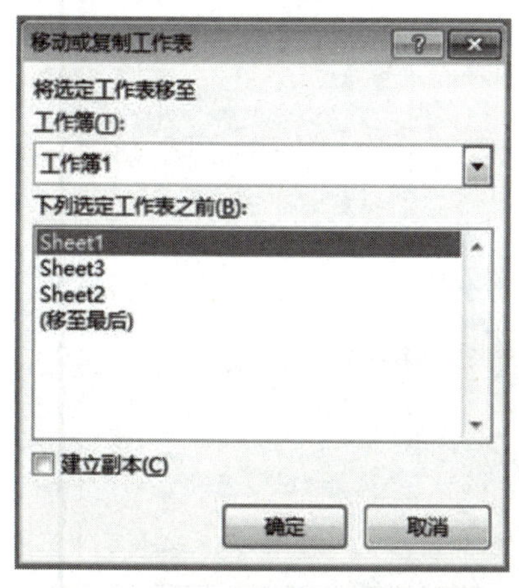

图 1-7　“移动或复制工作表”对话框

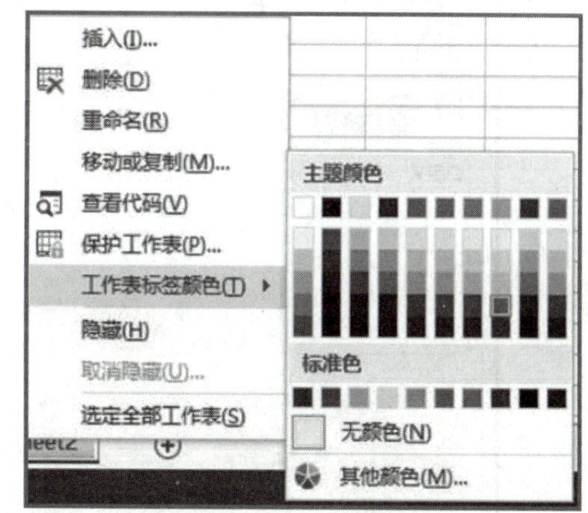

图 1-8　设置工作表标签颜色

▶ 3. 行与列

工作表内从左到右的方向称为行，从上到下的方向称为列。

4. 单元格

在每个工作表内，被网格线纵横隔开的就是单元格。

单元格是组成工作表的基本结构，用于输入、显示与计算数据。一个单元格只能存入一个数据。如果输入的是文字或数据，则原样显示；如果输入的是公式或函数，则显示结果。

5. 单元格坐标

单元格坐标，也称单元格地址，用来标识一个单元格的位置。单元格坐标一般用列标与行号组合表示，如A3单元格，是指第一列第三行单元格，每个单元格都有唯一的编号。

综上所述，每个工作簿包含一张或多张工作表，每张工作表由行和列组成。行和列的坐标确定了单元格的位置。

二、数据输入

1. 输入文本

文本包含汉字、英语字母、具有文字性质的数字、空格以及其他键盘能键入的符号。默认状态下，文本的对齐方式是左对齐。

在单元格模式下，可直接输入汉字、字母及其他键盘上能键入的符号。如果将一个数字作为文本来处理，可采取两种方式来处理：第一，在输入数据时先输入一个单引号（'），再输入具体的数据；第二，可先设置单元格的格式为文本格式，如图1-9所示，再输入具体的数据。

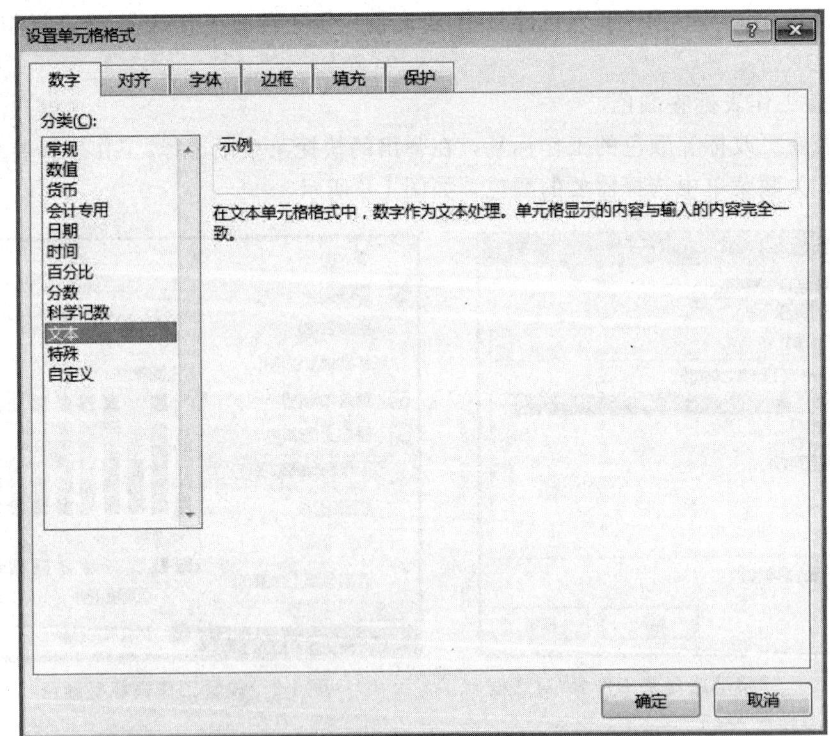

图1-9　设置单元格格式为文本格式

▶ 2. 输入数字

默认状态下，输入数字时，Excel 会将该数据沿单元格右侧对齐。

输入分数时，需在分数前键入“0”(零)，再键入一个空格，然后键入分数。

输入负数时，需在负数前键入“－”(减号)，或将其置于()括号内。

▶ 3. 输入日期和时间

Excel 将日期和时间视为数字处理，可以相加、相减，并可以包含到其他运算中。如果要在公式中使用日期或时间，需要用带引号的文本形式输入日期或时间值。

如果需要在同一个单元格中同时键入日期和时间，需要在其间用空格分隔。

如果要输入 12 小时制的时间，需要在时间后键入一个空格，然后键入 AM 或 PM。

如果要输入系统当前日期，可按 Ctrl＋；组合键。如果要输入系统当前时间，可按 Ctrl＋Shift＋：组合键。

▶ 4. 同时在多个单元格输入相同数据

键入前先选择相应的多个单元格，再在活动单元格中键入相应的数据，然后按 Ctrl＋Enter 组合键即可在选中的多个单元格输入相同的数据。

三、工作表的格式化设置

工作表的格式化主要是通过“设置单元格格式”对话框来完成。操作时先选择需要设置格式的单元格，右击，在弹出的快捷菜单中选择“设置单元格格式”，弹出“设置单元格格式”对话框，如图 1-10 所示。在该对话框中可完成数字、对齐、字体、边框等的设置。

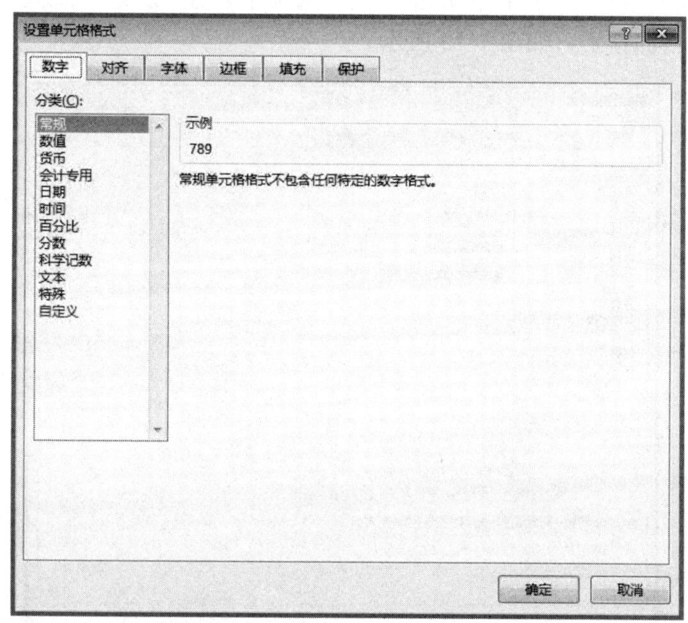

图 1-10 “设置单元格格式”对话框

▶ 1. 设置文本格式

在“设置单元格格式”对话框中单击“字体”选项卡，可对字体、字形、字号、下划线、特殊效果、颜色等进行设置，如图 1-11 所示。

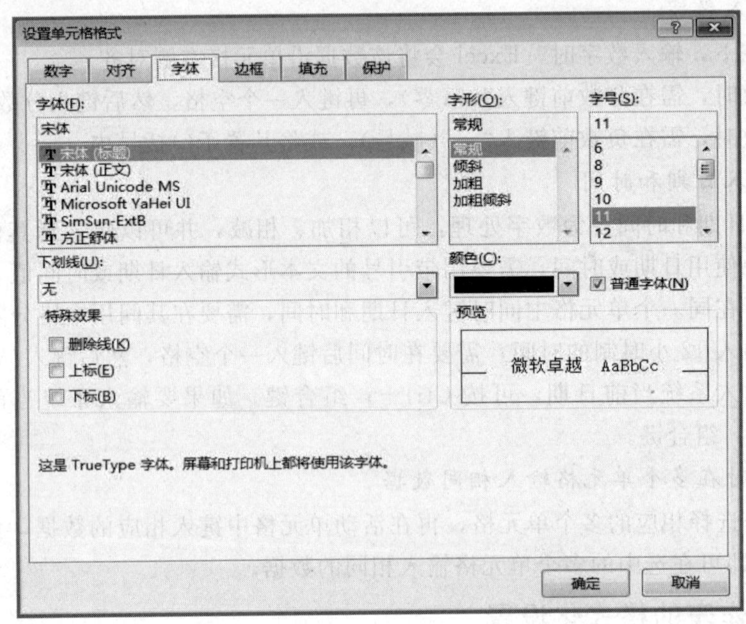

图 1-11 “字体”选项卡

▶ 2. 设置数字格式

在“设置单元格格式”对话框中单击“数字”选项卡，在“分类”列表框中选择相应的选项，可设置单元格的格式，如图 1-12 所示。

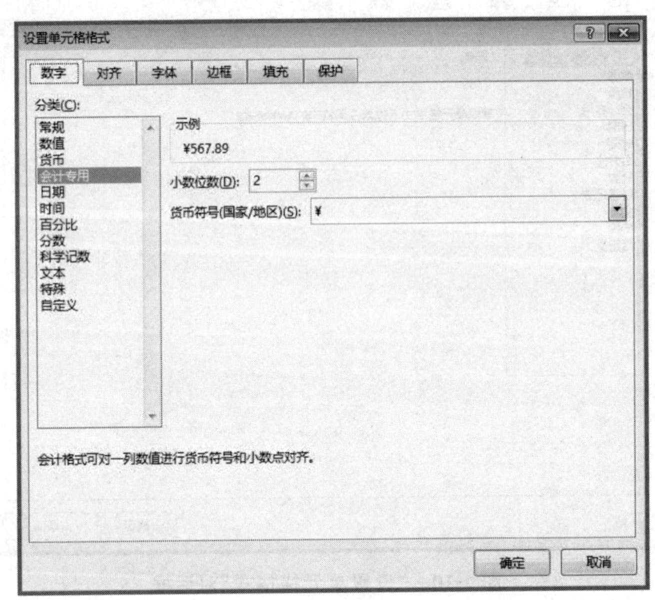

图 1-12 “数字”选项卡

例如，采用“会计专用”格式，保留两位小数，数值前带有货币符号，单击“确定”按钮后，数据显示为“￥567.89”。

▶ 3. 设置日期和时间格式

在“设置单元格格式”对话框中的“数字”选项卡中，可通过“日期”“时间”以及“自定义”对日期和时间格式进行设置。

▶ 4. 设置单元格边框

在“设置单元格格式”对话框中的“边框”选项卡中，可通过“样式”“颜色”“预设”以及“边框”对单元格的边框进行设置。例如，对边框进行如图 1-13 所示的设置，效果如图 1-14 所示。

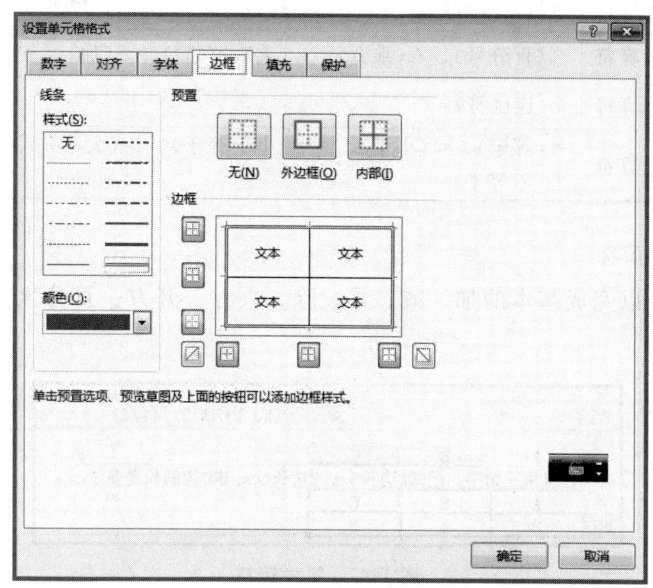

图 1-13 在“边框”选项卡中进行边框设置

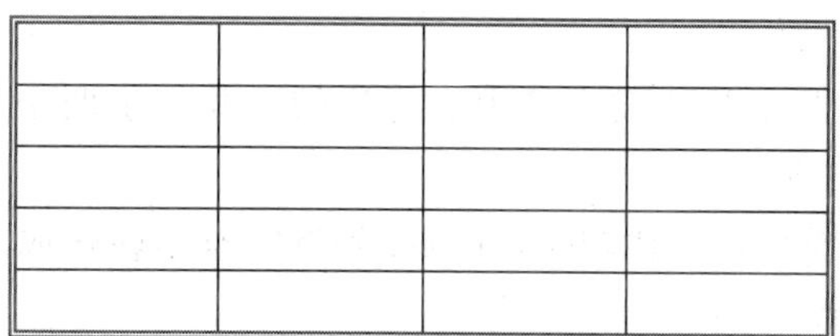

图 1-14 边框设置效果

项目三 公式和语法

Excel 具有强大的计算功能，只要输入正确的计算公式后，就会立即在活动单元格中显示其计算结果。如果单元格中的数据有变动，系统会自动调整计算结果，使用户随时能够观察到正确的结果。

Excel 能够轻而易举地完成算术运算、科学计算、财务计算和统计计算等，还可以用公式进行文本或字符串的比较。

一、运算符

在 Excel 中，运算符分为四类：算术运算符、比较运算符、文本运算符和引用运算符，各种运算符及其优先级如表 1-1 所示。

表 1-1　运算符及其优先级

优先级	类　别	运　算　符
高 ↓ 低	引用运算符	区域运算符(:)、联合运算符(,)、交叉运算符( )
	算术运算符	%(百分号)、∧(乘方)、*(乘)、/(除)、+(加)、-(减)
	文本运算符	&(连接符)
	比较运算符	=(等于)、<(小于)、<=(小于等于)、>(大于)、>=(大于等于)、<>(不等于)

▶ 1. 算术运算符

算术运算符可以完成基本的加、减、乘、除、乘方、开方、百分比等数学运算，如图 1-15所示。

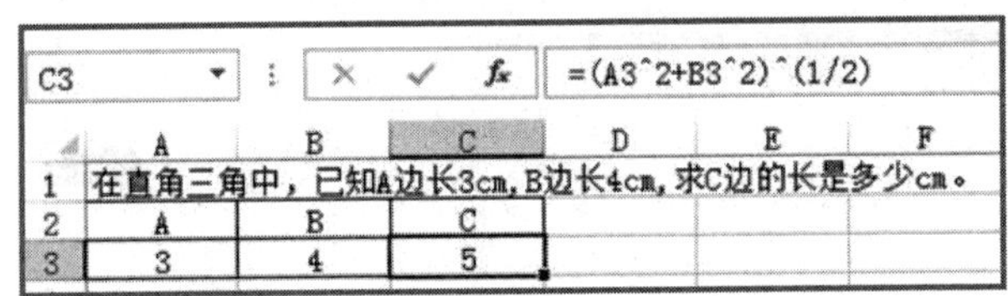

图 1-15　算术运算

在 C3 单元格输入公式=(A3^2+B3^2)^(1/2)可得出 C3 单元格的正确结果。

▶ 2. 比较运算符

比较运算符可以对两个数值或字符串进行比较，并产生两个逻辑值：TRUE(真)和 FALSE(假)，如图 1-16 所示。

用比较运算符对字符串进行比较时，Excel 先将字符串转化成内部的 ASCII 码，然后再做比较，如图 1-17 所示。

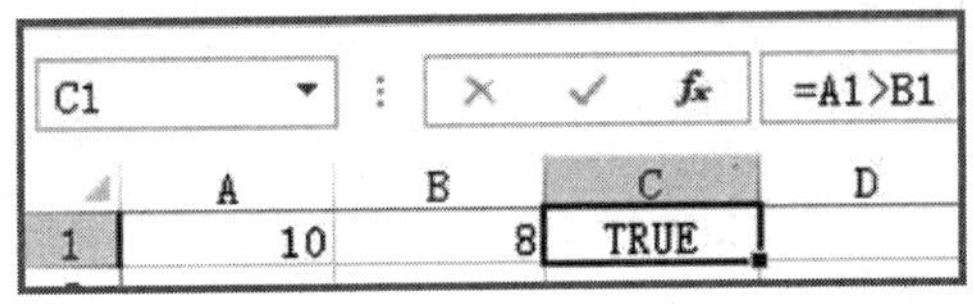

图 1-16　数值的比较

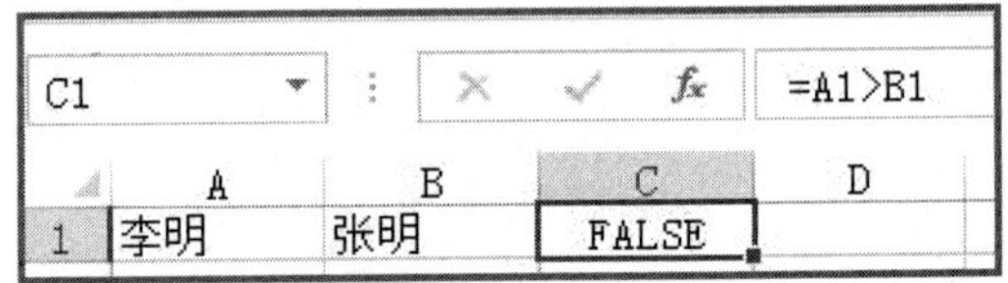

图 1-17　字符串的比较

▶ 3. 文本运算符

文本运算符可以将一个或多个文本连接为一个组合文本，如图 1-18 所示。

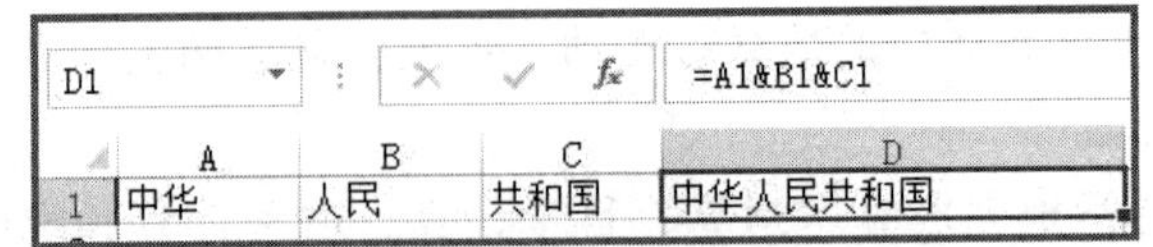

图 1-18　文本运算

▶ 4. 引用运算符

引用运算符可以将单元格区域合并运算，是 Excel 特有的运算。

区域运算符(:)可以对两个引用之间，包括两个引用在内的所有单元格进行引用。如图 1-19 所示，单元格 D4 中是 A1、A2、A3、B1、B2、B3、C1、C2、C3 共 9 个单元格数据之和。

联合运算符(,)可以将多个引用合并为一个引用。如图 1-20 所示，单元格 D4 中是 A1、A2、A3 及 C1、C2、C3 共 6 个单元格数据之和。

D4　=SUM(A1:C3)

	A	B	C	D	E
1	5	10	15		
2	10	15	20		
3	15	20	25		
4				135	

图 1-19　区域运算

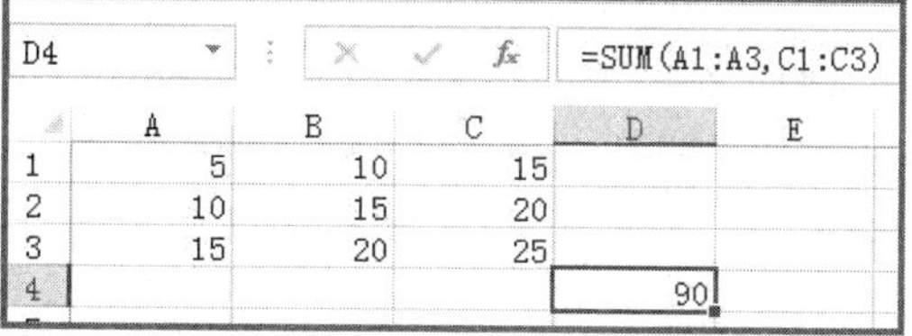

D4　=SUM(A1:A3,C1:C3)

	A	B	C	D	E
1	5	10	15		
2	10	15	20		
3	15	20	25		
4				90	

图 1-20　联合运算

交叉运算符(␣)可以引用两个或两个以上单元格区域的重叠部分。如图 1-21 所示，单元格 D4 中是 B1、B2 及 C1、C2 共 4 个单元格数据之和。

D4　=SUM(A1:C2 B1:C3)

	A	B	C	D（插入函数）	E
1	5	10	15		
2	10	15	20		
3	15	20	25		
4				60	

图 1-21　交叉运算

二、输入公式

在单元格中输入公式时，以"="开头，后面再输入参与运算的元素或运算符。元素可以是常量数值、单元格引用、标志名称或工作表函数等。这些元素是通过运算符隔开的，根据运算符优先次序从左往右执行计算，可以使用括号组合运算来控制计算的顺序，括号中的部分将优先执行计算。

例如，在单元格 D1 中输入公式=a1/b1 * c1。

▶ 1. 方法一：直接键入公式

单击单元格 D1，直接输入公式=a1/b1 * c1，单击 Enter 键或单击"编辑栏"中的"输入"按钮✓，即可完成公式的输入。

▶ 2. 方法二：用鼠标选择要引用的单元格

单击单元格 D1，键入"="号。单击单元格 A1，此时单元格 A1 周围出现虚线框，同时 A1 出现在等号后面，键入"/"号。单击单元格 B1，键入" * "号，再单击单元格 C1。最后单击"编辑栏"中的"输入"按钮✓，完成公式的输入。

三、单元格的引用

输入公式时，要用到单元格的地址，这就是单元格的引用。在公式中使用了引用，就将公式及单元格中的数据联系在了一起，当数据发生变化时，公式的值将会自动更新。

1. 引用同一张工作表上的单元格

在一张工作表上，对单元格的引用有三种方式：相对引用、绝对引用和混合引用。

1）相对引用

所谓相对引用，是指被引用的单元格与公式单元格的位置关系是相对的。使用相对引用后，系统将记忆建立公式的单元格和被引用单元格的位置关系，在粘贴这个公式时，新的公式单元格和被引用的单元格仍保持相对的位置关系。

使用相对引用直接输入单元格的地址即可。例如，在单元格 D1 中输入公式＝A1＋B1＋C1，如图 1-22 所示。

复制、粘贴该公式到 D2 中，得到的公式为＝A2＋B2＋C2，如图 1-23 所示。

D1 =A1+B1+C1

	A	B	C	D
1	5	10	15	30
2	10	15	20	
3	15	20	25	

图 1-22　在单元格 D1 中输入相对引用的公式

D2 =A2+B2+C2

	A	B	C	D	E
1	5	10	15	30	
2	10	15	20	45	
3	15	20	25		

图 1-23　相对引用

2）绝对引用

所谓绝对引用，是指被引用单元格与公式单元格的位置关系是绝对的。使用绝对引用后，无论将该单元格的公式粘贴在任何单元格，所引用的单元格位置是不变的。

使用绝对引用时要在单元格地址的“行”号或“列”号前添加“＄”符号。例如，在单元格 D1 中输入公式＝＄A＄1＋＄B＄1＋＄C＄1，如图 1-24 所示。

复制、粘贴该公式到 D2 中，得到的公式为＝＄A＄1＋＄B＄1＋＄C＄1，如图 1-25 所示。

D1 =$A$1+$B$1+$C$1

	A	B	C	D	E
1	5	10	15	30	
2	10	15	20		
3	15	20	25		

图 1-24　在单元格 D1 中输入绝对引用的公式

D2 =$A$1+$B$1+$C$1

	A	B	C	D	E
1	5	10	15	30	
2	10	15	20	30	
3	15	20	25		

图 1-25　绝对引用

3）混合引用

所谓混合引用，是指公式中单元格的相对引用地址改变，而绝对引用地址不改变。例如，混合引用单元格＄A1(列 A 为绝对引用，行 1 为相对引用)、D＄3(列 D 为相对引用，行 3 为绝对引用)等。

4）相对引用与绝对引用之间的切换

方法一：按 Ctrl＋＄组合键进行切换。

方法二：按 F4 键进行切换。

2. 引用同一工作簿中其他工作表上的单元格

在当前工作表中可以引用其他工作表上的单元格，引用时需要在单元格地址前添加工作表标签及“！”。

1）方法一：直接键入

如在当前工作表 Sheet1 中选择公式单元格，直接键入“＝SUM(Sheet3！B1：B6)”，即可引用工作表 Sheet3 中单元格 B1：B6。

2）方法二：用鼠标选择要引用的单元格

如在当前工作表 Sheet1 中选择公式单元格，先键入“＝SUM(”。单击工作表 Sheet3，在工作表 Sheet3 中，选择区域 B1：B6，按下 Enter 键，即可引用工作表 Sheet3 中的单元格 B1：B6。

▶ 3. 引用其他工作簿中的单元格

在当前工作表中可以引用其他工作簿中的单元格或单元格区域，引用时需要在单元格地址前添加工作簿的路径、工作簿名称、工作表标签及“!”。

1）方法一：直接键入

如在当前工作表 Sheet1 中选择公式单元格，直接键入“＝SUM(C：\my\[book1.xls]Sheet3！B1：B6)”，即可引用 C 盘根目录下 my 文件夹中的工作簿 book1.xls 中的工作表 Sheet3 中的单元格 B1：B6。

2）方法二：用鼠标选择要引用的单元格

如在当前工作表 Sheet1 中选择公式单元格，先键入“＝SUM(”。选择 C 盘根目录下 my 文件夹中的工作簿 book1.xls(可以先打开该工作簿)，单击工作表 Sheet3，选择区域 B1：B6，按下 Enter 键，即可引用 C 盘根目录下 my 文件夹中的工作簿 book1.xls 中的工作表 Sheet3 中的单元格 B1：B6。

项目四　函数的应用

函数实际上是公式的另一种表现形式，公式和函数是 Excel 最重要的应用工具，正确运用公式和函数是用好 Excel 的关键。

一、函数的结构

函数的语法以函数的名称开始，后面跟括号，括号中是以逗号“,”隔开的参数，即函数名(参数 1，参数 2，参数 3，……)。函数通过参数接收数据，运算后产生一个返回值，如求和函数：

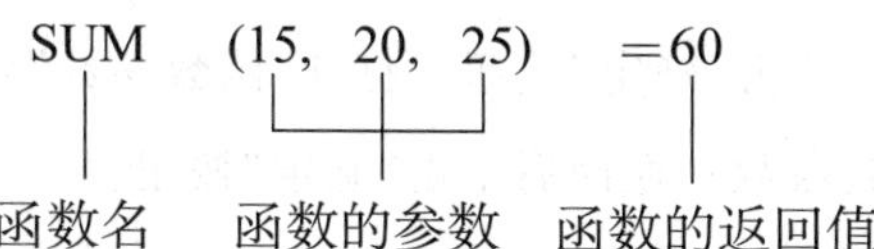

如果函数以公式的形式出现，要以“＝”开头。

函数名用于描述函数的功能，函数的参数可以是数值、文字、逻辑值和引用等。参数也可以是常量、公式或其他函数。

函数处理数据的方式与公式处理数据的方式是相同的，函数通过引用参数接收数据，并返回结果。在大多数情况下返回的是计算的结果，可以返回文本、引用、逻辑值、数值或工作表的信息。

二、输入函数

输入函数与输入公式的方法类似，如果是非常熟悉的函数，可以在单元格中直接输入，不太熟悉的函数可以使用菜单命令插入函数。

▶ 1. 方法一：在单元格中直接输入函数

在单元格中直接输入函数与输入公式的方法相同，如在单元格 D1 中输入公式＝AVERAGE(A1∶C1)，如图 1-26 所示。

单击编辑栏上的“输入”按钮，即可完成函数的输入，函数的返回值如图 1-27 所示。

RMB ▾ ✕ ✓ fx =AVERAGE(A1:C1)

	A	B	C	D	E
1	10	100	1000	=AVERAGE(A1:C1)	

图 1-26　在单元格中直接输入函数

D1 ▾ fx =AVERAGE(A1:C1)

	A	B	C	D	E
1	10	100	1000	370	

图 1-27　函数的返回值

▶ 2. 方法二：使用菜单命令插入函数

单击函数单元格 D1，单击“开始”→“自动求和”命令，在下拉菜单中选择“其他函数”，打开“插入函数”对话框，如图 1-28 所示。

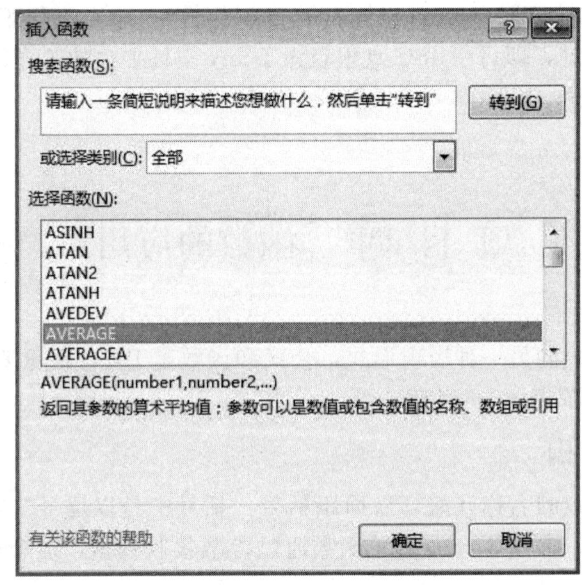

图 1-28　“插入函数”对话框

单击“AVERGE”函数，单击“确定”按钮，打开“函数参数”对话框，如图 1-29 所示。

单击按钮，设置函数参数，返回后单击“确定”按钮。

▶ 3. 方法三：点击编辑栏中的 fx 按钮插入函数

操作方法同方法二。

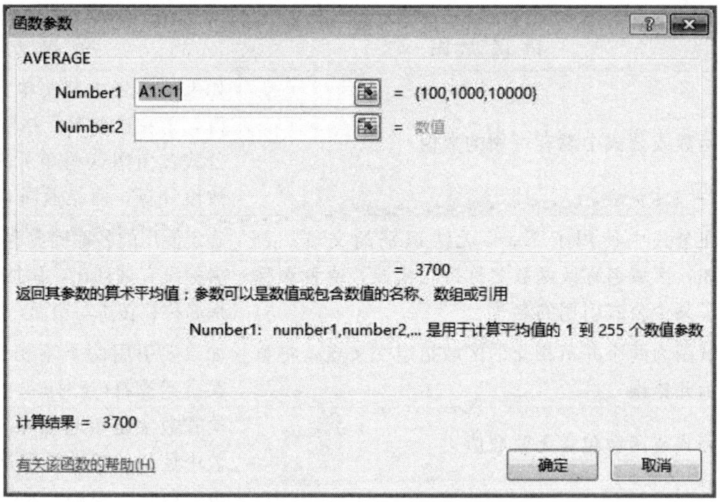

图 1-29 “函数参数”对话框

三、嵌套函数

嵌套函数也称为复合函数，所谓嵌套函数就是将一个函数作为另一个函数的参数使用。在 Excel 中，函数的嵌套可以多达 7 层。

当函数 B 作为函数 A 的参数时，函数 B 称为第二级函数。

当嵌套了函数作为参数使用时，它返回的数值类型必须与参数使用的数值类型相同。否则，Excel 将显示“#VALUE!”错误值。

四、Excel 函数的类型

Excel 提供了大量的内置函数，主要包括数学函数、文本和数据函数、日期与时间函数、查找和引用函数、逻辑函数、信息函数、财务函数、统计函数、工程函数、数据库函数共 10 类函数，可用于科学计算、工程管理、金融管理、财务管理、统计和审计等不同领域。另外，用户还可以利用 VBA 或宏编写自定义函数，用于特定的需要。

五、公式和函数运算常见错误及解决方法

公式和函数运算常见错误及解决方法如表 1-2 所示。

表 1-2 公式和函数运算常见错误及解决方法

常见错误	错误原因	解决方法
#####	输入到单元格中的数值太长或公式产生的结果太长，单元格容纳不下	适当增加列宽度
	单元格包含负的日期或时间值，例如，用过去的日期减去将来的日期，将得到负的日期	确保日期和时间为正值
#DIV/0!	在公式中，除数使用了指向空单元格或包含零值单元格的单元格引用(在 Excel 中如果运算对象是空白单元格，Excel 将此空值当作零值)	修改单元格引用，或者在用作除数的单元格中输入不为零的值
	输入的公式中包含明显的除数零，例如，公式=1/0	将零改为非零值

续表

常见错误	错误原因	解决方法
＃N/A	函数或公式中没有可用的数值	如果工作表中某些单元格暂时没有数值，请在这些单元格中输入"＃N/A"，公式在引用这些单元格时，将不进行数值计算，而是返回＃N/A
＃NAME?	在公式中使用了 Excel 无法识别的文本。例如，区域名称或函数名称拼写错误，或者删除了某个公式引用的名称	确定使用的名称确实存在。如果所需的名称没有被列出，添加相应的名称。如果名称存在拼写错误，修改拼写错误
＃NULL!	试图为两个并不相交的区域指定交叉点，将显示此错误	如果要引用两个不相交的区域，使用联合运算符(逗号)
＃NUM!	公式或函数包含无效数值	检查数字是否超出限定区域，确认函数中使用的参数类型是否正确
＃REF!	单元格引用无效。例如，如果删除了某个公式所引用的单元格，该公式将返回＃REF! 错误	更改公式，在删除或粘贴单元格之后，立即单击撤销按钮以回复工作表中的单元格
＃VALUE!	公式所包含的单元格有不同的数据类型。例如，如果单元格 A1 包含一个数字，单元格 A2 包含文本，则公式＝A1＋A2 将返回错误值＃VALUE!	确认公式或函数所需的参数或运算符是否正确，并且确认公式引用的单元格所包含均为有效的数值

2 模块二
Chapter 2
Excel在初始建账中的应用

>>> 学习目标

1. 掌握 IF()函数、SUMIF()函数的使用方法。
2. 能参照手工会计所用的表格，用 Excel 进行设计和格式化。
3. 能用 IF()函数、SUMIF()函数进行试算平衡。
4. 能用 Excel 软件完成建账工作。

新建单位和原有单位在年度开始时，会计人员均应根据核算工作的需要设置会计账簿，这就是平常所说的“建账”。由于会计核算以年度、季度、月进行分期核算，因此每月也需建账。

建账可分为如下四个步骤。

(1) 按照需用的各种账簿的格式要求，预备各种账页，并将活页的账页用账夹装订成册。

(2) 在账簿的“启用表”上，写明单位名称、账簿名称、册数、编号、起止页数、启用日期以及记账人员和会计主管人员姓名，并加盖名章和单位公章。记账人员或会计主管人员在本年度调动工作时，应注明交接日期、接办人员和监交人员姓名，并由交接双方签名或盖章，以明确经济责任。

(3) 按照会计科目表的顺序、名称，在总账账页上建立总账账户。并根据总账账户明细核算的要求，在各个所属明细账户上建立二、三级明细账户。原有单位在年度开始建立各级账户的同时，应将上年账户余额结转过来。

(4) 启用订本式账簿，应从第一页起到最后一页止顺序编定号码，不得跳页、缺号。使用活页式账簿，应按账户顺序编本户页次号码。各账户编列号码后，应填“账户目录”，将账户名称页次登入目录内，并粘贴索引纸(账户标签)，写明账户名称，以利检索。

本模块主要介绍利用 Excel 软件确定会计科目体系，选择账页形式，开设账簿，录入期初余额，进行试算平衡。

项目一　确定会计科目体系

项目描述

华宇公司是增值税一般纳税人，增值税税率为17%，所得税税率为25%，2015年12月1日，有关科目的余额如表2-1所示。

表2-1　华宇公司科目余额表

2015年12月1日　　单位：元

科目名称	借方余额	科目名称	贷方余额
库存现金	950.00	短期借款	300 000.00
银行存款	350 000.00	应付票据	60 000.00
其他货币资金	40 000.00	应付账款	457 480.00
交易性金融资产	30 000.00	其他应付款	9 000.00
应收票据	71 225.00	应付职工薪酬	85 000.00
应收账款	245 000.00	应交税费——应交城市维护建设税	4 360.00
坏账准备	−1 225.00	应交税费——应交教育费附加	1 920.00
预付账款	40 000.00	长期借款	300 000.00
其他应收款	13 800.00	股本	2 000 000.00
材料采购	30 000.00	盈余公积——法定盈余公积	43 420.00
原材料	280 000.00	利润分配——未分配利润	440 780.00
库存商品	665 800.00		
材料成本差异	2 450.00		
长期股权投资	500 000.00		
固定资产	1 235 160.00		
累计折旧	−456 200.00		
固定资产减值准备	−20 000.00		
工程物资	—		
在建工程	—		
无形资产	750 000.00		
累计摊销	−75 000.00		

根据会计法规的有关规定，结合企业实际，设置本企业的会计科目体系。

项目知识

一、设置会计科目的目的和作用

在会计科目设置时，可以把各项会计要素的增减变化分门别类地归集起来，使之一目了然，以便适应本企业的管理需要，为企业内部经营管理和向有关方面提供一系列具体分类核算指标。

会计科目有以下四个作用。

(1) 会计科目是复式记账的基础。

(2) 会计科目是编制记账凭证的基础。

(3) 会计科目为成本核算及财产清查提供了前提条件。

(4) 会计科目为编制会计报表提供了方便。

二、会计科目的设置原则

各单位由于经济业务活动的具体内容、规模大小与业务繁简程度等情况不尽相同，因此应考虑其自身特点和具体情况，并遵循以下原则设置会计科目。

▶ 1. 全面性原则

会计科目作为对会计要素具体内容进行分类核算的项目，科目的设置应能保证全面地反映各会计要素形成一个完整的体系。

▶ 2. 合法性原则

合法性原则，是指所设置的会计科目应当符合国家统一的会计制度的规定。企业应当参照会计制度中统一规定的会计科目，根据自身的实际情况设置会计科目，但其设置的会计科目不得违反现行会计制度的规定。企业可以根据自身的生产经营特点，在不影响统一会计核算要求以及对外提供统一的财务报表的前提下，自行增设、减少或合并某些会计科目。设置会计科目的重点是根据企业的实际设置明细科目。

▶ 3. 相关性原则

相关性原则，是指所设置的会计科目应当提供有关各方所需要的会计信息服务，满足对外报告与对内管理的要求。根据企业会计准则的规定，企业财务报告提供的信息必须满足对内对外各方面的需要，而设置会计科目必须服务于会计信息的提供，必须与财务报告的编制相协调、相关联。

▶ 4. 清晰性原则

会计科目作为对会计要素分类核算的项目，要求简单明确、字义相符、通俗易懂。同时，企业对每个会计科目所反映的经济内容也必须做到界限分明，既要避免不同会计科目所反映的内容重叠的现象，也要防止全部会计科目未能涵盖企业某些经济内容的现象。

▶ 5. 简要实用原则

在合法性的基础上，企业应当根据组织形式、所处行业、经营内容、业务种类等自身特点，设置符合企业需要的会计科目。会计科目设置应该简单明了、通俗易懂、突出重点，对不重要的信息进行合并或删减，要尽量使读者一目了然，便于理解。

科目代码的设置要简单，一级、二级科目逻辑关系要准确，可采用“422”编码体系。

项目实施

(1) 打开 Excel，新建“Excel 在初始建账中的应用”文件。

(2) 将“Sheet1”改名为“会计科目体系”。

(3) 将会计科目体系录入工作表，内容显示如表 2-2 所示。

表 2-2　会计科目体系

科目代码	总账科目	明细科目	会计科目全称
1001	库存现金		
1002	银行存款		银行存款
1012	其他货币资金	银行汇票存款	其他货币资金——银行汇票存款
1101	交易性金融资产		交易性金融资产
1121	应收票据	D 公司	应收票据——D 公司
1122	应收账款		应收账款
1123	预付账款		
1131	应收股利		应收股利
1132	应收利息		应收利息
1231	其他应收款		
1241	坏账准备		坏账准备
1403	原材料		原材料
1404	材料采购		材料采购
1405	材料成本差异		材料成本差异
1406	库存商品		库存商品
1471	存货跌价准备		存货跌价准备
1524	长期股权投资		
1601	固定资产		固定资产
1602	累计折旧		累计折旧
1603	固定资产减值准备		固定资产减值准备
1604	在建工程		在建工程
1605	工程物资		工程物资
1606	固定资产清理		固定资产清理
1701	无形资产		无形资产
1702	累计摊销		累计摊销
1703	无形资产减值准备		无形资产减值准备
2001	短期借款		短期借款
2201	应付票据		应付票据
2202	应付账款		应付账款
2205	预收账款		
2211	应付职工薪酬		应付职工薪酬

续表

科目代码	总账科目	明细科目	会计科目全称
221101	应付职工薪酬	工资	应付职工薪酬——工资
221102	应付职工薪酬	职工福利	应付职工薪酬——职工福利
2221	应交税费		应交税费
222101	应交税费	应交城市维护建设税	应交税费——应交城市维护建设税
222102	应交税费	应交教育费附加	应交税费——应交教育费附加
222103	应交税费	应交所得税	应交税费——应交所得税
222101	应交税费	应交增值税	应交税费——应交增值税
22210101	应交税费	应交增值税(销项税额)	应交税费——应交增值税(销项税额)
22210102	应交税费	应交增值税(进项税额)	应交税费——应交增值税(进项税额)
22210103	应交税费	应交增值税(已交税金)	应交税费——应交增值税(已交税金)
2231	应付利息		应付利息
2241	其他应付款		
2601	长期借款		长期借款
4001	实收资本		
4101	盈余公积		盈余公积
4103	本年利润		本年利润
4104	利润分配		利润分配
410401	利润分配	未分配利润	利润分配——未分配利润
410402	利润分配	法定盈余公积	利润分配——法定盈余公积
5001	生产成本		生产成本
5101	制造费用		制造费用
6001	主营业务收入		主营业务收入
6111	投资收益		投资收益
6301	营业外收入		营业外收入
6401	主营业务成本		主营业务成本
6403	营业税金及附加		营业税金及附加
6601	销售费用		销售费用
6602	管理费用		管理费用
660201	管理费用	展览费	管理费用——展览费
660202	管理费用	折旧费	管理费用——折旧费
660203	管理费用	工资	管理费用——工资
660204	管理费用	福利费	管理费用——福利费
660205	管理费用	摊销费	管理费用——摊销费
6603	财务费用		财务费用
6701	资产减值损失		资产减值损失
6711	营业外支出		营业外支出
6801	所得税费用		所得税费用

(4) 格式化设置。选择“A1：C1”单元格，单击“开始”→“合并单元格”命令使其标题居中。选择“A2：C159”单元格，右击，在弹出的快捷菜单中选择“设置单元格格式”，设置边框和对齐方式。

项目二 建立各种账页

项目描述

根据企业会计核算的需要，建立各类账簿账页。

项目知识

会计账簿简称账簿，是由具有一定格式、相互联系的账页所组成，用来序时、分类地全面记录一个企业、单位经济业务事项的会计簿籍。设置和登记会计账簿，是重要的会计核算基础工作，是连接会计凭证和会计报表的中间环节，做好这项工作，对于加强经济管理具有十分重要的意义。

启用会计账簿时，应当在账簿的有关位置进行以下操作。

1. 设置账簿的封面

除订本账不另设封面以外，各种活页账都应设置封面和封底，并登记单位名称、账簿名称和所属会计年度。

2. 登记账簿启用及经管人员一览表

在启用新会计账簿时，应首先填写在扉页上印制的“账簿启用及交接表”中的启用说明，其中包括单位名称、账簿名称、账簿编号、起止日期、单位负责人、主管会计、审计人员和记账人员等项目，并加盖单位公章。在会计人员发生变更时，应办理交接手续并填写“账簿启用及交接表”中的交接说明。

3. 填写账户目录

总账应按照会计科目的编号顺序填写科目名称及启用页码。在启用活页式明细分类账时，应按照所属会计科目填写科目名称和页码，在年度结账后，撤去空白账页，填写使用页码。

4. 粘贴印花税票

印花税票应粘贴在账簿的右上角，并且划线注销。在使用缴款书缴纳印花税时，应在右上角注明“印花税已缴”及缴款金额。

本书主要介绍三栏式账簿、多栏式账簿、数量金额式账簿，其使用范围如表 2-3 所示。

各账簿的账页形式略有不同，但都具有以下栏目。

(1) 账户的名称，以及一级科目、二级或明细科目。

(2) 登记账簿的日期栏。

(3) 记账凭证的种类和号数栏。

(4) 摘要栏，所记录经济业务内容的简要说明。

(5) 金额栏，记录经济业务的增减变动和余额。

(6) 总页次和分户页次栏。

表 2-3 主要账簿及使用范围

账簿形式	主要栏目	适用范围	主要账户
三栏式账簿	借方、贷方和余额	资本、债权、债务	应收账款、应付账款、实收资本
多栏式账簿	在借方和贷方按照需要分设若干个专栏	收入、成本、费用、利润和利润分配	生产成本、管理费用、营业外收入、本年利润
数量金额式	三样式的各栏目中均设数量、单价和金额三小栏	存货、固定资产	原材料、库存商品、固定资产、无形资产

项目实施

在账页的设计中，以数量金额式账页最为复杂、最具代表性，其他形式账页可在此基础上通过修改进行设计。因此，本书以数量金额式账页(存货分类账)为例介绍账页的制作方法。具体格式如图 2-1 所示。

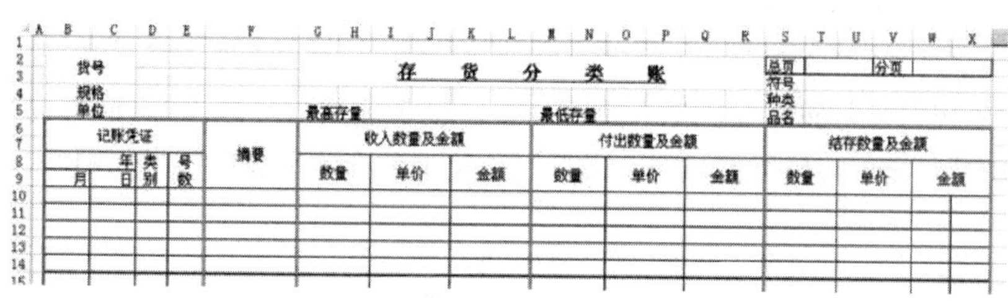

图 2-1 存货分类账样式

▶ 1. 重命名

将 Sheet2 改名为“存货分类账”。

▶ 2. 录入表体

录入表体，具体设置如下。

(1) 合并 B2∶C3 单元格，输入“货号”。

(2) 合并 B4∶C4 单元格，输入“规格”。

(3) 合并 B5∶C5 单元格，输入“单位”。

(4) 合并 B2∶C3 单元格，输入“货号”。

(5) 合并 B2∶C3 单元格，输入“货号”。

(6) 合并 G2∶R3 单元格，输入“存货分类账”。单击右键，在弹出的快捷菜单中选择“设置单元格格式”设置字体为宋体、加粗、加单下划线，字体颜色为蓝色、分散对齐并调整间隔。

(7) 合并 G5∶H5 单元格，输入“最高存量”。

(8) 合并 M5∶N5 单元格，输入“最低存量”。

(9) 在 S2、S3、S4、S5 单元格分别输入“总页”“符号”“种类”和“品名”。

▶ 3. 表格的设置

选择 B6：X31 单元格，单击右键，在弹出的快捷菜单中选择“设置单元格格式”设置边框，对边框的样式、颜色、预设、边框进行设置，如图 2-2 所示。

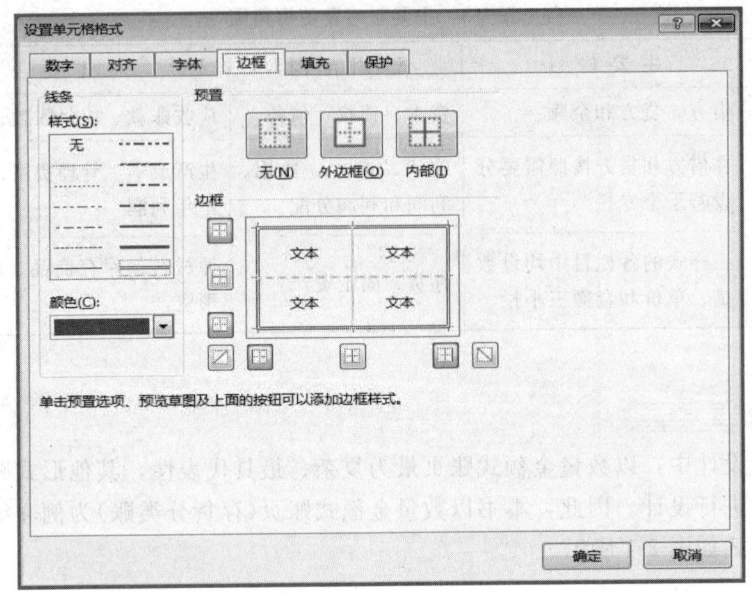

图 2-2　设置边框

为便于使用，可每间隔五行将下边框加粗。设置完成后，单击“页面布局”选择“网格线”中的“查看”复选框，隐藏网络线。最后制作完成的存货分类账效果如图 2-3 所示。

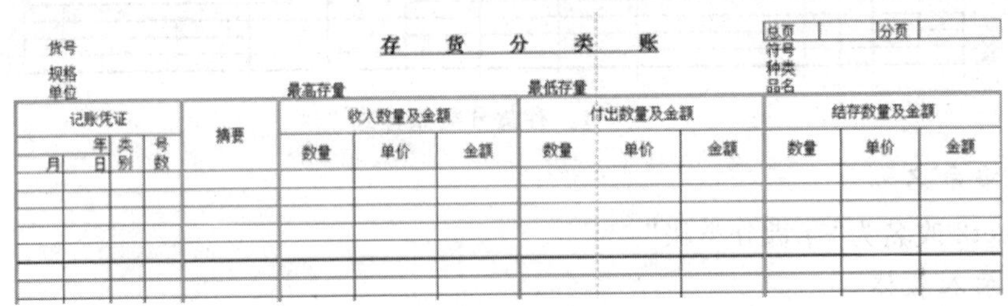

图 2-3　存货分类账完成效果

项目三　期初余额试算平衡

项目描述

制作完账簿后，可根据记账的方法，把各账户的期初余额登记在相应的账簿中，完成建账工作。此时需进行试算平衡，以保证后续会计核算的正确性。

根据“资产＝负债＋所有者权益”的会计恒等式和“有借必有贷，借贷必相等”的记账规则，对各账户期初余额进行试算平衡。

项目知识

一、IF( )函数

▶ 1. 功能

可以使用函数 IF 对数值和公式进行条件检测，根据指定的条件来判断其“真”(TRUE)、“假”(FALSE)，根据逻辑计算的真假值返回相应的内容。

▶ 2. 语法

IF(logical_test，value_if_true，value_if_false)

Logical_test：表示计算结果为 TRUE 或 FALSE 的任意值或表达式。

Value_if_true：logical_test 为 TRUE 时返回的值。

Value_if_false：logical_test 为 FALSE 时返回的值。

▶ 3. 示例

根据图 2-4 所示信息，判断张三的语文成绩和李四的数学成绩是否及格。在 C7 和 C8 单元格中分别输入下列公式：

C7＝IF(A3＞＝60,"已及格","不及格")

C8＝IF(C4＞＝60,"已及格","不及格")

结果显示如图 2-5 所示。

	A	B	C
1	IF()函数示例		
2	姓名	语文	数学
3	张三	86	92
4	李四	75	57
5	王五	60	93
6			

图 2-4 IF( )函数示例信息

	A	B	C
1	IF()函数示例		
2	姓名	语文	数学
3	张三	86	92
4	李四	75	57
5	王五	60	93
6			
7	张三的语文成绩是否及格：		已及格
8	李四的数学成绩是否及格：		不及格
9			

图 2-5 IF( )函数示例

二、SUM( )函数

▶ 1. 功能

对连续或非连续区域求和。

▶ 2. 语法

SUM(number1，number2，...)或 SUM(单元格：单元格)

number1，number2，...：需要求和的参数。

直接键入到参数表中的数字、逻辑值及数字的文本表达式将被计算。如果参数为数组或引用，只有其中的数字将被计算。数组或引用中的空白单元格、逻辑值、文本或错误值将被忽略。

▶ 3. 示例

根据图 2-6 所示信息，求各科目成绩合计数和每位学生的各科成绩总分。

	A	B	C	D	E
1	学生成绩表				
2	姓名	语文	数学	英语	总分
3	甲	87	98	90	
4	乙	96	91	92	
5	丙	85	89	88	
6	丁	92	93	90	
7	合计				
8					

图 2-6　学生成绩表

(1) 把光标定位在 B7 单元格。

(2) 单击编辑栏中的 f_x 按钮，插入 SUM()函数，打开“函数参数”对话框，进行如图 2-7 所示设置。

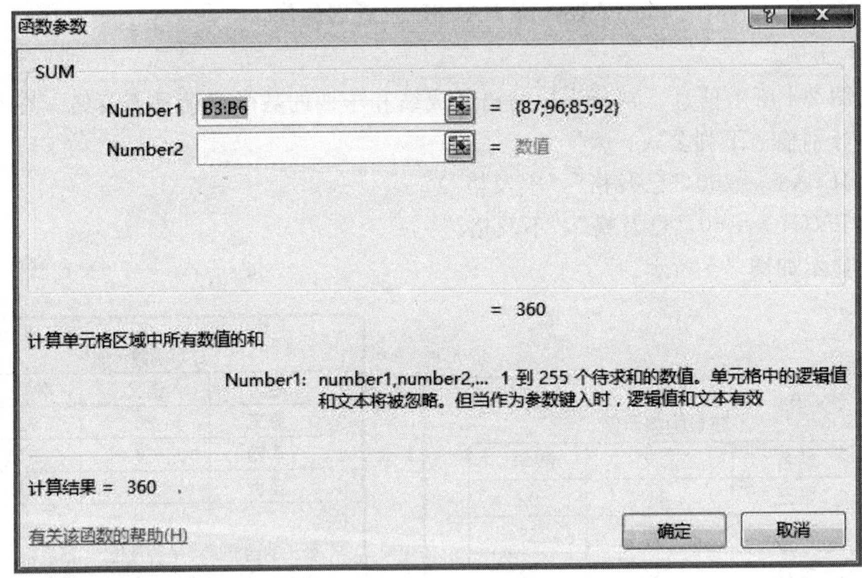

图 2-7　SUM()函数

(3) 单击“确定”按钮完成设置，结果如图 2-8 所示。

	A	B	C	D	E
1	学生成绩表				
2	姓名	语文	数学	英语	总分
3	甲	87	98	90	
4	乙	96	91	92	
5	丙	85	89	88	
6	丁	92	93	90	
7	合计	360			
8					

图 2-8　“语文”成绩合计结果

(4) 其他数据的求和设置类似。例如，选择 B7 单元格，单击单元格右下角的小方框，进行拖动，复制公式进行求和。

三、SUMIF( )函数

▶ 1. 功能

根据指定条件对若干单元格、区域或引用求和。

▶ 2. 语法

SUMIF(range，criteria，sum _ range)

rangc：条件区域，用于条件判断的单元格区域。

criteria：求和条件，由数字、逻辑表达式等组成的判定条件。

sum _ range：实际求和区域，需要求和的单元格、区域或引用。省略时，则条件区域就是实际求和区域。

criteria 参数中使用通配符(包括问号？和星号＊)。问号匹配任意单个字符；星号匹配任意一串字符。如果要查找实际的问号或星号，则在该字符前键入波形符(～)。

▶ 3. 示例

根据图 2-9 所示信息，统计各办公室网络总流量。在 F6 单元格中插入 SUMIF( )函数，进行如图 2-10 所示设置。

	A	B	C
1	SUMIF()函数示例		
2			
3	某单位办公用网络如下表：		
4			
5	日期	办公室	流量
6	2015年10月1日	经理办公室	568
7	2015年10月1日	财务部	776
8	2015年10月1日	市场部	320
9	2015年10月1日	生产部	567
10	2015年10月2日	经理办公室	300
11	2015年10月2日	财务部	456
12	2015年10月2日	市场部	889
13	2015年10月2日	生产部	765
14	2015年10月3日	经理办公室	687
15	2015年10月3日	财务部	594
16	2015年10月3日	市场部	665
17	2015年10月3日	生产部	998
18	2015年10月4日	经理办公室	556
19	2015年10月4日	财务部	657
20	2015年10月4日	市场部	723
21	2015年10月4日	生产部	656
22			

图 2-9 SUMIF( )函数示例信息

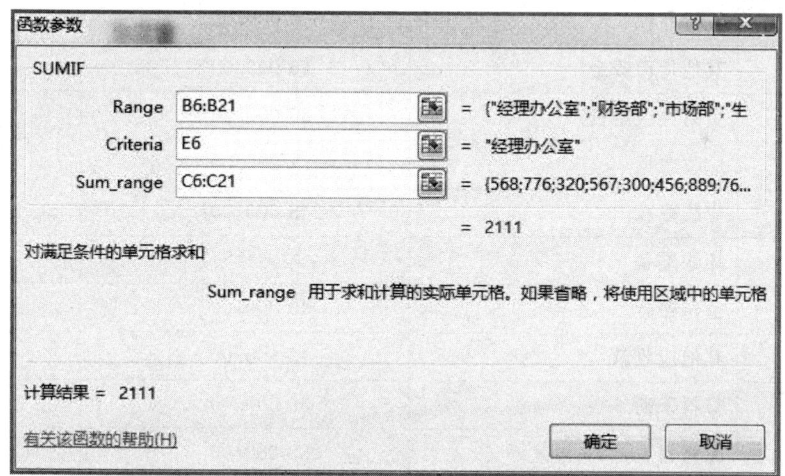

图 2-10 SUMIF( )函数设置

单击“确定”按钮，单击 F6 单元格右下角的小方框进行拖动，复制公式，结果如图 2-11所示。

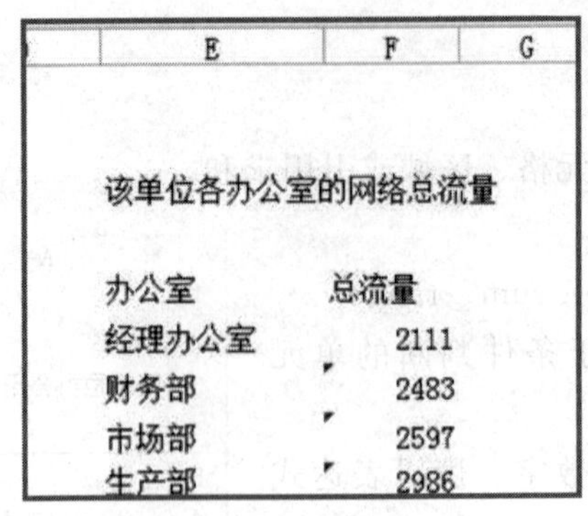
E	F	G
该单位各办公室的网络总流量		
办公室	总流量	
经理办公室	2111	
财务部	2483	
市场部	2597	
生产部	2986	

图 2-11　SUMIF( )函数结果

项目实施

▶ 1. 录入数据

(1) 打开“Excel 在初始建账中的应用”文件，将 Sheet3 改名为“期初余额试算平衡表”。

(2) 录入总分类账户期初余额表。具体数据见表 2-1“华宇公司科目余额表”，仅录入总账科目的期初余额即可，需按借贷方分别列示期初余额，并加上科目代码，如表 2-4 所示。

表 2-4　总分类账户期初余额表　　单位：元

科目编号	科目名称	借方余额	贷方余额
1001	库存现金	950.00	
1002	银行存款	350 000.00	
1012	其他货币资金	40 000.00	
1101	交易性金融资产	30 000.00	
1121	应收票据	71 225.00	
1122	应收账款	245 000.00	
1241	坏账准备		1 225.00
1123	预付账款	40 000.00	
1231	其他应收款	13 800.00	
1404	材料采购	30 000.00	
1403	原材料	280 000.00	
1406	库存商品	665 800.00	
1405	材料成本差异	2 450.00	
1524	长期股权投资	500 000.00	
1601	固定资产	1 235 160.00	
1602	累计折旧		456 200.00

续表

科目编号	科目名称	借方余额	贷方余额
1603	固定资产减值准备		20 000.00
1701	无形资产	750 000.00	
1702	累计摊销		75 000.00
2001	短期借款		300 000.00
2201	应付票据		60 000.00
2202	应付账款		457 480.00
2241	其他应付款		9 000.00
2211	应付职工薪酬		85 000.00
2221	应交税费		6 280.00
2601	长期借款		300 000.00
4001	实收资本		2 000 000.00
4101	盈余公积		43 420.00
4104	利润分配		440 780.00

▶ 2.“有借必有贷，借贷必相等”的试算平衡

该试算平衡主要判断任意会计期初全部账户借方余额合计是否等于该期初全部账户贷方余额合计。

(1) 合并 A32∶B32 单元格，输入“合计”。

(2) 合并 A33∶B33 单元格，输入“有借必有贷，借贷必相等”。

(3) 合并 C33∶D33 单元格。

(4) 设置公式如表 2-5 所示。

表 2-5 “有借必有贷，借贷必相等”试算平衡公式

序号	单元格	公式
1	C32	=SUM(C3∶C31)
2	D32	=SUM(D3∶D31)
3	C33	=IF(C32=D32,"已平衡，可继续!","不平衡，请检查!")

▶ 3.“资产=负债+所有者权益”会计恒等式的试算平衡

该试算平衡主要判断现期各会计要素的期初余额是否符合会计恒等式的要求。

在“期初余额试算平衡表”工作表 F1∶G7 单元格中新建“会计恒等式试算平衡表”，如表 2-6 所示。

表 2-6　会计恒等式试算平衡表　　单位：元

项　目	金　额
资产类账户的期初余额	
成本类账户的期初余额	
负债类账户的期初余额	
权益类账户的期初余额	
资产=负债+所有者权益	

会计恒等式试算平衡表中公式设置如表 2-7 所示。

表 2-7　会计恒等式试算平衡表中的公式

序号	单元格	公　式
1	G3	=SUMIF($A$3:$A$31,"1???",$C$3:$C$31)-SUMIF($A$3:$A$31,"1???",$D$3:$D$31)
2	G4	=SUMIF($A$3:$A$31,"5???",$C$3:$C$31)-SUMIF($A$3:$A$31,"5???",$D$3:$D$31)
3	G5	=SUMIF($A$3:$A$31,"2???",$D$3:$D$31)-SUMIF($A$3:$A$31,"2???",$C$3:$C$31)
4	G6	=SUMIF($A$3:$A$31,"4???",$D$3:$D$31)-SUMIF($A$3:$A$31,"4???",$C$3:$C$31)
5	G7	=IF(G3+G4=G5+G6,"已平衡，可继续!","不平衡，请检查!")

经计算，结果如表 2-8 所示。

表 2-8　会计恒等式试算平衡表结果　　单位：元

项　目	金　额
资产类账户的期初余额	3 701 960
成本类账户的期初余额	0
负债类账户的期初余额	1 217 760
权益类账户的期初余额	2 484 200
资产=负债+所有者权益	已平衡，可继续!

3 模块三 Chapter 3 Excel在记账凭证处理中的应用

>>> 学习目标

1. 掌握 CONCATENATE ()函数、VLOOKUP()函数、LEN()函数、LEFT()函数、MID()函数、RIGHT()函数、ROW()函数、INDEX()函数、MATCH ()函数的功能和语法。

2. 能根据通用记账凭证的格式和会计方法，设计电子版的记账凭证和记账凭证汇总表。

3. 能利用公式和函数，实现记账凭证汇总表、记账凭证中部分数据的自动录入功能。

4. 能根据借贷记账法的规则，利用公式和函数，进行借贷平衡检测，对记账凭证进行审核。

项目一 记账凭证的设计与制作

项目描述

根据图 3-1 所示，用 Excel 设计并制作通用记账凭证。

记　账　凭　证

年　　月　　日　　　　　　　　记字第　　　　号

摘　要	总账科目	明细科目	借方金额	贷方金额	记账√
附件　张	合　计				

财务主管：　　记账：　　出纳：　　审核：　　制单：

图 3-1　通用记账凭证样式

项目知识

记账凭证又称记账凭单，是会计人员根据审核无误的原始凭证按照经济业务事项的内容加以分类，并据以确定会计分录后所填制的会计凭证。它是登记账簿的直接依据。

记账凭证按其用途可以分为专用记账凭证和通用记账凭证。本书主要采用通用记账凭证进行介绍。

记账凭证必须具备以下基本内容。

（1）记账凭证的名称及填制单位名称。

（2）填制记账凭证的日期。

（3）记账凭证的编号。

（4）经济业务事项的内容摘要。

（5）经济业务事项所涉及的会计科目及其记账方向。

（6）经济业务事项的金额。

（7）记账标记。

（8）所附原始凭证张数。

（9）会计主管、记账、审核、出纳、制单等有关人员的签章。

项目实施

新建“Excel 在记账凭证处理中的应用”文件，将 Sheet1 改名为“记账凭证的处理”。

（1）合并 H4：N4 单元格，输入“记账凭证”，设置字体为楷体，设置字号为 20，加上双下划线，设置对齐方式水平、垂直均为居中。

（2）在 I6、K6、M6、O6、Q6 单元格中分别输入“年”“月”“日”“记字第”和“号”。设置字体为楷体，设置字号为 14，设置对齐方式水平、垂直均为居中。

（3）合并单元格 F8：I8，J8：M8，O8：Q8，用格式刷刷到第 17 行备用。

（4）在 D8、F8、J8、N8、O8、R8 单元格中分别输入“摘要”“总账科目”“明细科目”“借方金额”“贷方金额”“记账√”。设置字体为楷体，设置字号为 12，设置对齐方式水平、垂直均为居中。

（5）合并 D17：E17 和 F17：M17，分别输入“附件　张”和“合计”。设置字体为楷体，设置字号为 12，设置对齐方式：D17 为水平左对齐，F17 为水平居中，两个单元均为垂直居中。

（6）在 D19、F19、I19、M19、O19 单元格中分别输入“财务主管：”“记账：”“出纳：”“审核：”“制单：”。设置字体为楷体，设置字号为 12，设置对齐方式：水平为左对齐，垂直为居中。

（7）制作边框。选择 D8：R17 单元格，单击右键，打开“设置单元格格式”对话框，在“边框”选项卡中进行如图 3-2 所示设置。

（8）设置其他需要填写内容的单元格格式。字体为华文行楷，字号为 11，对齐方式文字为水平靠左、数值水平靠右，垂直均为靠下。数值为货币，其中合计栏中需加人民币符号。

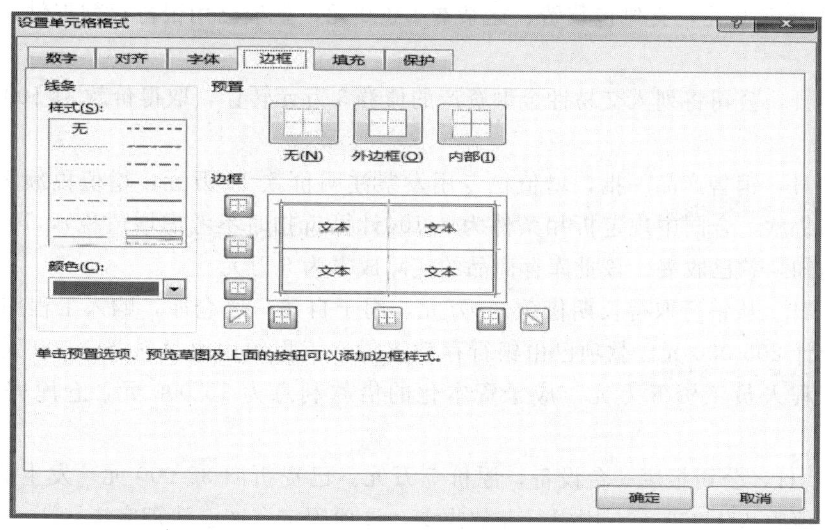

图 3-2 边框的设置

(9) 单击“视图”，取消选中“显示网络线”，隐藏网格线。

(10) 根据要求，设置行高、列宽和打印设置。

项目二 记账凭证汇总表的设计与制作

项目描述

华宇公司原材料采购用计划成本核算，2015 年 12 月，该公司共发生如下经济业务。

(1) 1 日，收到银行通知，以银行存款支付到期银行承兑汇票(无锡)2 万元。

(2) 1 日，购入原材料一批，取得增值税专用发票，注明价款 1 万元，增值税额 1 700 元，款项已用银行汇票付讫。材料尚未到达。

(3) 2 日，上项材料到达并验收入库，其计划成本为 11 000 元。

(4) 2 日，由于临时需要，将面值 5 万元的 D 公司承兑的商业承兑汇票一张到银行贴现，贴现息为 2 300 元。收到贴现金额 47 700 元，存入银行。

(5) 2 日，购入原材料一批，增值税专用发票注明价款 20 万元，增值税额 34 000 元，开出银行承兑汇票予以承兑，材料尚未到达。

(6) 2 日，上述材料到达并验收入库。计划成本为 198 000 元。

(7) 3 日，生产产品领用材料一批，计划成本为 5 万元。

(8) 4 日，用银行存款支付办公费 6 万元，产品展览费 5 万元。

(9) 5 日，S 公司宣告发放现金独立，本公司收到股息 38 500 元，款项已存入银行(股票投资采用成本法核算)。

(10) 6 日，购入不需安装的生产设备一台，取得增值税专用发票注明价款 45 万元，增值税税额 76 500 元，支付包装费、运杂费 1 000 元，款项已用银行存款支付，设备已投入使用。

(11) 7 日，公司将列入交易性金融资产的债券 3 万元转让，取得价款 31 500 元，款项已存入银行。

(12) 8 日，销售产品一批，增值税专用发票注明价款 10 万元，增值税额 17 000 元，为早日收回货款，合同中规定折扣条件为 2/10(计算折扣时不考虑增值税)，10 天内收到银行收账通知，款已收妥。该批库存商品的实际成本为 6 万元。

(13) 9 日，从银行取得长期借款 30 万元，用于自建一座仓库，购入工程用材料价款和增值税合计 205 000 元。款项已由银行存款支付，工程领用原材料 205 000 元，以银行存款支付工程人员工资 8 万元。应予资本化的借款利息为 15 000 元，仓库完工已交付使用。

(14) 10 日，公司报废一台设备，原价 5 万元。已提折旧 33 000 元，发生清理费 300 元，取得残值收入 1 300 元，用银行存款收支，该项固定资产已清理完毕。

(15) 10 日，计提固定资产折旧 40 万元，其中生产车间使用固定资产的折旧为 340 000 元，管理部门使用固定资产的折旧为 6 万元。

(16) 15 日，销售产品一批，增值税专用发票注明价款 20 万元，增值税额 34 000 元，款项尚未收到，该批库存商品的实际成本为 10 万元。

(17) 15 日，计提银行短期借款利息 2 万元。归还短期借款本息 12 万元，其中本金 10 万元。

(18) 16 日，以银行存款发放职工工资 25 万元。

(19) 18 日，分配职工工资 30 万元。其中生产部门工资 24 万元，车间管理人员工资 2 万元，行政管理人员工资 4 万元。

(20) 18 日，按职工工资总额的 14%，计提职工福利费 42 000 元，其中生产人员工资 33 600元，车间管理人员工资 2 800 元，行政管理人员工资 5 600 元。

(21) 21 日，计提应计入当期损益的长期借款利息 7 万元。

(22) 22 日，计算并接转领用材料的成本差异。

(23) 23 日，将完工产品入库，产品成本为 686 752.76 元。

(24) 25 日，摊销无形资产价值 16 000 元。

(25) 25 日，收到某厂发来的原材料并验收入库，发票账单和托收承付结算凭证未到，估价 6 万元。

(26) 26 日，按应收账款余额的 0.5%计提坏账准备。

(27) 26 日，计提本期应缴纳的城市维护建设税 19 516 元。教育费附加 8 364 元。

(28) 27 日，用银行存款缴纳本期应交增值税款 278 800 元。城市维护建设税 23 876 元，教育费附加 10 284 元。

(29) 27 日，销售产品一批，增值税专用发票注明价款 200 万元。增值税额 34 万元，收到一张金额为 4 万元，期限 3 个月的银行承兑汇票，其余款项已收到存入银行。该批库存商品的实际成本为 114 万元。

(30) 28 日，计提存货跌价准备 5 000 元，固定资产减值准备 38 000 元，无形资产减值准备 32 000 元。

(31) 28 日，处置一台机床，原值为 20 万元，已提折旧 15 万元，出售时收到处置收入 8 万元，存入银行。

(32) 31 日，将各类损益类账户发生额结转到本年利润账户，其中主要业务收入 230 万元，投资收益 4 万元，营业外收入 3 万元，主营业务成本 130 万元，营业税金及附加27 880 元，销售费用 5 万元，管理费用 181 600 元，财务费用 94 300 元，资产减值损失 76 170 元，营业外支出 16 000 元。所得税费用 156 012.5 元。

(33) 31 日，计提并结转所得税费用 156 012.5 元。

(34) 31 日，结转本年实现的净利润。

(35) 31 日，按净利润的 10%提取法定盈余公积。

(36) 31 日，将利润分配各明细账余额转入未分配利润明细账。

(37) 31 日，以银行存款缴纳本期应交所得税 156 012.5 元。

根据上述内容编制华宇公司 2015 年 12 月记账凭证汇总表。本书中的记账凭证汇总表与记账凭证汇总表记账程序中的记账凭证汇总表不同，它仅是每个记账凭证的主体内容的整合，主要为填制单个记账凭证、登记账簿、编制会计报表服务，如图 3-3 所示。

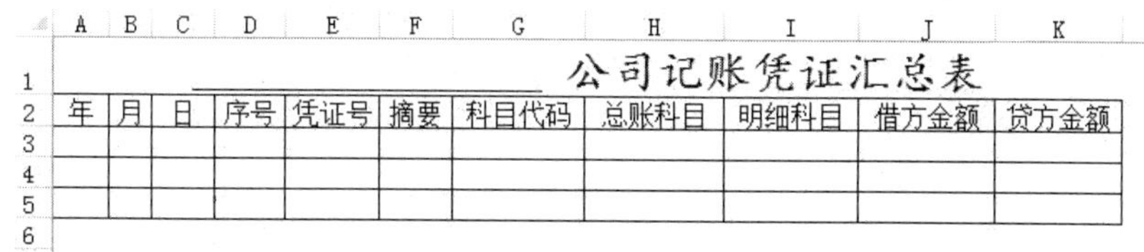

年	月	日	序号	凭证号	摘要	科目代码	总账科目	明细科目	借方金额	贷方金额

图 3-3　记账凭证汇总表样式

在用 Excel 软件设计记账凭证汇总表时，需实现以下功能。

(1) “凭证号”应根据填列的时间和序号自动生成。

(2) “摘要”“科目代码”“现金流量”通过下拉菜单的方式，选择性输入。

(3) “总账科目”“明细科目”通过定义名称和函数的综合应用自动生成。

项目知识

一、CONCATENATE( )函数

▶ 1. 功能

可将最多 255 个文本字符串合并为一个文本字符串。连接项可以是文本、数字、单元格引用或这些项的组合。

▶ 2. 语法

CONCATENATE(text1, [text2], ...)

text1：必须要连接的第一个文本项。

text2：其他文本项，最多为 255 项。项与项之间必须用逗号隔开。

▶ 3. 示例

在 A3、B3、C3 单元格中分别输入“2015”“12”“01”。在 D3 单元格中插入 CONCATENATE()函数，如图 3-4 所示。

结果显示为：20151201。

实现字符串的连接，除使用 CONCATENATE()函数外，还可以使用 & 符号，如图 3-5所示。

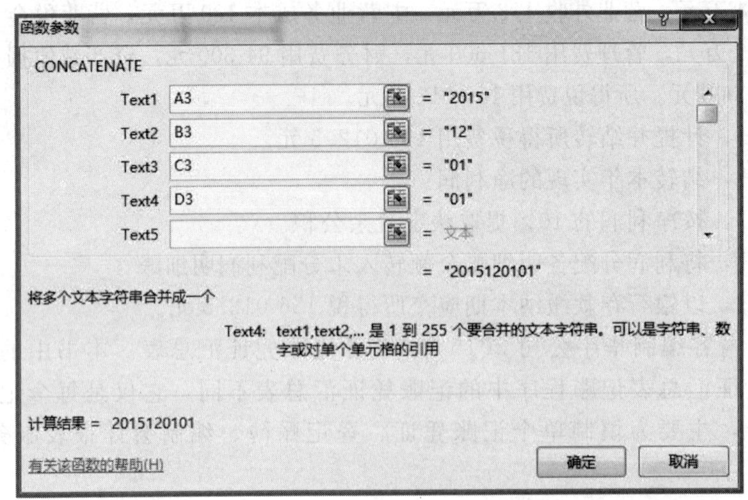

图 3-4 CONCATENATE()函数设置

图 3-5 使用 & 符号实现字符串的连接

二、“范围名称”的应用

▶ 1. 定义

Excel 的每一个单元格都有由列号行标组成的名称。一个区域地、一个公式以及一个范围也可以有自己独特的名称。

▶ 2. 优点

在公式编写中，合理地定义和使用名称有如下几个优点。

(1) 增强公式的可读性和便于公式修改。

(2) 有利于简化公式。

(3) 突破函数嵌套的限制。

▶ 3. 定义名称的方法

例如，表 3-1 是电子产品入库单的信息，定义名称为“入库单”。

表 3-1　电子产品入库单

时间：2015 年 10 月 16 日　　　　　　　　　　　　　　　　　　　　　　　　　　单位：元

名　　称	单　　位	数　　量	单 位 成 本	总　成　本	库区位置
主机	台	1 200.00	1 800.00	2 160 000.00	A
显示器	台	2 000.00	900.00	1 800 000.00	B
键盘	个	3 200.00	128.00	409 600.00	C
鼠标	个	3 500.00	38.00	133 000.00	D

将表体录入到 B4∶G8 区域。单击“公式”→“定义名称”命令或“公式”→“名称管理器”→“新建”命令，打开“新建名称”对话框，输入名称和引用位置，如图 3-6 所示。

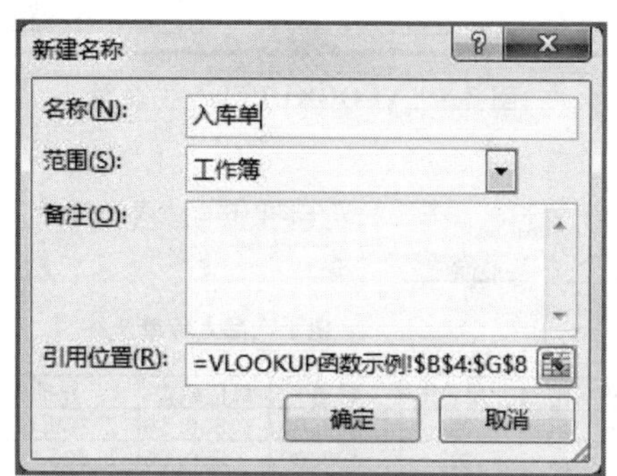

图 3-6　“新建名称”对话框

设置名称是“入库单”，数据区域是“VLOOKUP 函数示例”工作表中＄B＄4∶＄D＄8。

三、VLOOKUP( )函数

▶ 1. 功能

在表格或数值数组的首列查找指定的数值，并由此返回表格或数组当前行中指定列处的数值。

▶ 2. 语法

VLOOKUP(lookup _ value，table _ array，col _ index _ num，range _ lookup)

lookup _ value：需要在表格或数组第一列中查找的数值，即查找的条件。如果查找范围区域中该列是文本类型，查找的条件也必须是文本类型，否则将查不到。

table _ array：需要在其中查找数据的数据表，即查找的范围。

col _ index _ num：在 table _ array 中返回的匹配值的列序号，即查找的范围区域中需要显示的列数。

range _ lookup：指明 VLOOKUP 返回时是精确匹配还是近似匹配。如果为 TRUE(1)或省略，则返回近似匹配值；如果为 FALSE(0)，将返回精确匹配值。

▶ 3. 示例

例如，根据电子产品入库单的信息，查找主机的入库数量。在 C12 单元格中插入 VLOOKUP()函数，设置函数参数如图 3-7 所示。

单击“确定”按钮后显示结果如图 3-8 所示。

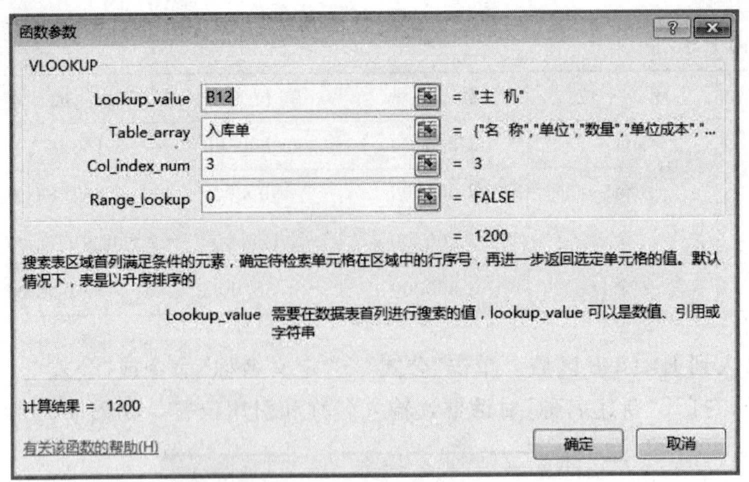

图 3-7　VLOOKUP( )函数设置

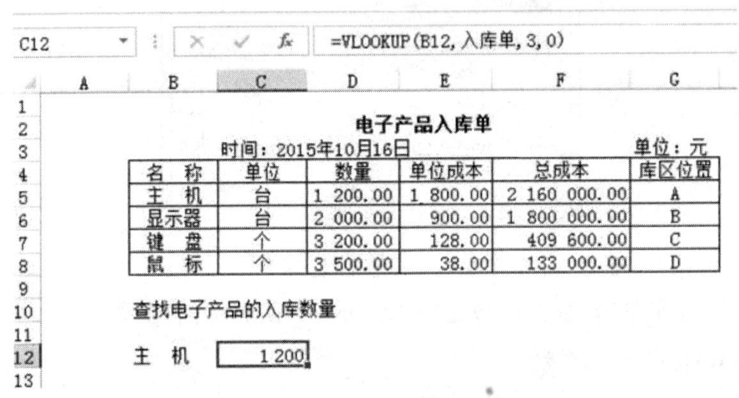

C12　=VLOOKUP(B12,入库单,3,0)

电子产品入库单

时间：2015年10月16日　　单位：元

名　称	单位	数量	单位成本	总成本	库区位置
主　机	台	1 200.00	1 800.00	2 160 000.00	A
显示器	台	2 000.00	900.00	1 800 000.00	B
键　盘	个	3 200.00	128.00	409 600.00	C
鼠　标	个	3 500.00	38.00	133 000.00	D

查找电子产品的入库数量

主　机　1 200

图 3-8　VLOOKUP( )函数查询结果

四、LEN( )函数

▶ 1. 功能

计算字符串的长度。

▶ 2. 语法

LEN(text)

text：需要计算长度的字符串。空字符串长度为 0，空格符也算一个字符，一个中文字虽然占用 2 个字节，但也算一个字符。

▶ 3. 示例

(1) 令 text=""(空字符串)，LEN(text)输出结果为 0。

(2) 令 text="abcd"，LEN(text)输出结果为 4。

(3) 令 text="VB 教程"，LEN(text)输出结果为 4。

项目实施

打开“Excel 在记账凭证处理中的应用”文件，将 Sheet 改名为“记账凭证汇总表”。

▶ 1. 建立表体

合并 A1：L1 单元格，输入“________公司记账凭证汇总表”。在 A2：L2 单元格中分别输入“年”“月”“日”“序号”“凭证号”“摘要”“科目代码”“总账科目”“明细科目”“借方金额”和“贷方金额”，并设置字体。

▶ 2.“凭证号”的自动生成

在 E3 单元格中插入 CONCATENATE()函数，在函数对话框中设置如图 3-9 所示。

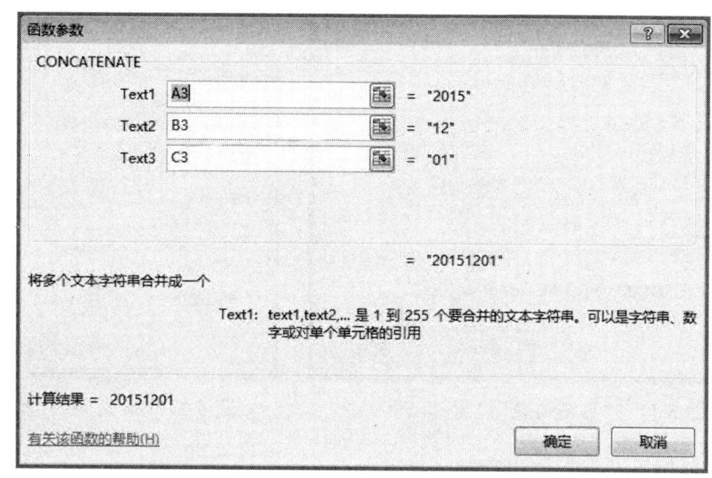

图 3-9 CONCATENATE( )函数设置

也可在 E3 单元格内直接输入公式，如图 3-10 所示。

E3 =CONCATENATE(A3,B3,C3,D3)

	A	B	C	D	E
1					
2	年	月	日	序号	凭证号
3					=CONCATENATE(A3,B3,C3,D3)
4					
5					
6					

图 3-10 直接输入 CONCATENATE( )函数

▶ 3. 下拉菜单的制作

通过下拉菜单的方式，把“摘要”“科目代码”“现金流量”的具体内容选择性地输入到相应的单元格中。下面以“科目代码”下拉菜单为例进行介绍。

把光标定位在 G3 单元格，单击“数据”→“数据验证”命令，打开“数据验证”对话框，在“设置”选项卡中进行参数设置，如图 3-11 所示。

单击“确定”按钮完成设置，即可对会计科目代码通过下拉菜单进行选择性输入，其来源是“会计科目代码”表中的 B 列。

▶ 4.“总账科目”“明细科目”的自动生成

输入科目代码之后，通过相关函数、公式和名称，让“总账科目”“明细科目”自动输入。需先定义“会计科目代码”名称，然后分别设置“总账科目”“明细科目”的自动输入。

1）定义“会计科目代码”名称

单击“公式”→“名称管理器”打开“新建名称”对话框，输入名称和引用位置，设置如图 3-12所示。

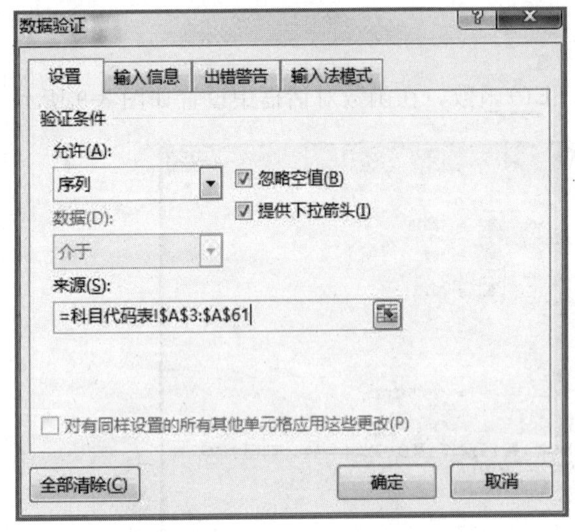

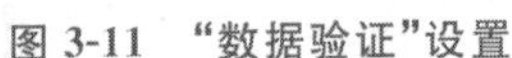
图 3-11 “数据验证”设置

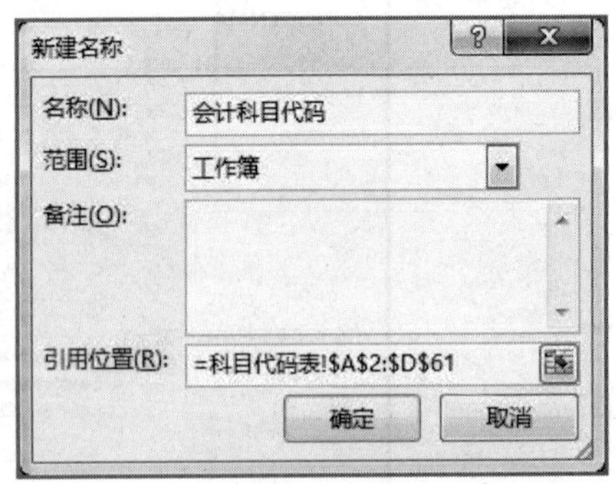

图 3-12 定义“会计科目代码”名称

2）“总账科目”的自动输入设置

在“记账凭汇总表”工作表的 H3 单元格中输入 IF()函数，设置如图 3-13 所示。

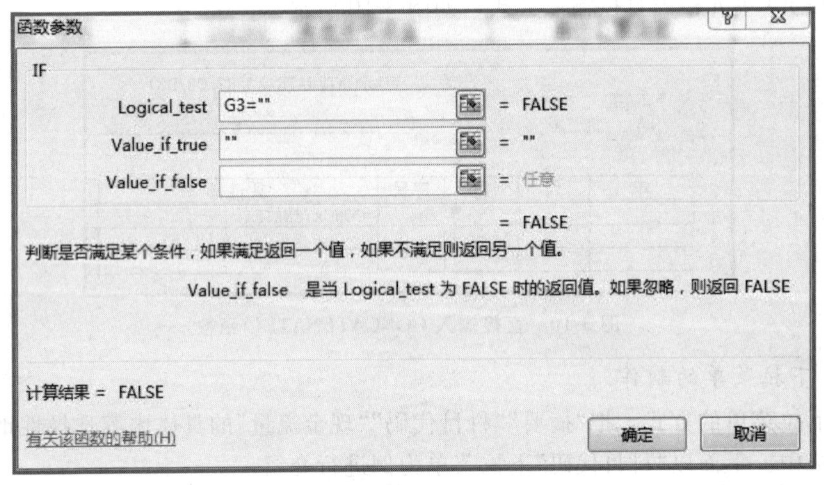

图 3-13 H3 单元格 IF()函数设置

先测试 G3 单元格是否为空，如果为空，则 H4 单元格也为空。如果没有这一判断，当 G3 单元格为空时，则显示“＃N/A”。

在“假值”编辑框内需用函数嵌套的形式，输入 VLOOKUP()函数。单击图 3-14“IF”前面的下拉菜单，单击 VLOOKUP()函数。

VLOOKUP()函数的设置如图 3-15 所示。

3）“明细科目”的自动输入设置

把光标定位在 I3 单元格，在编辑栏输入公式＝IF(LEN(G3)＞4，VLOOKUP(G3，科目代码，3，0),"")，也可设置函数如图 3-16 所示。

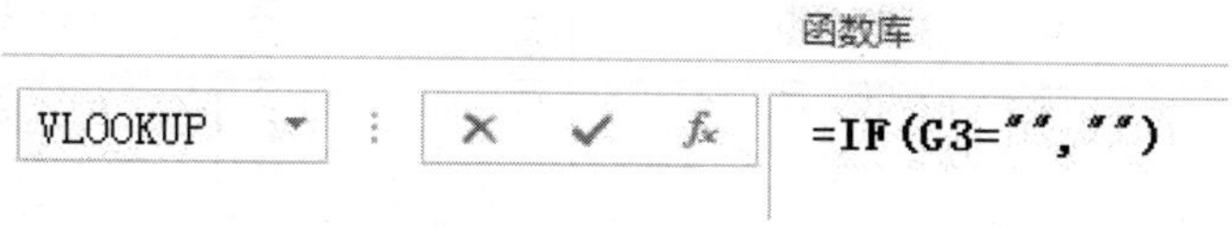

图 3-14 套用函数设置

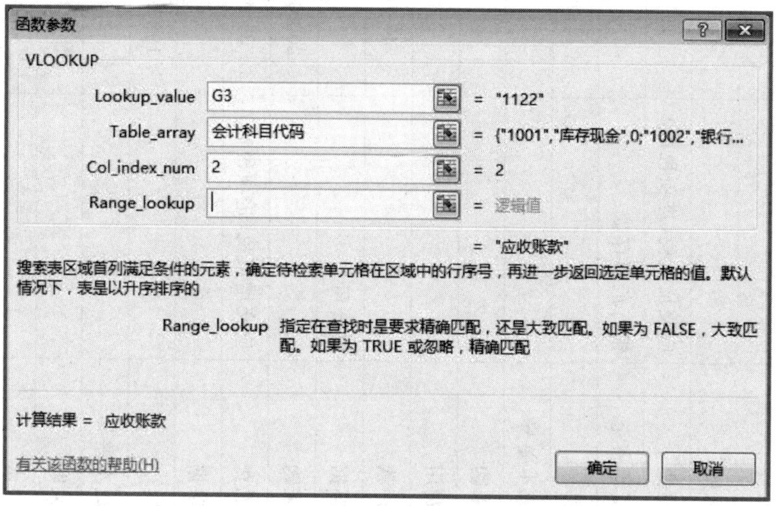

图 3-15 嵌套 VLOOKUP()函数的设置

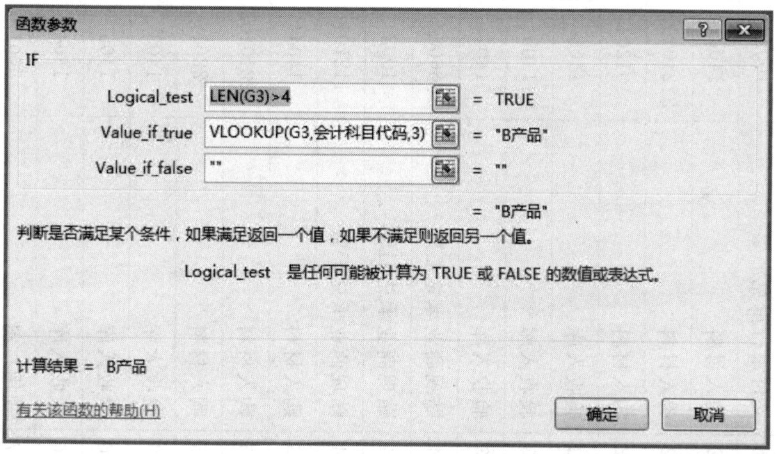

图 3-16 嵌套 IF()函数的设置

该公式先判断 G3 单元格内容的长度是否大于 4。如果测试条件的值是真值，则表明这一会计科目代码所代表的会计科目有明细科目，就用 VLOOKUP()函数查找其明细科目；否则，就显示为空。

完成设置后，拖动光标填充公式。把相应的数据填入相关单元格。记账凭证汇总表的结果如表 3-2 所示。

表 3-2　华宇公司记账凭证汇总表

单位：元

年	月	日	序号	凭证编码	摘　　要	科目代码	总 账 科 目	明 细 科 目	借 方 金 额	贷 方 金 额
2015	12	01	01	2015120101	支付银行承兑汇票	2201	应付票据		20 000	
2015	12	01	01	2015120101	支付银行承兑汇票	1002	银行存款			20 000
2015	12	01	02	2015120102	购入材料	1404	材料采购		10 000	
2015	12	01	02	2015120102	购入材料	22210102	应交税费	应交增值税（进项税额）	1 700	
2015	12	01	02	2015120102	购入材料	101201	其他货币资金	银行汇票存款		11 700
2015	12	02	03	2015120203	验收入库	1403	原材料		11 000	
2015	12	02	03	2015120203	验收入库	1405	材料成本差异			1 000
2015	12	02	03	2015120203	验收入库	1404	材料采购			10 000
2015	12	02	04	2015120204	贴现商业承兑汇票	6603	财务费用		2 300	
2015	12	02	04	2015120204	贴现商业承兑汇票	1002	银行存款		47 700	
2015	12	02	04	2015120204	贴现商业承兑汇票	112101	应收票据	D公司		50 000
2015	12	02	05	2015120205	购入材料	1404	材料采购		200 000	
2015	12	02	05	2015120205	购入材料	22210102	应交税费	应交增值税（进项税额）	34 000	
2015	12	02	05	2015120205	购入材料	2201	应付票据			234 000
2015	12	02	06	2015120206	验收入库	1403	原材料		198 000	
2015	12	02	06	2015120206	验收入库	1405	材料成本差异		2 000	
2015	12	02	06	2015120206	验收入库	1404	材料采购			200 000
2015	12	03	07	2015120307	领用材料	5001	生产成本		50 000	
2015	12	03	07	2015120307	领用材料	1403	原材料			50 000
2015	12	04	08	2015120408	银行存款支付办公费、展览费	6602	管理费用	办公费	60 000	

续表

年	月	日	序号	凭证编码	摘　　要	科目代码	总 账 科 目	明 细 科 目	借 方 金 额	贷 方 金 额
2015	12	04	08	2015120408	银行存款支付办公费、展览费	6601	销售费用		50 000	
2015	12	04	08	2015120408	银行存款支付办公费、展览费	1002	银行存款			110 000
2015	12	05	09	2015120509	确认现金股利	1131	应收股利		38 500	
2015	12	05	09	2015120509	确认现金股利	6111	投资收益			38 500
2015	12	05	10	2015120510	收到股息	1002	银行存款		38 500	
2015	12	05	10	2015120510	收到股息	1131	应收股利			38 500
2015	12	06	11	2015120611	购入生产设备	1601	固定资产		451 000	
2015	12	06	11	2015120611	购入生产设备	22210102	应交税费	应交增值税（进项税额）	76 500	
2015	12	06	11	2015120611	购入生产设备	1002	银行存款			527 500
2015	12	07	12	2015120712	转让债券	1002	银行存款		31 500	
2015	12	07	12	2015120712	转让债券	1101	交易性金融资产			30 000
2015	12	07	12	2015120712	转让债券	6111	投资收益			1 500
2015	12	08	13	2015120813	销售商品	1122	应收账款		117 000	
2015	12	08	13	2015120813	销售商品	6001	主营业务收入			100 000
2015	12	08	13	2015120813	销售商品	22210101	应交税费	应交增值税（销项税额）		17 000
2015	12	08	14	2015120814	结转成销售产品成本	6401	主营业务成本		60 000	
2015	12	08	14	2015120814	结转成销售产品成本	1406	库存商品			60 000
2015	12	08	15	2015120815	收到货款	6603	财务费用		2 000	
2015	12	08	15	2015120815	收到货款	1002	银行存款		115 000	
2015	12	08	15	2015120815	收到货款	1122	应收账款			117 000
2015	12	09	16	2015120916	取得长期借款	1002	银行存款		300 000	

续表

年	月	日	序号	凭证编码	摘　　要	科目代码	总 账 科 目	明 细 科 目	借 方 金 额	贷 方 金 额
2015	12	09	16	2015120916	取得长期借款	2601	长期借款			300 000
2015	12	09	16	2015120916	购入工程材料	1605	工程物资		205 000	
2015	12	09	16	2015120916	购入工程材料	1002	银行存款			205 000
2015	12	09	17	2015120917	工程领用原材料	1604	在建工程		205 000	
2015	12	09	17	2015120917	工程领用原材料	1605	工程物资			205 000
2015	12	09	18	2015120918	分配工程人员工资	1604	在建工程		80 000	
2015	12	09	18	2015120918	分配工程人员工资	221101	应付职工薪酬	工资		80 000
2015	12	09	19	2015120919	支付工程人员工资	221101	应付职工薪酬	工资	80 000	
2015	12	09	19	2015120919	支付工程人员工资	1002	银行存款			80 000
2015	12	09	20	2015120920	可予资本化借款利息	1604	在建工程		15 000	
2015	12	09	20	2015120920	可予资本化借款利息	2231	应付利息			15 000
2015	12	09	21	2015120921	结转在建工程成本	1601	固定资产		300 000	
2015	12	09	21	2015120921	结转在建工程成本	1604	在建工程			300 000
2015	12	10	22	2015121022	固定资产转入清理	1606	固定资产清理		17 000	
2015	12	10	22	2015121022	固定资产转入清理	1602	累计折旧		33 000	
2015	12	10	22	2015121022	固定资产转入清理	1601	固定资产			50 000
2015	12	10	23	2015121023	支付清理费用	1606	固定资产清理		300	
2015	12	10	23	2015121023	支付清理费用	1002	银行存款			300
2015	12	10	24	2015121024	取得残值收入	1002	银行存款		1 300	
2015	12	10	24	2015121024	取得残值收入	1606	固定资产清理			1 300
2015	12	10	25	2015121025	结转固定资产清理损益	6711	营业外支出		16 000	

续表

年	月	日	序号	凭证编码	摘　要	科目代码	总账科目	明细科目	借方金额	贷方金额
2015	12	10	25	2015121025	结转固定资产清理损益	1606	固定资产清理			16 000
2015	12	10	26	2015121026	计提本月累计折旧	5101	制造费用		340 000	
2015	12	10	26	2015121026	计提本月累计折旧	6602	管理费用		60 000	
2015	12	10	26	2015121026	计提本月累计折旧	1602	累计折旧			400 000
2015	12	15	27	2015121527	销售产品	1122	应收账款		234 000	
2015	12	15	27	2015121527	销售产品	6001	主营业务收入			200 000
2015	12	15	27	2015121527	销售产品	22210101	应交税费	应交增值税(销项税额)		34 000
2015	12	15	28	2015121528	结转销售产品成本	6401	主营业务成本		100 000	
2015	12	15	28	2015121528	结转销售产品成本	1406	库存商品			100 000
2015	12	15	29	2015121529	计提短期借款利息	6603	财务费用		20 000	
2015	12	15	29	2015121529	计提短期借款利息	2231	应付利息			20 000
2015	12	15	30	2015121530	偿还短期借款及利息	2231	应付利息		20 000	
2015	12	15	30	2015121530	偿还短期借款及利息	2001	短期借款		100 000	
2015	12	15	30	2015121530	偿还短期借款及利息	1002	银行存款			120 000
2015	12	16	31	2015121631	发放职工薪酬	221101	应付职工薪酬	工资	250 000	
2015	12	16	31	2015121631	发放职工薪酬	1002	银行存款			250 000
2015	12	18	32	2015121832	计提职工工资	5001	生产成本		240 000	
2015	12	18	32	2015121832	计提职工工资	5101	制造费用		20 000	
2015	12	18	32	2015121832	计提职工工资	6602	管理费用		40 000	
2015	12	18	32	2015121832	计提职工工资	221101	应付职工薪酬	工资		300 000
2015	12	18	33	2015121833	计提职工福利费	5001	生产成本		33 600	

续表

年	月	日	序号	凭证编码	摘　　要	科目代码	总 账 科 目	明 细 科 目	借 方 金 额	贷 方 金 额
2015	12	18	33	2015121833	计提职工福利费	5101	制造费用		2 800	
2015	12	18	33	2015121833	计提职工福利费	6602	管理费用		5 600	
2015	12	18	33	2015121833	计提职工福利费	221102	应付职工薪酬	职工福利		42 000
2015	12	21	34	2015122134	计提长期借款利息	6603	财务费用		70 000	
2015	12	21	34	2015122134	计提长期借款利息	2232	应付利息			70 000
2015	12	22	35	2015122235	结转领用材料成本差异	5001	生产成本		352.76	
2015	12	22	35	2015122235	结转领用材料成本差异	1405	材料成本差异			352.76
2015	12	23	36	2015122336	结转制造费用	5001	生产成本		362 800	
2015	12	23	36	2015122336	结转制造费用	5101	制造费用			362 800
2015	12	23	37	2015122337	结转完工产品成本	1406	库存商品		686 752.76	
2015	12	23	37	2015122337	结转完工产品成本	5001	生产成本			686 752.76
2015	12	25	38	2015122538	摊销无形资产	6602	管理费用		16 000	
2015	12	25	38	2015122538	摊销无形资产	1702	累计摊销			16 000
2015	12	25	39	2015122539	原材料暂估入库	1403	原材料		60 000	
2015	12	25	39	2015122539	原材料暂估入库	2202	应付账款			60 000
2015	12	26	40	2015122640	计提坏账准备	6701	资产减值损失		1 170	
2015	12	26	40	2015122640	计提坏账准备	1241	坏账准备			1 170
2015	12	26	41	2015122641	计提本期城建税和教育附加	6403	营业税金及附加		27 880	
2015	12	26	41	2015122641	计提本期城建税和教育附加	222102	应交税费	应交城市维护建设税		19 516
2015	12	26	41	2015122641	计提本期城建税和教育附加	222103	应交税费	应交教育费附加		8 364
2015	12	27	42	2015122742	缴纳本期税费	22210103	应交税费	应交增值税(已交税金)	278 800	

续表

年	月	日	序号	凭证编码	摘　　要	科目代码	总账科目	明细科目	借方金额	贷方金额
2015	12	27	42	2015122742	缴纳本期税费	222102	应交税费	应交城市维护建设税	23 876	
2015	12	27	42	2015122742	缴纳本期税费	222103	应交税费	应交教育费附加	10 284	
2015	12	27	42	2015122742	缴纳本期税费	1002	银行存款			312 960
2015	12	28	43	2015122843	销售产品	1121	应收票据		40 000	
2015	12	28	43	2015122843	销售产品	1002	银行存款		2 300 000	
2015	12	28	43	2015122843	销售产品	6001	主营业务收入			2 000 000
2015	12	28	43	2015122843	销售产品	22210101	应交税费	应交增值税（销项税额）		340 000
2015	12	28	44	2015122844	结转销售产品成本	6401	主营业务成本		1 140 000	
2015	12	28	44	2015122844	结转销售产品成本	1406	库存商品			1 140 000
2015	12	28	45	2015122845	计提减值准备	6701	资产减值损失		75 000	
2015	12	28	45	2015122845	计提减值准备	1471	存货跌价准备			5 000
2015	12	28	45	2015122845	计提减值准备	1603	固定资产减值准备			38 000
2015	12	28	45	2015122845	计提减值准备	1703	无形资产减值准备			32 000
2015	12	28	46	2015122846	处置机床转入清理	1606	固定资产清理		50 000	
2015	12	28	46	2015122846	处置机床转入清理	1602	累计折旧		150 000	
2015	12	28	46	2015122846	处置机床转入清理	1601	固定资产			200 000
2015	12	28	47	2015122847	取得处置机床收入	1002	银行存款		80 000	
2015	12	28	47	2015122847	取得处置机床收入	1606	固定资产清理			80 000
2015	12	28	48	2015122848	结转处置机床损益	1606	固定资产清理		30 000	
2015	12	28	48	2015122848	结转处置机床损益	6301	营业外收入			30 000
2015	12	31	49	2015123149	结转收入类账户	6001	主营业务收入		2 300 000	
2015	12	31	49	2015123149	结转收入类账户	6111	投资收益		40 000	

续表

年	月	日	序号	凭证编码	摘　　要	科目代码	总 账 科 目	明 细 科 目	借 方 金 额	贷 方 金 额
2015	12	31	49	2015123149	结转收入类账户	6301	营业外收入		30 000	
2015	12	31	49	2015123149	结转收入类账户	4103	本年利润			2 370 000
2015	12	31	50	2015123150	结转费用类账户	4103	本年利润		1 745 950	
2015	12	31	50	2015123150	结转费用类账户	6401	主营业务成本			1 300 000
2015	12	31	50	2015123150	结转费用类账户	6403	营业税金及附加			27 880
2015	12	31	50	2015123150	结转费用类账户	6602	管理费用			181 600
2015	12	31	50	2015123150	结转费用类账户	6601	销售费用			50 000
2015	12	31	50	2015123150	结转费用类账户	6603	财务费用			94 300
2015	12	31	50	2015123150	结转费用类账户	6701	资产减值损失			76 170
2015	12	31	50	2015123150	结转费用类账户	6711	营业外支出			16 000
2015	12	31	51	2015123151	计提所得税费用	6801	所得税费用		156 012.5	
2015	12	31	51	2015123151	计提应交税费	222104	应交税费	应交所得税		156 012.5
2015	12	31	52	2015123152	结转所得税费用	4103	本年利润		156 012.5	
2015	12	31	52	2015123152	结转所得税费用	6801	所得税费用			156 012.5
2015	12	31	53	2015123153	结转净利润	4103	本年利润		468 037.5	
2015	12	31	53	2015123153	结转净利润	410401	利润分配	未分配利润		468 037.5
2015	12	31	54	2015123154	计提盈余公积	410402	利润分配	法定盈余公积	46 803.75	
2015	12	31	54	2015123154	计提盈余公积	4101	盈余公积			46 803.75
2015	12	31	55	2015123155	结转利润分配各明细账	410401	利润分配	未分配利润	46 803.75	
2015	12	31	55	2015123155	结转利润分配各明细账	410402	利润分配	法定盈余公积		46 803.75
2015	12	31	56	2015123156	缴纳本期所得税	222104	应交税费	应交所得税	156 012.5	
2015	12	31	56	2015123156	缴纳本期所得税	1002	银行存款			156 012.5

项目三　记账凭证的生成和审核

项目描述

依据项目二所完成的记账凭证汇总表，利用 Excel 的函数和公式，通过对凭证号的查找和判断，自动生成记账凭证中的其他内容，并进行审核。

项目知识

一、LEFT( )函数

▶ 1. 功能

从一个文本字符串的第一个字符开始返回指定个数的字符。

▶ 2. 语法

LEFT(string，n)

string：必要参数。字符串表达式其中最左边的那些字符将被返回。如果 string 包含 NUll，将返回 NUll。

n：必要参数。指出将返回多少个字符。如果为 0，返回零长度字符串("")。如果大于或等于 string 的字符数，则返回整个字符串。

▶ 3. 示例

在 A1 单元格中输入"Hello World"。

Left(A1，1)返回"H"。

Left(A1，7)返回"Hello W"。

Left(A1，10)返回"Hello Worl"。

二、MID( )函数

▶ 1. 功能

从一个字符串中间某位置开始返回指定数量的字符。

▶ 2. 语法

MID(text，start_num，num_chars)

text：表达式，要被截取的字符。

start_num：数值表达式，从左起第几位开始截取。

num_chars：数值表达式，从 start 参数指定的位置开始，要向右截取的长度。如果省略，将指定为从 start 参数位置开始向右到字符串结尾的所有字符数。

▶ 3. 示例

在 A1 单元格中输入"Hello World"。

MID(A1，7，2)返回"Wo"。

三、RIGHT( )函数

▶ 1. 功能

从字符串右端开始返回指定个数字符。

▶ 2. 语法

RIGHT(string，n)

string：必要参数。字符串表达式其中最右边的那些字符将被返回。

n：数值表达式，指出将返回多少个字符。

▶ 3. 示例

在 A1 单元格中输入“Hello World”。

RIGHT(A1，5)返回“World”。

四、ROW()函数

▶ 1. 功能

返回一个引用的行号。

▶ 2. 语法

ROW(reference)

reference 为需要得到其行号的单元格或单元格区域。

(1) 如果省略 reference，则假定是对函数 ROW 所在单元格的引用。

(2) 如果 reference 为一个单元格区域，并且函数 ROW 作为垂直数组输入 ROW()函数，则函数 ROW 将 reference 的行号以垂直数组的形式返回。

(3) reference 不能引用多个区域。

五、INDEX()函数

▶ 1. 功能

返回指定的行与列交叉处的单元格引用。

▶ 2. 语法

INDEX(reference，row _ num，column _ num)

reference：对一个或多个单元格区域的引用。如果引用输入一个不连续的区域，必须用括号括起来。

row _ num：引用中某行的行序号，函数从该行返回一个引用。

column _ num：引用中某列的列序号，函数从该列返回一个引用。

▶ 3. 示例

在图 3-17 所示的 B5：G8 单元格中，查找第 2 行第 5 列交叉处的引用。

	A	B	C	D	E	F	G
1							
2				电子产品入库单			
3			时间：2015年10月16日				单位：元
4		名　称	单位	数量	单位成本	总成本	库区位置
5		主　机	台	1 200.00	1 800.00	2 160 000.00	A
6		显示器	台	2 000.00	900.00	1 800 000.00	B
7		键　盘	个	3 200.00	128.00	409 600.00	C
8		鼠　标	个	3 500.00	38.00	133 000.00	D
9							

图 3-17　INDEX()函数示例信息

在 B12 单元格中插入 INDEX()函数，如图 3-18 所示。

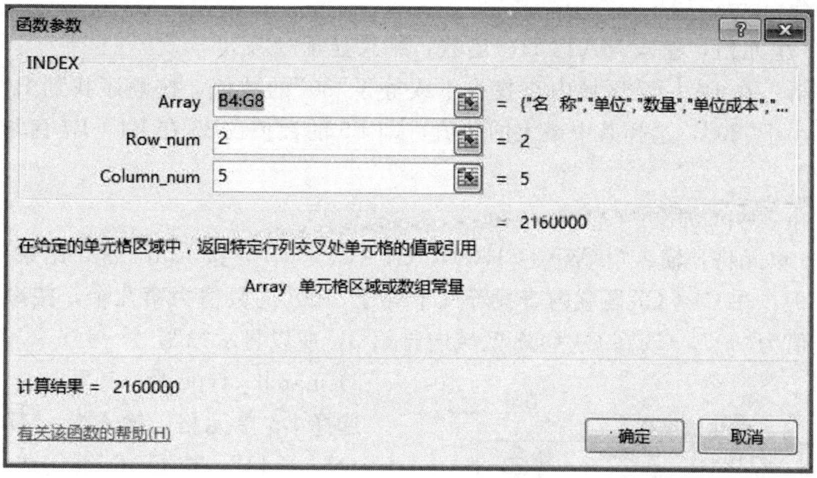

函数参数
INDEX
Array B4:G8 = {"名 称","单位","数量","单位成本","...
Row_num 2 = 2
Column_num 5 = 5
= 2160000
在给定的单元格区域中，返回特定行列交叉处单元格的值或引用
Array 单元格区域或数组常量
计算结果 = 2160000
有关该函数的帮助(H) 确定 取消

图 3-18 INDEX( )函数设置

六、MATCH( )函数

▶ 1. 功能

可以返回指定内容所在的位置。

▶ 2. 语法

MATCH(lookup _ value，lookup _ array，[match _ type])

lookup _ value：需要在 lookup _ array 中查找的值。例如，如果要在电话簿中查找某人的电话号码，则应该将姓名作为查找值，但实际上需要的是电话号码。

lookup _ value：要搜索的单元格区域，可以为值(数字、文本或逻辑值)或对数字、文本或逻辑值的单元格引用。

match _ type：表示查询的指定方式，其值为 1、0、－1，其参数释义如表 3-3 所示。

表 3-3 match _ type 参数释义

序号	match _ type 参数	说　明
1	1 或省略	查找小于或等于指定内容的最大值，而且指定区域必须按升序排列
2	0	查找等于指定内容的第一个值
3	－1	查找大于或等于指定内容的最小值，而且指定区域必须按降序排列

▶ 3. 示例

录入如图 3-19 所示学生成绩表基本信息。

	A	B	C	D
1	学生成绩表			
2	排序	升序	无序	降序
3	姓名	语文	数学	英语
4	张三	78	90	97
5	李四	79	78	96
6	王五	85	80	83
7	赵六	100	79	81

图 3-19 学生成绩表

1）match _ type 为 1

选择 B8 单元格，输入 MATCH()函数，结果显示“2”。

公式解析：在 B4∶B7 区域内查找小于或等于“80”的数值，按顺序找到 B4∶B5 单元格的数值都小于“80”，选择其中最大的数值，即 B5 的数值，B5 在 B4∶B7 区域内排第 2，所以显示“2”。

2）match _ type 为 0

选择 C8 单元格，输入“=MATCH(80，C4∶C7，0)”，按 Enter 键，结果显示“3”。

公式解析：在 C4∶C7 区域内查找等一个等于“100”的数值为第几个，按顺序找到 C6 单元格的数值为“80”，C6 在 C4∶C7 区域内排第 3，所以显示“3”。

	A	B	C	D
1	学生成绩表			
2	排序	升序	无序	降序
3	姓名	语文	数学	英语
4	张三	78	90	97
5	李四	79	78	96
6	王五	85	80	83
7	赵六	100	79	81
8		2	3	4

图 3-20　MATCH( )函数显示结果

3）match _ type 为−1

选择 D8 单元格，输入“=MATCH(80，D4∶D7，−1)”，按 Enter 键，结果显示“4”。

公式解析：在 D4∶D7 区域内查找大于或等于“90”的数值，按顺序找到 D6∶D7 单元格的数值都大于“80”，选择其中最小的数值，即 D7 的数值，D7 在 D4∶D7 区域内排第 4，所以显示“4”。

综上所述，结果显示如图 3-20 所示。

项目实施

根据经济业务的具体内容和上述函数及公式的运用，在“记账凭证汇总表”中操作如下。

▶ 1. 凭证号的选择性输入

制作记账凭证号的下拉菜单，以选择的形式输入具体的凭证号。鼠标定位在 P6 单元格，单击“数据”→“数据验证”命令，打开“数据验证”对话框，在“设置”选项卡中进行如图 3-21所示的设置。

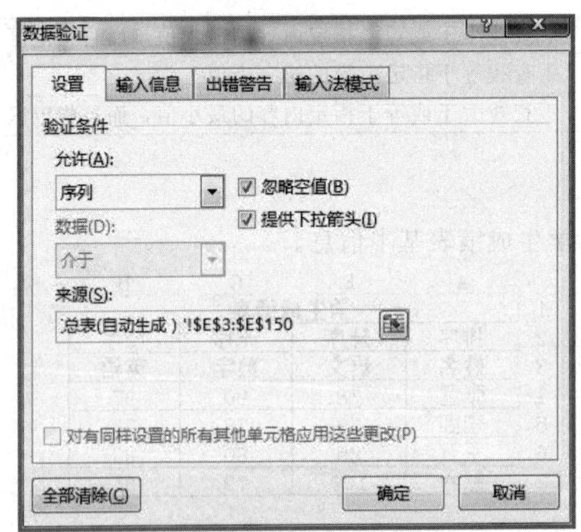

图 3-21　序列输入设置

2. 凭证填制日期的生成

用取串函数分别生成填制凭证年、月、日的具体数据。

1）生成年数据

把光标定位在 H6 单元格，插入 LEFT()函数，设置如图 3-22 所示。

函数参数
LEFT
Text
P6
= "2015120101"
Num_chars
4
= 4
= "2015"
从一个文本字符串的第一个字符开始返回指定个数的字符
Text 要提取字符的字符串
计算结果 = 2015
有关该函数的帮助(H)
确定
取消

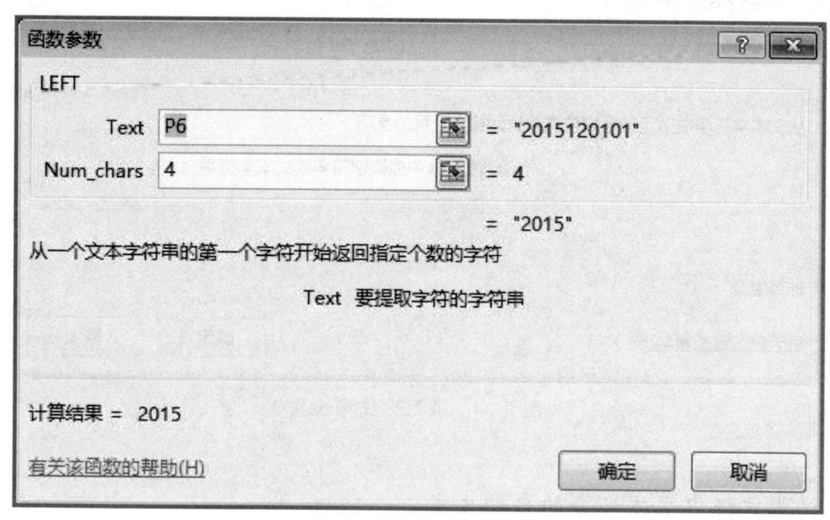

图 3-22 取“年”信息设置

2）生成月数据

把光标定位在 J6 单元格，插入 MID()函数，设置如图 3-23 所示。

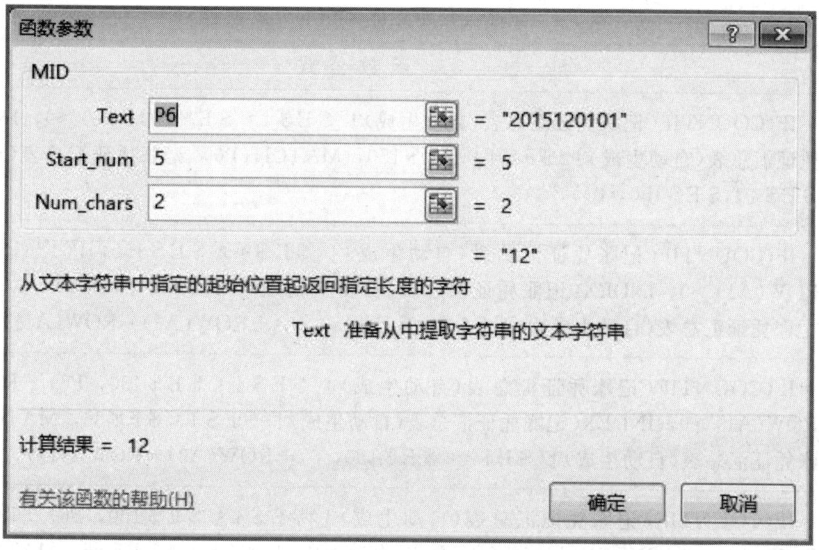

函数参数
MID
Text
P6
= "2015120101"
Start_num
5
= 5
Num_chars
2
= 2
= "12"
从文本字符串中指定的起始位置起返回指定长度的字符
Text 准备从中提取字符串的文本字符串
计算结果 = 12
有关该函数的帮助(H)
确定
取消

图 3-23 取“月”信息设置

3）生成日数据

把光标定位在 L6 单元格，插入 MID()函数，设置如图 3-24 所示。

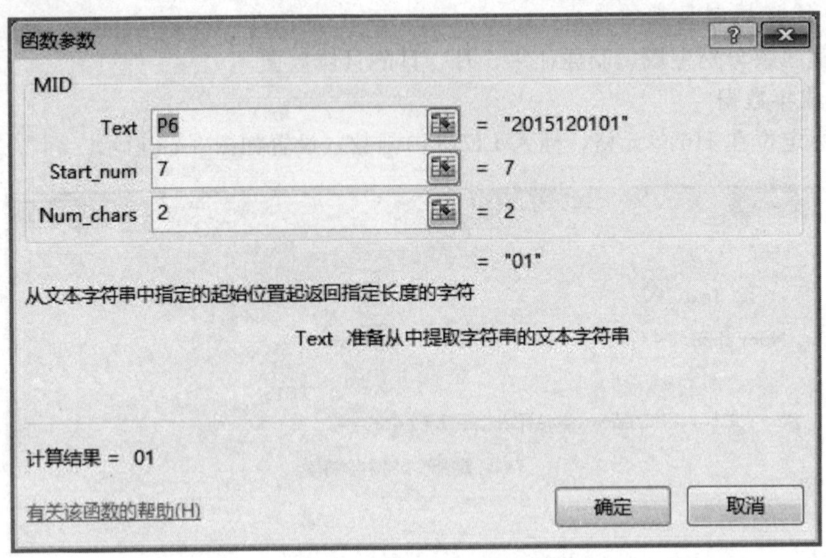

图 3-24 取"日"信息设置

▶ 3. 记账凭证中主体部分的自动生成

凭证中的主体部分包括摘要、总账科目、明细科目、借方金额和贷方金额等的具体内容。实现自动生成的方式是利用 IF()函数、COUNTIF()函数、ROW()函数、INDEX()函数和 MATCH()函数的组合应用，以公式的形式来实现。凭证中的公式如表 3-4 所示。

表 3-4 记账凭证中主体部分的公式设置

单元格	函 数 公 式
D9	=IF(COUNTIF('记账凭证汇总表(自动生成)'! $E$4 : $E$150, P6)>0, INDEX('记账凭证汇总表(自动生成)'! $F$4 : $F$150, MATCH(P6, '记账凭证汇总表(自动生成)'! $E$4 : $E$150, 0)),"")
D10	=IF(COUNTIF('记账凭证汇总表(自动生成)'! $E$4 : $E$150, P6)-ROW(A2)+ROW(A1)>0, INDEX('记账凭证汇总表(自动生成)'! $F$4 : $F$150, MATCH(P6, '记账凭证汇总表(自动生成)'! $E$4 : $E$150, 0)+ROW(A2)-ROW(A1)),"")
D11	=IF(COUNTIF('记账凭证汇总表(自动生成)'! $E$4 : $E$150, P6)-ROW(A3)+ROW(A1)>0, INDEX('记账凭证汇总表(自动生成)'! $F$4 : $F$86, MATCH(P6, '记账凭证汇总表(自动生成)'! $E$4 : $E$150, 0)+ROW(A3)-ROW(A1)),"")
D12	=IF(COUNTIF('记账凭证汇总表(自动生成)'! $E$4 : $E$150, P6)-ROW(A4)+ROW(A1)>0, INDEX('记账凭证汇总表(自动生成)'! $F$4 : $F$86, MATCH(P6, '记账凭证汇总表(自动生成)'! $E$4 : $E$150, 0)+ROW(A4)-ROW(A1)),"")
D13	=IF(COUNTIF('记账凭证汇总表(自动生成)'! $E$4 : $E$150, P6)-ROW(A5)+ROW(A1)>0, INDEX('记账凭证汇总表(自动生成)'! $F$4 : $F$86, MATCH(P6, '记账凭证汇总表(自动生成)'! $E$4 : $E$150, 0)+ROW(A5)-ROW(A1)),"")

续表

单元格	函数公式
D14	=IF(COUNTIF('记账凭证汇总表(自动生成)'! $E$4:$E$150, P6)-ROW(A6)+ROW(A1)>0, INDEX('记账凭证汇总表(自动生成)'! $F$4:$F$86, MATCH(P6, '记账凭证汇总表(自动生成)'! $E$4:$E$150, 0)+ROW(A6)-ROW(A1)),"")
D15	=IF(COUNTIF('记账凭证汇总表(自动生成)'! $E$4:$E$150, P6)-ROW(A7)+ROW(A1)>0, INDEX('记账凭证汇总表(自动生成)'! $F$4:$F$86, MATCH(P6, '记账凭证汇总表(自动生成)'! $E$4:$E$150, 0)+ROW(A7)-ROW(A1)),"")
D16	=IF(COUNTIF('记账凭证汇总表(自动生成)'! $E$4:$E$150, P6)-ROW(A8)+ROW(A1)>0, INDEX('记账凭证汇总表(自动生成)'! $F$4:$F$86, MATCH(P6, '记账凭证汇总表(自动生成)'! $E$4:$E$150, 0)+ROW(A8)-ROW(A1)),"")
E9	=IF(COUNTIF('记账凭证汇总表(自动生成)'! $E$4:$E$150, P6)>0, INDEX('记账凭证汇总表(自动生成)'! $G$4:$G$86, MATCH(P6, '记账凭证汇总表(自动生成)'! $E$4:$E$150, 0)),"")
E10	=IF(COUNTIF('记账凭证汇总表(自动生成)'! $E$4:$E$150, P6)-ROW(A2)+ROW(A1)>0, INDEX('记账凭证汇总表(自动生成)'! $G$4:$G$86, MATCH(P6, '记账凭证汇总表(自动生成)'! $E$4:$E$150, 0)+ROW(A2)-ROW(A1)),"")
E11	=IF(COUNTIF('记账凭证汇总表(自动生成)'! $E$4:$E$150, P6)-ROW(A3)+ROW(A1)>0, INDEX('记账凭证汇总表(自动生成)'! $G$4:$G$86, MATCH(P6, '记账凭证汇总表(自动生成)'! $E$4:$E$150, 0)+ROW(A3)-ROW(A1)),"")
E12	=IF(COUNTIF('记账凭证汇总表(自动生成)'! $E$4:$E$150, P6)-ROW(A4)+ROW(A1)>0, INDEX('记账凭证汇总表(自动生成)'! $G$4:$G$86, MATCH(P6, '记账凭证汇总表(自动生成)'! $E$4:$E$150, 0)+ROW(A4)-ROW(A1)),"")
E13	=IF(COUNTIF('记账凭证汇总表(自动生成)'! $E$4:$E$150, P6)-ROW(A5)+ROW(A1)>0, INDEX('记账凭证汇总表(自动生成)'! $G$4:$G$86, MATCH(P6, '记账凭证汇总表(自动生成)'! $E$4:$E$150, 0)+ROW(A5)-ROW(A1)),"")
E14	=IF(COUNTIF('记账凭证汇总表(自动生成)'! $E$4:$E$150, P6)-ROW(A6)+ROW(A1)>0, INDEX('记账凭证汇总表(自动生成)'! $G$4:$G$86, MATCH(P6, '记账凭证汇总表(自动生成)'! $E$4:$E$150, 0)+ROW(A6)-ROW(A1)),"")
E15	=IF(COUNTIF('记账凭证汇总表(自动生成)'! $E$4:$E$150, P6)-ROW(A7)+ROW(A1)>0, INDEX('记账凭证汇总表(自动生成)'! $G$4:$G$86, MATCH(P6, '记账凭证汇总表(自动生成)'! $E$4:$E$150, 0)+ROW(A7)-ROW(A1)),"")
E16	=IF(COUNTIF('记账凭证汇总表(自动生成)'! $E$4:$E$150, P6)-ROW(A8)+ROW(A1)>0, INDEX('记账凭证汇总表(自动生成)'! $G$4:$G$86, MATCH(P6, '记账凭证汇总表(自动生成)'! $E$4:$E$150, 0)+ROW(A8)-ROW(A1)),"")
F9	=IF(COUNTIF('记账凭证汇总表(自动生成)'! $E$4:$E$150, P6)>0, INDEX('记账凭证汇总表(自动生成)'! $H$4:$H$86, MATCH(P6, '记账凭证汇总表(自动生成)'! $E$4:$E$150, 0)),"")

续表

单元格	函数公式
F10	=IF(COUNTIF('记账凭证汇总表(自动生成)'! $E$4：$E$150, P6)－ROW(A2)＋ROW(A1)>0, INDEX('记账凭证汇总表(自动生成)'! $H$4：$H$86, MATCH(P6, '记账凭证汇总表(自动生成)'! $E$4：$E$150, 0)＋ROW(A2)－ROW(A1)),"")
F11	=IF(COUNTIF('记账凭证汇总表(自动生成)'! $E$4：$E$150, P6)－ROW(A3)＋ROW(A1)>0, INDEX('记账凭证汇总表(自动生成)'! $H$4：$H$86, MATCH(P6, '记账凭证汇总表(自动生成)'! $E$4：$E$150, 0)＋ROW(A3)－ROW(A1)),"")
F12	=IF(COUNTIF('记账凭证汇总表(自动生成)'! $E$4：$E$150, P6)－ROW(A4)＋ROW(A1)>0, INDEX('记账凭证汇总表(自动生成)'! $H$4：$H$86, MATCH(P6, '记账凭证汇总表(自动生成)'! $E$4：$E$150, 0)＋ROW(A4)－ROW(A1)),"")
F13	=IF(COUNTIF('记账凭证汇总表(自动生成)'! $E$4：$E$150, P6)－ROW(A5)＋ROW(A1)>0, INDEX('记账凭证汇总表(自动生成)'! $H$4：$H$86, MATCH(P6, '记账凭证汇总表(自动生成)'! $E$4：$E$150, 0)＋ROW(A5)－ROW(A1)),"")
F14	=IF(COUNTIF('记账凭证汇总表(自动生成)'! $E$4：$E$150, P6)－ROW(A6)＋ROW(A1)>0, INDEX('记账凭证汇总表(自动生成)'! $H$4：$H$86, MATCH(P6, '记账凭证汇总表(自动生成)'! $E$4：$E$150, 0)＋ROW(A6)－ROW(A1)),"")
F15	=IF(COUNTIF('记账凭证汇总表(自动生成)'! $E$4：$E$150, P6)－ROW(A7)＋ROW(A1)>0, INDEX('记账凭证汇总表(自动生成)'! $H$4：$H$86, MATCH(P6, '记账凭证汇总表(自动生成)'! $E$4：$E$150, 0)＋ROW(A7)－ROW(A1)),"")
F16	=IF(COUNTIF('记账凭证汇总表(自动生成)'! $E$4：$E$150, P6)－ROW(A8)＋ROW(A1)>0, INDEX('记账凭证汇总表(自动生成)'! $H$4：$H$86, MATCH(P6, '记账凭证汇总表(自动生成)'! $E$4：$E$150, 0)＋ROW(A8)－ROW(A1)),"")
J9	=IF(COUNTIF('记账凭证汇总表(自动生成)'! $E$4：$E$150, P6)>0, INDEX('记账凭证汇总表(自动生成)'! $I$4：$I$86, MATCH(P6, '记账凭证汇总表(自动生成)'! $E$4：$E$150, 0)),"")
J10	=IF(COUNTIF('记账凭证汇总表(自动生成)'! $E$4：$E$150, P6)－ROW(A2)＋ROW(A1)>0, INDEX('记账凭证汇总表(自动生成)'! $I$4：$I$86, MATCH(P6, '记账凭证汇总表(自动生成)'! $E$4：$E$150, 0)＋ROW(A2)－ROW(A1)),"")
J11	=IF(COUNTIF('记账凭证汇总表(自动生成)'! $E$4：$E$150, P6)－ROW(A3)＋ROW(A1)>0, INDEX('记账凭证汇总表(自动生成)'! $I$4：$I$86, MATCH(P6, '记账凭证汇总表(自动生成)'! $E$4：$E$150, 0)＋ROW(A3)－ROW(A1)),"")
J12	=IF(COUNTIF('记账凭证汇总表(自动生成)'! $E$4：$E$150, P6)－ROW(A4)＋ROW(A1)>0, INDEX('记账凭证汇总表(自动生成)'! $I$4：$I$86, MATCH(P6, '记账凭证汇总表(自动生成)'! $E$4：$E$150, 0)＋ROW(A4)－ROW(A1)),"")
J13	=IF(COUNTIF('记账凭证汇总表(自动生成)'! $E$4：$E$150, P6)－ROW(A5)＋ROW(A1)>0, INDEX('记账凭证汇总表(自动生成)'! $I$4：$I$86, MATCH(P6, '记账凭证汇总表(自动生成)'! $E$4：$E$150, 0)＋ROW(A5)－ROW(A1)),"")

续表

单元格	函数公式
J14	=IF(COUNTIF('记账凭证汇总表(自动生成)'! $E$4：$E$150，P6)－ROW(A6)＋ROW(A1)>0，INDEX('记账凭证汇总表(自动生成)'! $I$4：$I$86，MATCH(P6，'记账凭证汇总表(自动生成)'! $E$4：$E$150，0)＋ROW(A6)－ROW(A1)),"")
J15	=IF(COUNTIF('记账凭证汇总表(自动生成)'! $E$4：$E$150，P6)－ROW(A7)＋ROW(A1)>0，INDEX('记账凭证汇总表(自动生成)'! $I$4：$I$86，MATCH(P6，'记账凭证汇总表(自动生成)'! $E$4：$E$150，0)＋ROW(A7)－ROW(A1)),"")
J16	=IF(COUNTIF('记账凭证汇总表(自动生成)'! $E$4：$E$150，P6)－ROW(A8)＋ROW(A1)>0，INDEX('记账凭证汇总表(自动生成)'! $I$4：$I$86，MATCH(P6，'记账凭证汇总表(自动生成)'! $E$4：$E$150，0)＋ROW(A8)－ROW(A1)),"")
N9	=IF(COUNTIF('记账凭证汇总表(自动生成)'! $E$4：$E$150，P6)>0，INDEX('记账凭证汇总表(自动生成)'! $J$4：$J$86，MATCH(P6，'记账凭证汇总表(自动生成)'! $E$4：$E$150，0)),"")
N10	=IF(COUNTIF('记账凭证汇总表(自动生成)'! $E$4：$E$150，P6)－ROW(A2)＋ROW(A1)>0，INDEX('记账凭证汇总表(自动生成)'! $J$4：$J$86，MATCH(P6，'记账凭证汇总表(自动生成)'! $E$4：$E$150，0)＋ROW(A2)－ROW(A1)),"")
N11	=IF(COUNTIF('记账凭证汇总表(自动生成)'! $E$4：$E$150，P6)－ROW(A3)＋ROW(A1)>0，INDEX('记账凭证汇总表(自动生成)'! $J$4：$J$86，MATCH(P6，'记账凭证汇总表(自动生成)'! $E$4：$E$150，0)＋ROW(A3)－ROW(A1)),"")
N12	=IF(COUNTIF('记账凭证汇总表(自动生成)'! $E$4：$E$150，P6)－ROW(A4)＋ROW(A1)>0，INDEX('记账凭证汇总表(自动生成)'! $J$4：$J$86，MATCH(P6，'记账凭证汇总表(自动生成)'! $E$4：$E$150，0)＋ROW(A4)－ROW(A1)),"")
N13	=IF(COUNTIF('记账凭证汇总表(自动生成)'! $E$4：$E$150，P6)－ROW(A5)＋ROW(A1)>0，INDEX('记账凭证汇总表(自动生成)'! $J$4：$J$86，MATCH(P6，'记账凭证汇总表(自动生成)'! $E$4：$E$150，0)＋ROW(A5)－ROW(A1)),"")
N14	=IF(COUNTIF('记账凭证汇总表(自动生成)'! $E$4：$E$150，P6)－ROW(A6)＋ROW(A1)>0，INDEX('记账凭证汇总表(自动生成)'! $J$4：$J$86，MATCH(P6，'记账凭证汇总表(自动生成)'! $E$4：$E$150，0)＋ROW(A6)－ROW(A1)),"")
N15	=IF(COUNTIF('记账凭证汇总表(自动生成)'! $E$4：$E$150，P6)－ROW(A7)＋ROW(A1)>0，INDEX('记账凭证汇总表(自动生成)'! $J$4：$J$86，MATCH(P6，'记账凭证汇总表(自动生成)'! $E$4：$E$150，0)＋ROW(A7)－ROW(A1)),"")
N16	=IF(COUNTIF('记账凭证汇总表(自动生成)'! $E$4：$E$150，P6)－ROW(A8)＋ROW(A1)>0，INDEX('记账凭证汇总表(自动生成)'! $J$4：$J$86，MATCH(P6，'记账凭证汇总表(自动生成)'! $E$4：$E$150，0)＋ROW(A8)－ROW(A1)),"")
O9	=IF(COUNTIF('记账凭证汇总表(自动生成)'! $E$4：$E$150，P6)>0，INDEX('记账凭证汇总表(自动生成)'! $K$4：$K$86，MATCH(P6，'记账凭证汇总表(自动生成)'! $E$4：$E$150，0)),"")

续表

单元格	函 数 公 式
O10	=IF(COUNTIF('记账凭证汇总表(自动生成)'! $E$4：$E$150, P6)-ROW(A2)+ROW(A1)>0, INDEX('记账凭证汇总表(自动生成)'! $K$4：$K$86, MATCH(P6,'记账凭证汇总表(自动生成)'! $E$4：$E$150, 0)+ROW(A2)-ROW(A1)),"")
O11	=IF(COUNTIF('记账凭证汇总表(自动生成)'! $E$4：$E$150, P6)-ROW(A3)+ROW(A1)>0, INDEX('记账凭证汇总表(自动生成)'! $K$4：$K$86, MATCH(P6,'记账凭证汇总表(自动生成)'! $E$4：$E$150, 0)+ROW(A3)-ROW(A1)),"")
O12	=IF(COUNTIF('记账凭证汇总表(自动生成)'! $E$4：$E$150, P6)-ROW(A4)+ROW(A1)>0, INDEX('记账凭证汇总表(自动生成)'! $K$4：$K$86, MATCH(P6,'记账凭证汇总表(自动生成)'! $E$4：$E$150, 0)+ROW(A4)-ROW(A1)),"")
O13	=IF(COUNTIF('记账凭证汇总表(自动生成)'! $E$4：$E$150, P6)-ROW(A5)+ROW(A1)>0, INDEX('记账凭证汇总表(自动生成)'! $K$4：$K$86, MATCH(P6,'记账凭证汇总表(自动生成)'! $E$4：$E$150, 0)+ROW(A5)-ROW(A1)),"")
O14	=IF(COUNTIF('记账凭证汇总表(自动生成)'! $E$4：$E$150, P6)-ROW(A6)+ROW(A1)>0, INDEX('记账凭证汇总表(自动生成)'! $K$4：$K$86, MATCH(P6,'记账凭证汇总表(自动生成)'! $E$4：$E$150, 0)+ROW(A6)-ROW(A1)),"")
O15	=IF(COUNTIF('记账凭证汇总表(自动生成)'! $E$4：$E$150, P6)-ROW(A7)+ROW(A1)>0, INDEX('记账凭证汇总表(自动生成)'! $K$4：$K$86, MATCH(P6,'记账凭证汇总表(自动生成)'! $E$4：$E$150, 0)+ROW(A7)-ROW(A1)),"")
O16	=IF(COUNTIF('记账凭证汇总表(自动生成)'! $E$4：$E$150, P6)-ROW(A8)+ROW(A1)>0, INDEX('记账凭证汇总表(自动生成)'! $K$4：$K$86, MATCH(P6,'记账凭证汇总表(自动生成)'! $E$4：$E$150, 0)+ROW(A8)-ROW(A1)),"")

4. 记账凭证的审核

1) 借方金额和贷方金额的自动合计

(1) 在 N17 单元格插入 SUM()函数，设置求合区域，如图 3-25 所示。

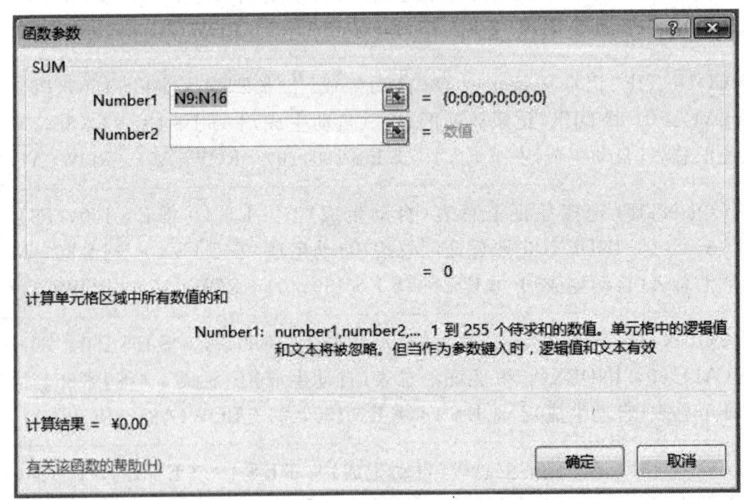

图 3-25　N17 单元格函数设置

(2) 在 O17 单元格插入 SUM()函数，设置求合区域，如图 3-26 所示。

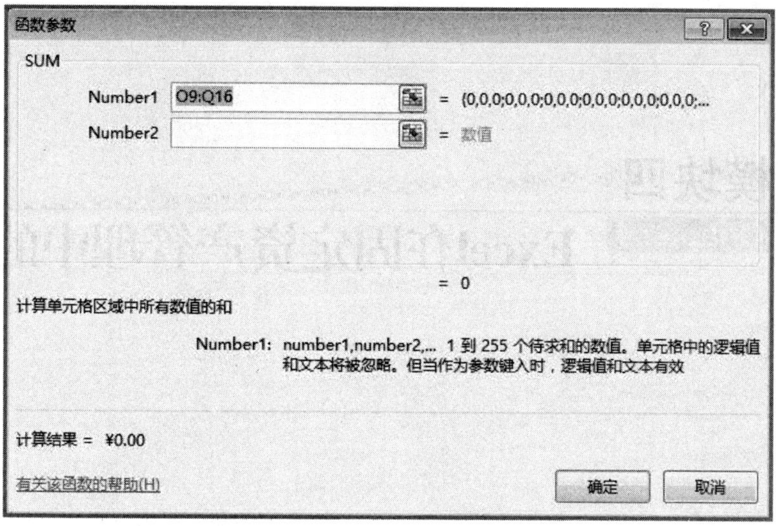

函数参数
SUM
Number1 O9:Q16 = {0,0,0;0,0,0;0,0,0;0,0,0;0,0,0;0,0,0;...
Number2 = 数值
= 0
计算单元格区域中所有数值的和
Number1: number1,number2,... 1 到 255 个待求和的数值。单元格中的逻辑值和文本将被忽略。但当作为参数键入时，逻辑值和文本有效
计算结果 = ¥0.00
有关该函数的帮助(H)
确定
取消

图 3-26　O17 单元格函数设置

2) 借贷平衡测试

在 N19 单元格插入 IF()函数，判断借方金额和贷方金额是否相等，设置如图 3-27 所示。

函数参数
IF
Logical_test N17=O17 = TRUE
Value_if_true "借贷平衡，请签字。" = "借贷平衡，请签字。"
Value_if_false "借贷不平，请检查！" = "借贷不平，请检查！"
= "借贷平衡，请签字。"
判断是否满足某个条件，如果满足返回一个值，如果不满足则返回另一个值。
Logical_test 是任何可能被计算为 TRUE 或 FALSE 的数值或表达式。
计算结果 = 借贷平衡，请签字。
有关该函数的帮助(H)
确定
取消

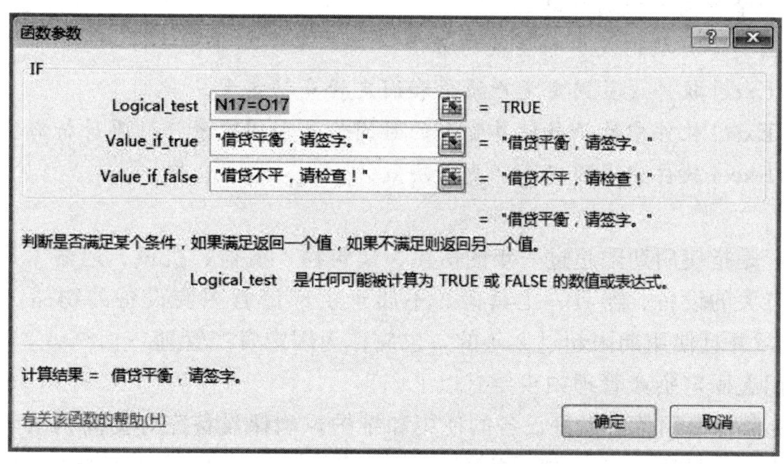

图 3-27　试算平衡测试设置

记账凭证的制单和审核不能同为一人。审核人员按照会计准则要求对制单人员所填制的凭证进行审核。当在审核人员签字单元格中出现“借贷平衡，请签字。”，且其他内容方面均符合相关要求时，审核人员方可签字进行审核。

4 模块四 Chapter 4 Excel在固定资产管理中的应用

>>> 学习目标

1. 掌握固定资产备查账簿的设置和使用方法。
2. 掌握固定资产累计折旧的方法。
3. 掌握资金时间价值的计算。
4. 掌握固定资产折旧及更新决策的方法。
5. 能用 Excel 软件设置固定资产清单和固定资产档案卡。
6. 能用 Excel 软件中的函数计算资金的时间价值和固定资产的累计折旧。
7. 能用 Excel 软件完成固定资产更新决策。

固定资产是指使用期限超过一年的房屋、建筑物、机器、机械、运输工具，以及其他与生产经营有关的设备、器具、工具等。不属于生产经营主要设备的物品，单位价值在2 000元以上，并且使用期限超过 2 年的，也应作为固定资产管理。

财务部门在固定资产管理中主要有以下职责。

(1) 负责监督使用单位做好设备的使用和维护，确保设备完好提高利用率，并定期组织设备的清点，保证账、卡、物三相符。

(2) 负责固定资产的管理，搞好固定资产的分类，统一编号，建立固定资产档案，登记账卡，负责审批并办理验收、调拨、报废、封存、启用等事项。

(3) 根据使用部门的使用情况，组织编制设备大修及维修计划，按期编报设备更新计划。

(4) 对固定资产的增减变动及时进行账务处理。

(5) 做好固定资产折旧和减值准备的计算，随时掌握固定资产的净值。按期填报资产报表。

项目一　固定资产增加的管理

项目描述

睿博有限公司于 2015 年 12 月在财产清查中发现一项未建卡的保险柜。该设备是 2014 年 10 月购入并由人力资源部使用的。要求为该固定资产建立备查账簿，即固定资产清单和固定资产档案卡。

项目知识

1. 固定资产编码规则

固定资产编码规则采用“26241”四级规则，如表 4-1 所示。

表 4-1　固定资产编码规则

序　　号	级　　别	代码长度	含　　义	选值范围
1	一级	2	分类	01～11
2	二级	6	投入使用时间	年月
3	三级	2	部门	01～99
4	四级	4	序号	0001～9999
5	五级	1	使用状态	0、1

（1）固定资产分为 11 类，具体编码规定如表 4-2 所示。

表 4-2　固定资产的类别编码

序　　号	类　　别	代　　码
1	土地	01
2	房屋及构筑物	02
3	通用设备	03
4	专用设备	04
5	交通运输设备	05
6	电气设备	06
7	电子产品及通信设备	07
8	仪器仪表、计量标准器具及量具、衡器	08
9	文艺体育设备	09
10	图书文物及陈列品	10
11	家具用具及其他类	11

（2）企业内部设有 5 个部门，具体编码规定如表 4-3 所示。

表 4-3　企业内部部门编码

序　号	部　门	代　码
1	综合部	01
2	人力资源部	02
3	财务部	03
4	生产部	04
5	销售部	05

（3）使用状态分为在用和停用两类，在用需计提折旧，停用不需计提折旧。1 表示在用，0 表示停用。

经过上述规定，编码方案使用方法如下：

案例中的保险柜按序是第 6 个，根据编码规则，其编码是 112014100200061。

其中：11——家具用具及其他类；101410——开始使用时间；02——人力资源部使用；0006——第 6 台；1——在用。

▶ 2. 固定资产的档案管理

固定资产的管理除总账和明细分类账的管理外，还需设置固定资产清单和固定资产卡片。样式如图 4-1 和图 4-2 所示。

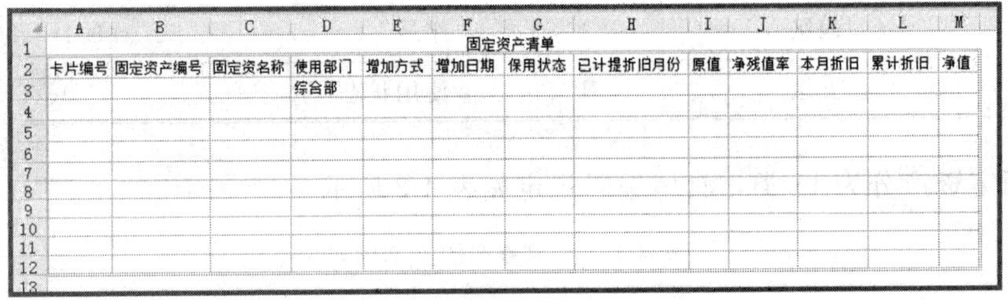

固定资产清单

卡片编号	固定资产编号	固定资名称	使用部门	增加方式	增加日期	保用状态	已计提折旧月份	原值	净残值率	本月折旧	累计折旧	净值
			综合部									

图 4-1　固定资产清单

固定资产卡片

卡片编号					
固定资产编号		固定资产名称		规格型号	
类别编号		类别名称		增加方式	
使用部门		使用状态		折旧方法	
增加日期		开始使用日期		使用年限	
已提折旧月份		尚可使用月份		原值	
净残值率		净残值		按年折旧额	
本月折旧		累计折旧		账面净值	
折旧记录					
日期	凭证	摘要		累计折旧	账面净值

图 4-2　固定资产卡片

项目实施

▶ 1. 新建文件和工作表

（1）新建“Excel 在固定资产管理中的应用”文件。

（2）新建“固定资产清单”和“固定资产卡片”工作表，并将上述表格录入工作表中。

▶ 2. 制作直接菜单

制作“使用部门”“增加方式”“使用状态”等输入方式的直接菜单。增加方式有购入、自建两种方式，使用状态分为在用和停用两种。现以“使用部门”为例介绍具体步骤。

（1）打开“固定资产清单”。在 O2∶O6 区域中分别输入“综合部”“人力资源部”“财务部”“生产部”“销售部”。

（2）在 D3 单元格单击“数据”→“数据验证”命令，打开“数据验证”对话框。在“设置”选项卡进行设置如图 4-3 所示的设置。

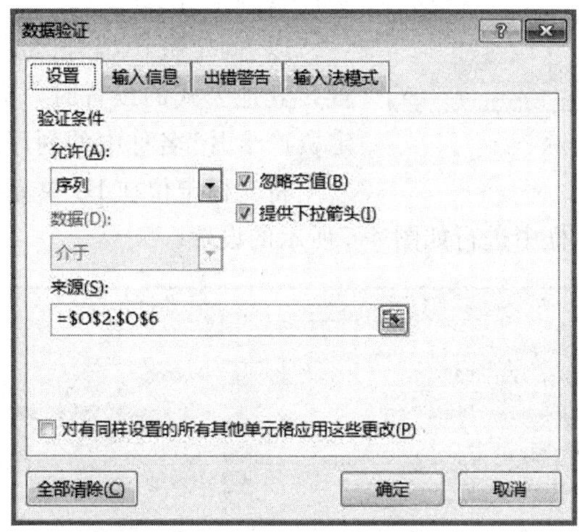

图 4-3　“数据验证”对话框

（3）选择 O 列，右击，在快捷菜单中选择“隐藏”命令将其隐藏，如图 4-4 所示。

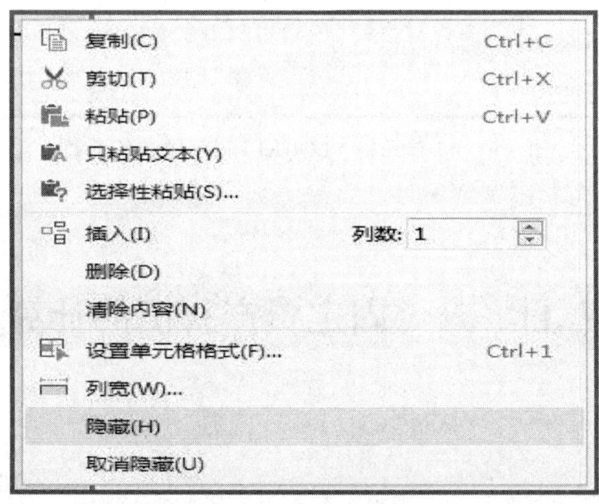

图 4-4　快捷菜单

▶ 3. 设置“固定资产卡片”中的公式

固定资产清单和卡片中的“卡片编号”为关键字，设置相关公式如下。

1) “卡片编号”的有效性输入

参照“使用部门”的有效性设置。

2) 其他项目的自动录入

利用名称和 VLOOKUP()函数进行查找录入。

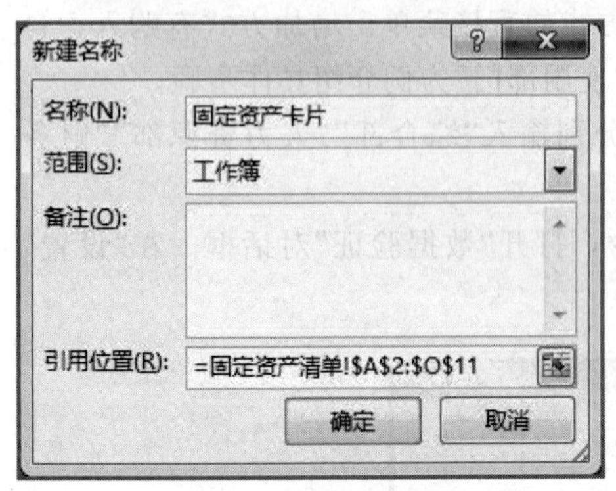

图 4-5　定义名称

(1) 定义名称，如图 4-5 所示。

(2) 用 VLOOKUP()函数查找录入。“固定资产卡片”中的固定资产编号、固定资产名称、计量单位、增加方式等内容均可使用 VLOOKUP()函数查找录入，虽然设置函数时有点麻烦，但设置好之后，可以用拖动复制的方法制作若干个固定资产管理卡片。

以“固定资产编号”的查找录入为例，进行设置，其他公式的设置时，只要注意该项内容在“固定资产卡片”名称中的列序号。

将光标定位在 B3 单元格，插入 VLOOKUP()函数，在“函数参数”对话框中进行如图 4-6 所示的设置。

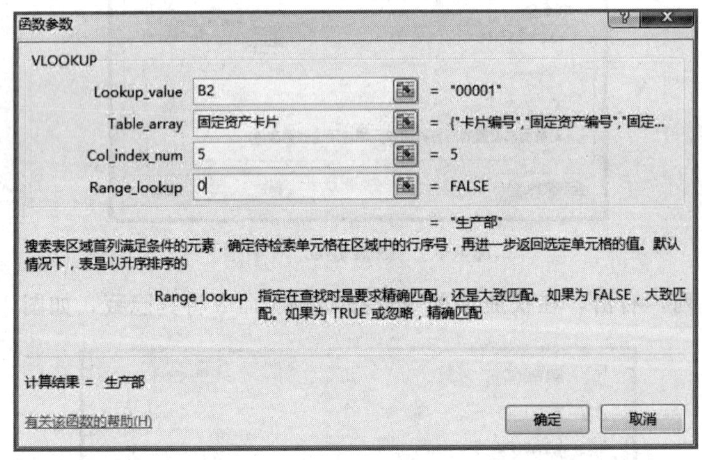

图 4-6　B3 单元格 VLOOKUP()函数参数设置

项目二　固定资产折旧的计算

项目描述

睿博有限公司现有一台数控车床，尚可使用，称旧设备。目前有一款新型数控车床价位较低，可供选择更新，称新设备。具体经济指标如表4-4所示，假定经济数据均发生在期末，所得税税率为25%。请通过对两个方案的净现值进行比较，分析是否可进行设备更新。

表4-4 设备更新方案

项　目	旧 设 备	新 设 备
原价(元)	40 000	60 000
预计使用年限(年)	10	5
已使用年限(年)	5	0
年销售收入(元)	50 000	80 000
每年付现成本(元)	30 000	40 000
残值(元)	10 000	10 000
目前变现价值(元)	10 000	
折旧方法	直线法	年数总和法

项目知识

固定资产折旧是指在固定资产使用寿命内，按照确定的方法对应计提折旧额进行系统分摊，主要的方法有直线法、年限总和法、双倍余额递减法和倍率余额递减法。

直线法计提折旧又称为平均年限法，是指将固定资产按预计使用年限平均计算折旧均衡地分摊到各期的一种方法。采用这种方法计算的每期(年、月)折旧额都是相等的。

年限总和法是将固定资产的原价减去预计净残值后的余额，乘以一个以固定资产尚可使用寿命为分子，以预计使用寿命逐年数字之和为分母的逐年递减的分数计算每年的折旧额。

双倍余额递减法，是在不考虑固定资产预计净残值的情况下，根据每年年初固定资产净值和双倍的直线法折旧率计算固定资产折旧额的一种方法。应用这种方法计算折旧额时，由于每年年初固定资产净值没有扣除预计净残值，所以在计算固定资产折旧额时，应在其折旧年限到期前两年内，将固定资产的净值扣除预计净残值后的余额平均摊销。

一、SLN()函数

▶ 1. 功能

返回某项资产在一个期间中的线性折旧值。

▶ 2. 语法

SLN(cost，salvage，life)

cost：指定资产的初始成本。

salvage：指定资产在可用年限结束后的价值，即预计净残值。

life：指定资产的可用年限，即预计可使用年限。

说明：折旧期间必须用与 life 参数相同的单位表示。所有参数都必须是正数。

▶ 3. 示例

某单价以 300 000 元购入一办公用车，使用寿命为 10 年，预计净残值 7 500 元，求年折旧额。

把光标定位在 D10 单元格，插入 SLN()函数。在“函数参数”对话框中进行如图 4-7 所示的设置。

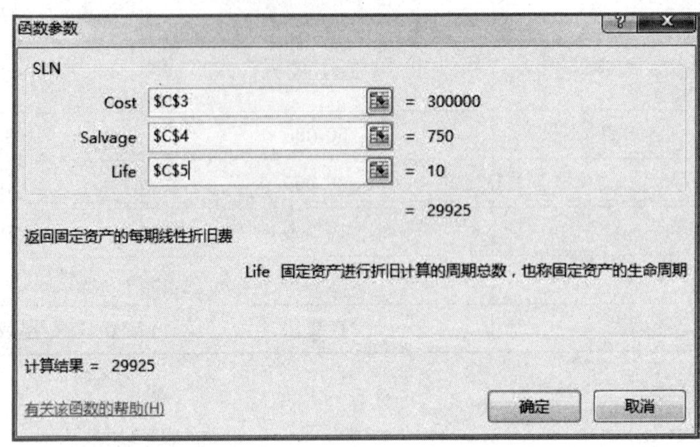

图 4-7　D10 单元格 SLN()函数参数设置

D11～D19 单元格的公式可拖动输入，其结果如图 4-8 所示。

按直线法计算的折旧额

说明	数据
资产原值	¥300 000.00
资产残值	¥7 500.00
使用寿命	10.00

折旧的计算

年度	原值	残值	每年折旧额	累计折旧	净值
1	¥300 000.00	¥75 000.00	¥29 250.00	¥29 250.00	¥270 750.00
2	¥300 000.00	¥75 000.00	¥29 250.00	¥58 500.00	¥241 500.00
3	¥300 000.00	¥75 000.00	¥29 250.00	¥87 750.00	¥212 250.00
4	¥300 000.00	¥75 000.00	¥29 250.00	¥117 000.00	¥183 000.00
5	¥300 000.00	¥75 000.00	¥29 250.00	¥146 250.00	¥153 750.00
6	¥300 000.00	¥75 000.00	¥29 250.00	¥175 500.00	¥124 500.00
7	¥300 000.00	¥75 000.00	¥29 250.00	¥204 750.00	¥95 250.00
8	¥300 000.00	¥75 000.00	¥29 250.00	¥234 000.00	¥66 000.00
9	¥300 000.00	¥75 000.00	¥29 250.00	¥263 250.00	¥36 750.00
10	¥300 000.00	¥75 000.00	¥29 250.00	¥292 500.00	¥7 500.00

图 4-8　直线法计算折旧额结果

二、SYD()函数

▶ 1. 功能

返回某项资产按年限总和法计算的指定期间的折旧值。

▶ 2. 语法

SYD(cost，salvage，life，per)

cost：资产原值。

salvage：资产在折旧期末的价值，也称为资产残值。

life：折旧期限，有时也称作资产的使用寿命。

pe：期间，其单位与 life 相同。

▶ 3. 示例

具体数据如上例，按年限总和法计算该固定资产的年折旧额。

把光标定位在 D10 单元格，插入 SYD()函数。在“函数参数”对话框中进行如图 4-9 所示的设置。

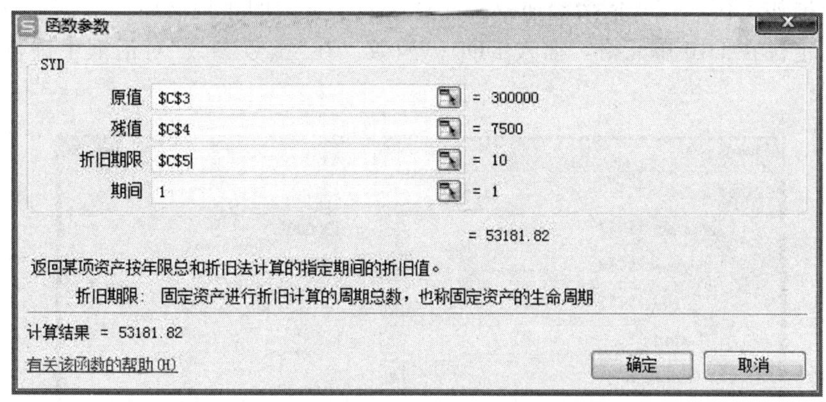

图 4-9　D10 单元格 SYD() 函数参数设置

D11～D19 单元格的公式可拖动输入，但“期间”取值应递增 1，其结果如图 4-10 所示。

	A	B	C	D	E	F
1		按年限法计算的折旧额				
2		说明	数据			
3		资产原值	¥300 000.00			
4		资产残值	¥7 500.00			
5		使用寿命	10.00			
6						
7	折旧的计算					
8						
9	年度	原值	残值	每年折旧额	累计折旧	净值
10	1	¥300 000.00	¥75 000.00	¥53 181.82	¥53 181.82	¥246 818.18
11	2	¥300 000.00	¥75 000.00	¥47 863.64	¥101 045.45	¥198 954.55
12	3	¥300 000.00	¥75 000.00	¥42 545.45	¥143 590.91	¥156 409.09
13	4	¥300 000.00	¥75 000.00	¥37 227.27	¥180 818.18	¥119 181.82
14	5	¥300 000.00	¥75 000.00	¥31 909.09	¥212 727.27	¥87 272.73
15	6	¥300 000.00	¥75 000.00	¥26 590.91	¥239 318.18	¥60 681.82
16	7	¥300 000.00	¥75 000.00	¥21 272.73	¥260 590.91	¥39 409.09
17	8	¥300 000.00	¥75 000.00	¥15 954.55	¥276 545.45	¥23 454.55
18	9	¥300 000.00	¥75 000.00	¥10 636.36	¥287 181.82	¥12 818.18
19	10	¥300 000.00	¥75 000.00	¥5 318.18	¥292 500.00	¥7 500.00
20						

图 4-10　年限总和法计算折旧额结果

三、DDB()函数

▶ 1. 功能

使用双倍余额递减法或其他指定方法，计算一笔资产在给定期间内的折旧值。

▶ 2. 语法

DDB(cost，salvage，life，period，factor)

cost：资产原值。

salvage：资产在折旧期末的价值，也称为资产残值。

life：折旧期限，有时也称作资产的使用寿命。

period：需要计算折旧值的期间。period 必须使用与 life 相同的单位。

factor：余额递减速率。如果 factor 被省略，则假设为 2，即双倍余额递减法。

注意：最后两年采用直线法，套用“＝SLN(固定资产账面净值，预计净残值，预计可使用年限)”公式进行计算。其中，固定资产账面净值＝原值成本－前 8 年累计折旧额。

▶ 3. 示例

具体数据如上例，按双倍余额递减法计算该固定资产的年折旧额。

把光标定位在 D10 单元格，插入 DDB()函数。在“函数参数”对话框中进行如图 4-11 所示的设置。

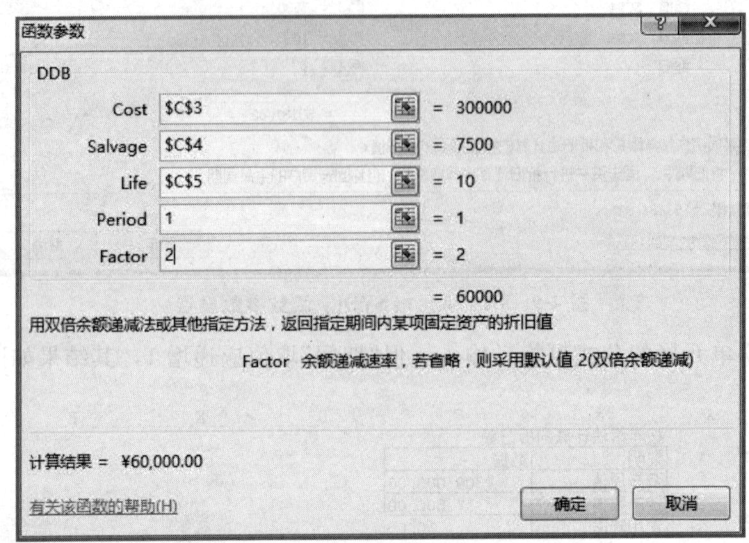

图 4-11 D10 单元格 DDB()函数参数设置

D11～D19 单元格的公式可拖动输入，但“期间”取值应递增 1，最后两年即第 9 年和第 10 年，再改为直线法。D18 和 D19 两个单元格的相同，具体为“＝SLN(＄F＄17，＄C＄4，2)”。其结果如图 4-12 所示。

	A	B	C	D	E	F
1		按双倍余额递减法计算的折旧额				
2		说明	数据			
3		资产原值	¥300 000.00			
4		资产残值	¥7 500.00			
5		使用寿命	10.00			
6						
7	折旧的计算					
8						
9	年度	原值	残值	每年折旧额	累计折旧	净值
10	1	¥300 000.00	¥75 000.00	¥60 000.00	¥60 000.00	¥240 000.00
11	2	¥300 000.00	¥75 000.00	¥48 000.00	¥108 000.00	¥192 000.00
12	3	¥300 000.00	¥75 000.00	¥38 400.00	¥146 400.00	¥153 600.00
13	4	¥300 000.00	¥75 000.00	¥30 720.00	¥177 120.00	¥122 880.00
14	5	¥300 000.00	¥75 000.00	¥24 576.00	¥201 696.00	¥98 304.00
15	6	¥300 000.00	¥75 000.00	¥19 660.80	¥221 356.80	¥78 643.20
16	7	¥300 000.00	¥75 000.00	¥15 728.64	¥237 085.44	¥62 914.56
17	8	¥300 000.00	¥75 000.00	¥12 582.91	¥249 668.35	¥50 331.65
18	9	¥300 000.00	¥75 000.00	¥21 415.82	¥271 084.18	¥28 915.82
19	10	¥300 000.00	¥75 000.00	¥5 318.18	¥276 402.36	¥23 597.64
20						

图 4-12 双倍余额递减法计算折旧额结果

项目三　固定资产更新决策

项目描述

本项目资料沿用项目二中项目描述的资料。

项目知识

现金流量是现代理财学中的一个重要概念，是指企业在一定会计期间按照现金收付实现制，通过一定经济活动(包括经营活动、投资活动、筹资活动和非经常性项目)而产生的现金流入、现金流出及其总量情况的总称，即企业一定时期的现金和现金等价物的流入和流出的数量。一定时期内现金流入量和流出量的差额是现金净流量。

资金的时间价值是指一定量资金在不同时点的价值差额。用 Excel 函数可对时间价值的现值、终值、净现值等进行计算。在函数中，正数表示流入，负数表示流出。

一、PV()函数

▶ 1. 功能

返回投资的现值。现值为一系列未来付款的当前值的累积和。

▶ 2. 语法

PV(rate，nper，pmt，fv，type)

rate：各期利率。

nper：总投资期，即该项投资的付款期总数。

pmt：各期所应支付的金额，其数值在整个年金期间保持不变。通常，pmt 包括本金和利息，但不包括其他费用及税款。如果忽略 pmt，则必须包含 fv 参数。

fv：未来值，或在最后一次支付后希望得到的现金余额，如果省略 fv，则假设其值为零(一笔贷款的未来值即为零)。如果忽略 fv，则必须包含 pmt 参数。

type：数字 0 或 1，用以指定各期的付款时间是在期初还是期末。如果现金流发生在年末(或期末)，type 就取值 0 或忽略；如果现金流发生在年初(或期初)，type 就取值 1。

▶ 3. 示例

某工程建成后，预计每年年末可收入 10 万元，每年(按年末计算)，管理费支出 1.2 万元，该项工程估计可运行 10 年，残值可收回 5 万元，年利率为 4%。计算该项投资现金流量的现值，如图 4-13 所示。

将光标定位在 B9 单元格，插入 PV()函数，在“函数参数”对话框中进行如图 4-14 所示设置。

	A	B
1	PV()函数的应用	
2	说明	数据
3	年利率	4.00%
4	回收期总数	10
5	各期收入	10 000
6	各期费用	1 200
7	终值	50 000
8	各期的支付时间	0
9	上述现金流的现值	￥-105 154.09

图 4-13　PV() 函数的应用

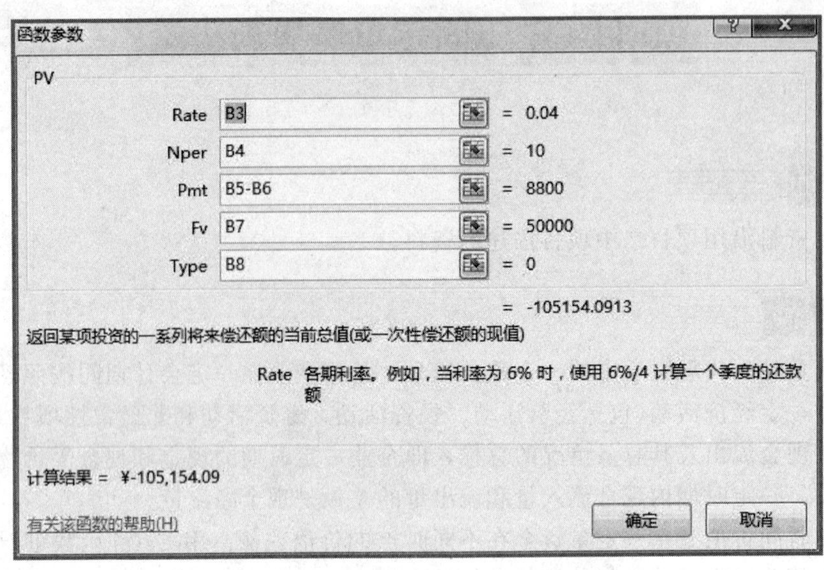

图 4-14　B9 单元格 PV( )函数参数设置

求出的值是负数，表示现在需支付 105 154.09 元。

二、FV( )函数

▶ 1. 功能

基于固定利率及等额分期付款方式，返回某项投资的未来值。

▶ 2. 语法

FV(rate，nper，pmt，pv，type)

rate：各期利率。

nper：总投资期，即该项投资的付款期总数。

pmt：各期所应支付的金额，其数值在整个年金期间保持不变。通常，pmt 包括本金和利息，但不包括其他费用或税款。如果省略 pmt，则必须包括 pv 参数。

pv：现值，或一系列未来付款的当前值的累积和。如果省略 pv，则假设其值为零，并且必须包括 pmt 参数。

type：数字 0 或 1，用以指定各期的付款时间是在期初还是期末。如果省略 type，则假设其值为零。

	A	B
1	FV()函数的应用	
2	说明	数据
3	年利率	5%
4	付款期总数	12
5	各期应付金额	-200
6	现值	-2 000
7	各期的支付时间	1
8	上述投资的终值	¥4 551.19
9		

图 4-15　FV( )函数的应用

▶ 3. 示例

假设需要为一年后的一项工程预筹资金，现在将 2 000元以年利率 4.5%，按月息存入储蓄存款账户中，并在以后 12 个月的每个月初存入 200 元。计算一年后该账户的存款额，如图 4-15 所示。

将光标定位在 B8 单元格，插入 FV()函数，在“函数参数”对话框中进行如图 4-16 所示的设置。

求出的值是正数，表示最终可收到 4 551.19 元。

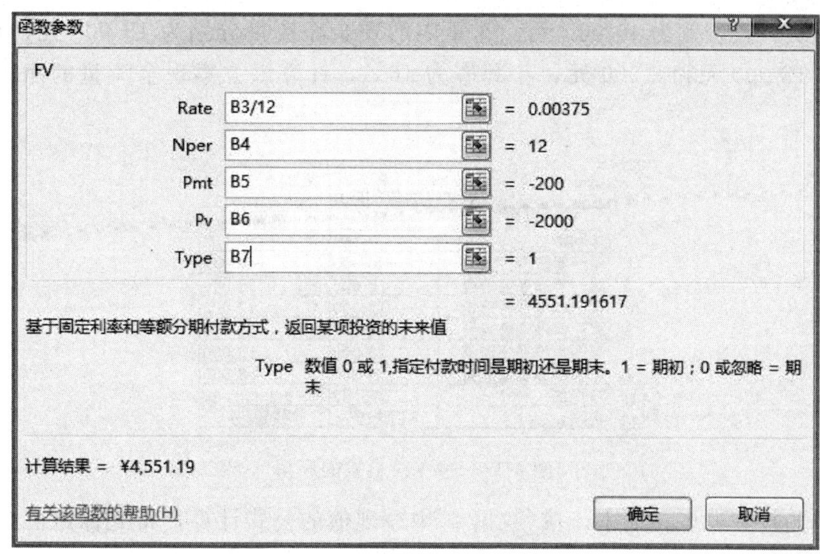

图 4-16　B8 单元格 FV( ) 函数参数设置

三、NPV( )函数

▶ 1. 功能

通过使用贴现率以及一系列未来支出(负值)和收入(正值)，返回一项投资的净现值。

净现值是指投资方案所产生的现金净流量以资金成本为贴现率折现之后与原始投资额现值的差额。净现值法就是按净现值大小来评价方案优劣的一种方法。净现值大于零则方案可行，且净现值越大，方案越优，投资效益越好。多个备选方案的互斥选择决策中，应选用净现值是正值中的最大者。

▶ 2. 语法

NPV(rate，value1，value2，...)

rate：某一期间的贴现率，是一固定值。

value1，value2，...1～29 个参数，代表支出及收入，各参数在时间上必须具有相等间隔，并且都发生在期末。NPV 使用 value1，value2，... 的顺序来解释现金流的顺序，所以务必保证支出和收入的数额按正确的顺序输入。如果参数为数值、空白单元格、逻辑值或数字的文本表达式，则都会计算在内；如果参数是错误值或不能转化为数值的文本，则被忽略。如果参数是一个数组或引用，则只计算其中的数字。数组或引用中的空白单元格、逻辑值、文字及错误值将被忽略。

函数 NPV 假定投资开始于 value1 现金流所在日期的前一期，并结束于最后一笔现金流的当期。函数 NPV 依据未来的现金流来进行计算。如果第一笔现金流发生在第一个周期的期初，则第一笔现金必须添加到函数 NPV 的结果中，而不应包含在 value 参数中。

▶ 3. 示例

某项投资，投资额为 40 000 元，五年内的现金净流量分别为 15 000 元、12 000 元、13 000 元、18 000 元和 8 000 元，年利率为 16%，计算该方案现金流量的净现值，如图 4-17所示。

	A	B	C
1	NPV()函数的应用		
2	说明	数据1	数据2
3	年利率	16%	16%
4	第一年投资	-40 000	-40 000
5	第一年净现金流量	15 000	15 000
6	第二年净现金流量	12 000	12 000
7	第三年净现金流量	13 000	13 000
8	第四年净现金流量	18 000	18 000
9	第五年净现金流量	8 000	8 000
10	净现值	¥3 385.93	¥3 927.68
11	说明：	期末投资	期初投资

图 4-17　NPV()函数的应用

如果初始投资发生在期末，按“数据 1”中净现值的公式计算，将光标定位在 B10 单元格，插入 NPV()函数，在“函数参数”对话框中进行如图 4-18 所示的设置。

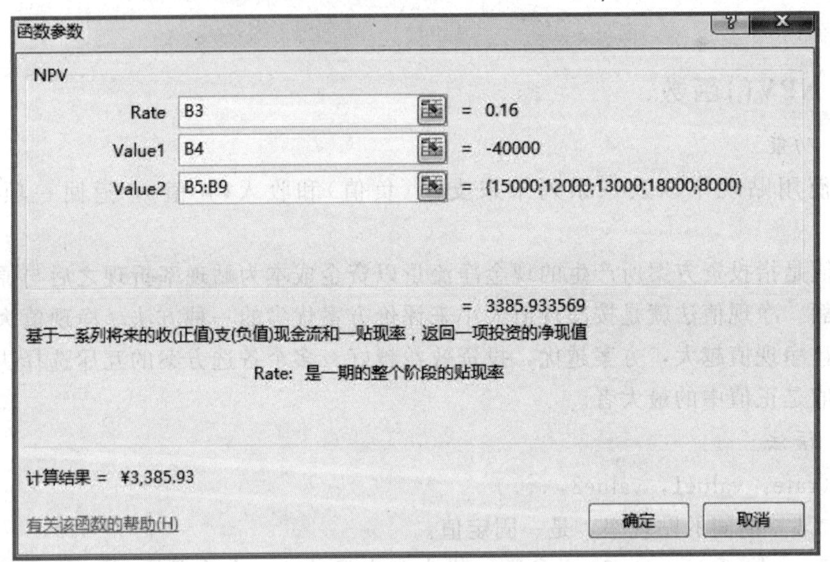

图 4-18　B10 单元格 NPV()函数参数设置

如果初始投资发生在期初，则第一笔现金必须添加到函数 NPV()的结果中，而不应包含在 value 参数中，则 B11 单元格的公式为＝NPV(C3，C5：C9)＋C4。

项目实施

▶ 1. 新建“固定资产更新决策”工作表

在工作表中设置更新决策数据计算表，将各种原始数据录入到表中，具体内容如图 4-19 所示。

▶ 2. 计算各方案的折旧额

旧设备折旧额的计算采用直线法，公式相同，B12：F12 中的公式均为＝SLN($B4,

	A	B	C	D	E	F
1			固定资产更新决策模型			
2	资金成本	10%	所得税税率	25%		
3	旧设备：				新设备：	
4	初始投资	40 000			初始投资	60 000
5	预计使用年限	10			预计使用年限	10
6	已使用年限	5			已使用年限	5
7	残值	10 000	变现收入	10 000	残值	10 000
8	折旧方法	直线法			折旧方法	年限总和法
9	旧设备\剩余使用年限	1	2	3	4	5
10	年销售收入	50 000	50 000	50 000	50 000	50 000
11	每年付现成本	30 000	30 000	30 000	30 000	30 000
12	折旧额					
13	税前利润					
14	所得税					
15	税后净利					
16	营业净现金流量					
17	终结现金流量					10 000
18	现金流量					
19						
20	新设备\剩余使用年限	1	2	3	4	5
21	年销售收入	80 000	80 000	80 000	80 000	80 000
22	每年付现成本	40 000	40 000	40 000	40 000	40 000
23	折旧额					
24	税前利润					
25	所得税					
26	税后净利					
27	营业净现金流量					
28	终结现金流量					10 000
29	现金流量					
30						
31	方案一的净现值					
32	方案二的净现值					
33	是否需更新设备					

图 4-19　固定资产更新决策模型

＄B7，＄B5)。

新设备折旧额的计算采用年限总和法，公式如表 4-5 所示。

表 4-5　设备折旧额

序　　号	单　元　格	公　　式
1	B23	=SYD(＄F＄4，＄F＄7，＄F＄6，B20)
2	C23	=SYD(＄F＄4，＄F＄7，＄F＄6，C20)
3	D23	=SYD(＄F＄4，＄F＄7，＄F＄6，D20)
4	E23	=SYD(＄F＄4，＄F＄7，＄F＄6，E20)
5	F23	=SYD(＄F＄4，＄F＄7，＄F＄6，F20)

▶ 3. 计算各方案的税前利润

税前利润=年销售收入-每年付现成本-折旧额

▶ 4. 计算各方案的所得税

所得税=税前利润×所得税率

▶ 5. 计算各方案的税后净利

税后净利=税前利润-所得税

▶ 6. 计算各方案的营业净现金流量

营业净现金流量=税后净利+折旧额

▶ 7. 计算各方案的现金流量

现金流量=营业净现金流量+终结现金流量

▶ 8. 计算各方案的净现值

旧设备净现值的计算公式为＝NPV(B2，－D7，B18∶F18)。

新设备净现值的计算公式为＝NPV(B2，－F4，B29∶F29)。

▶ 9. 比较两方案净现值，做出决策

是否更新设备的公式为＝IF(B32＞B31,"建议更新设备","不建议更新设备")。

5 模块五

Chapter 5

Excel在成本核算中的应用

>>> 学习目标

1. 了解成本核算概念和基本程序。
2. 掌握品种法、分步法、分批法等成本计算的具体方法。
3. 能用 Excel 进行成本计算单的设置和公式设置。
4. 能用 Excel 对辅助生产成本、制造费用进行分配。
5. 能用 Excel 设置和登记生产成本明细账。

成本核算是成本管理工作的重要组成部分，它是将企业在生产经营过程中发生的各种耗费按照一定的对象进行归集和分配，以计算总成本和单位成本。

成本核算程序是指从生产费用发生开始，到算出完工产品总成本和单位成本为止的整个成本计算的步骤。成本核算程序一般分为 6 个步骤。

▶ 1. 生产费用支出的审核

对发生的各项生产费用支出，应根据国家、上级主管部门和本企业的有关制度、规定进行严格审核，以便对不符合制度和规定的费用，以及各种浪费，损失等加以制止或追究经济责任。

▶ 2. 确定成本计算对象和成本项目，开设产品成本明细账

企业的生产类型不同，对成本管理的要求不同，成本计算对象和成本项目也就有所不同，应根据企业生产类型的特点和对成本管理的要求，确定成本计算对象和成本项目，并根据确定的成本计算对象开设产品成本明细账。

▶ 3. 进行要素费用的分配

对发生的各项要素费用进行汇总，编制各种要素费用分配表，按其用途分配计入有关的生产成本明细账。对能确认某一成本计算对象耗用的直接计入费用，如直接材料、直接工资，应直接计入“生产成本——基本生产成本”账户及其有关的产品成本明细账；对于不能确认某一费用，则应按其发生的地域或用途进行归集分配，分别计入“制造费用”“生产成本——辅助生产成本”和“废品损失”等综合费用账户。

▶ 4. 进行综合费用的分配

对计入"制造费用""生产成本——辅助生产成本"和"废品损失"等账户的综合费用，月终采用一定的分配方法进行分配，并计入"生产成本——基本生产成本"以及有关的产品成本明细账。

▶ 5. 进行完工产品成本与在产品成本的划分

通过要素费用和综合费用的分配，所发生的各项生产费用的分配，所发生的各项生产费用均已归集在"生产成本——基本生产成本"账户及有关的产品成本明细账中。在没有在产品的情况下，产品成本明细账所归集的生产费用即为完工产品总成本；在有在产品的情况下，就须将产品成本明细账所归集的生产费用按一定的划分方法在完工产品和月末在产品之间进行划分，从而计算出完工产品成本和月末在产品成本。

▶ 6. 计算产品的总成本和单位成本

在品种法、分批法下，产品成本明细账中计算出的完工产品成本即为产品的总成本；分步法下，则需根据各生产步骤成本明细账进行顺序逐步结转或平行汇总，才能计算出产品的总成本。以产品的总成本除以产品的数量，就可以计算出产品的单位成本。

品种法也称简单法，是以产品品种为产品成本计算对象，归集和分配生产费用，计算产品成本的一种方法，主要适用于大量大批的单步骤生产企业。

分步法是产品成本计算分步法的简称，是以产品生产步骤和产品品种为成本计算对象，来归集和分配生产费用、计算产品成本的一种方法，适用于连续、大量、多步骤生产的工业企业。应按步骤、按产品品种设置产品成本明细账。

分批法是按照产品批别归集生产费用、计算产品成本的一种方法。在小批单件生产的企业中，企业的生产活动基本是根据订货单位的订单签发工作号来组织生产的，按产品分别计算产品成本，往往与按订单计算产品成本相一致，因此分批法也叫订单法。

项目一　Excel 在品种法中的应用

项目描述

威华集团为大量大批单步骤生产企业，设有一个基本生产车间，大量生产甲、乙两种产品，另设有供水、机修两个辅助生产车间，为全厂提供产品和劳务。辅助生产之间相互提供的产品和劳务采用直接分配法。月末在产品完工程度均为50%。原材料均为生产开始时一次投入。

现根据该企业2015年12月有关成本资料，采用品种法计算甲、乙两产品的本月完工产品的成本。

1. 产量资料(见表 5-1)

表 5-1 产量资料表

2015 年 12 月　　单位：件

产品名称	月初在产品	本月投入	本月完工产品	月末在产品
甲产品	50	700	450	300
乙产品	70	580	650	

2. 月初在产品成本(见表 5-2)

表 5-2 月初在产品成本表

2015 年 12 月　　单位：元

产品名称	直接材料	直接人工	制造费用
甲产品	10 000.00	4 080.00	6 186.00
乙产品	9 175.00	7 030.00	3 034.00

3. 本月生产费用

本月生产费用主要包括材料费用、工资费用、折旧费用及其他费用，如表 5-3～表5-6所示。

表 5-3 本月材料费用表

2015 年 12 月　　单位：元

领料用途	直接领用 A 材料	共同耗用 B 材料	耗料合计	B 材料定额耗用量(千克)
甲产品	40 000			1 000
乙产品	50 000			1 100
小计	90 000	21 000	111 000	
基本生产车间一般耗用	5 000		5 000	
机修车间	14 000		14 000	
供水车间	6 000		6 000	
合　计	115 000	21 000	136 000	

表 5-4 本月工资费用表

2015 年 12 月　　单位：元

人员类别	应付职工薪酬
产品生产工人	19 380
机修车间	11 400
供水车间	9 120
基本生产车间一般耗用	7 980
合计	47 880

表 5-5 本月折旧费用表

2015 年 12 月　　单位：元

车间名称	金　额
基本生产车间	10 000
机修车间	4 000
供水车间	6 000
合计	20 000

表 5-6　其他费用表

2015 年 12 月　　　　单位：元

车间名称	费用项目					
	低值易耗品摊销	办公费	电费	保险费	其他	合计
基本生产车间	1 600	500	2 800	2 200	400	7 500
机修车间	800	200	1 000	500	500	3 000
供水车间	500	400	1 800	1 200	600	4 500
合计	2 900	1 100	5 600	3 900	1 500	15 000

▶ 4. 本月生产工时(见表 5-7)

表 5-7　本月生产工时　　　　单位：小时

产品名称	工　时
甲产品	4 000
乙产品	4 500

▶ 5. 辅助生产产品及劳务供应量(见表 5-8)

表 5-8　辅助生产产品及劳务供应量

2015 年 12 月

受益单位	机修车间(小时)	供水车间(吨)	备　注
供水车间	100		
机修车间		1 000	
管理部门	50	600	
基本生产车间	3 100	29 000	
合计	3 250	30 600	

▶ 6. 有关费用分配方法

(1) 甲、乙产品共同耗用的材料费用按定额耗用量比例分配。

(2) 生产工人工资按甲、乙两产品生产工时比例分配。

(3) 制造费用按甲、乙两产品生产工时比例分配。

项目实施

▶ 1. 设置账户

根据项目描述中的资料，依据会计准则，设置该企业的成本核算账户，如表 5-9 所示。

表 5-9　成本核算账户表

序　号	总账科目	二级明细科目	三级明细科目
1	基本生产成本	甲产品	直接材料、直接人工、制造费用
2	基本生产成本	乙产品	直接材料、直接人工、制造费用
3	辅助生产成本	机修车间	直接材料、工资及福利费、折旧费、其他
4	辅助生产成本	供水车间	直接材料、工资及福利费、折旧费、其他
5	制造费用	基本生产车间	机物料、工资及福利费、折旧费、修理费、水费、其他

▶ 2. 建立文件

将上述资料做成 Excel 表格文件，以便于后续的计算。分别单独建立工作表，工作表名同材料名称。

▶ 3. 分配原材料费用

新建“原材料费用分配表”，如图 5-1 所示。

原材料费用分配表

年　　月

应借账户		成本或费用明细项目	间接计入(B材料)			直接计入(A材料)(元)	合　计(元)
			定额用量(千克)	分配率	分配额(元)		
基本生产成本	甲产品	直接材料					
	乙产品	直接材料					
	小　计						
辅助生产成本	机修车间	直接材料					
	供水车间	直接材料					
	小　计						
制造费用	基本生产车间	机物料					
合　计							

图 5-1　原材料费用分配表图示

原材料费用分配表中的计算公式如表 5-10 所示。

表 5-10　原材料费用分配表中的公式

单元格	公　式
D6	=本月生产费用！E7
D7	=本月生产费用！E8
D8	=SUM(D6：D7)
E8	=本月生产费用！C9/D8
F6	=D6 * E8
F7	=D7 * E8
F8	=SUM(F6：F7)
F13	=F8+F11+F12
G6	=本月生产费用！B7

续表

单 元 格	公 式
G7	＝本月生产费用！B8
G8	＝SUM(G6：G7)
G9	＝本月生产费用！B11
G10	＝本月生产费用！B12
G11	＝SUM(G9：G10)
G12	＝本月生产费用！B10
G13	＝G8＋G11＋G12
H6	＝SUM(F6：G6)
H7	＝SUM(F7：G7)
H8	＝SUM(F8：G8)
H9	＝SUM(F9：G9)
H10	＝SUM(F10：G10)
H11	＝SUM(F11：G11)
H12	＝SUM(F11：G11)
H13	＝SUM(F13：G13)

通过表 5-10 中公式的设置，得到如表 5-11 所示的数据。

表 5-11 原材料费用分配表

2015 年 12 月

应借账户		成本或费用明细项目	间接计入(B 材料)			直接计入(A 材料)(元)	合 计(元)
			定额用量(千克)	分配率	分配额(元)		
基本生产成本	甲产品	直接材料	1 000		10 000	40 000	50 000
	乙产品	直接材料	1 100		11 000	50 000	61 000
	小计		2 100	10	21 000	90 000	111 000
辅助生产成本	机修车间	直接材料				14 000	14 000
	供水车间	直接材料				6 000	6 000
	小计					20 000	20 000
制造费用	基本生产车间	机物料				5 000	5 000
合 计					21 000	115 000	136 000

根据“原材料费用分配表”中的数据编制会计分录如下：

借：基本生产成本——甲产品(直接材料)　　50 000

　　　　　　　　——乙产品(直接材料)　　61 000

辅助生产成本——机修车间(直接材料)　　14 000
　　　　　　——供水车间(直接材料)　　6 000
制造费用——基本生产车间(机物料)　　5 000
贷：原材料　　136 000

▶ 4. 分配人工费用

新建"工资费用分配表"，如图 5-2 所示。

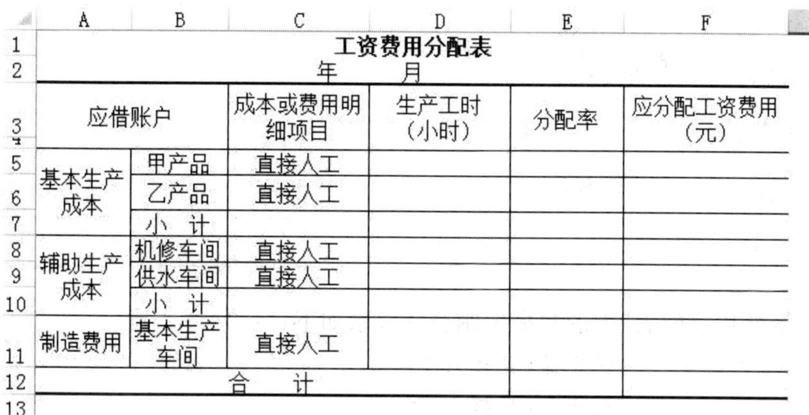

图 5-2　工资费用分配表图示

工资费用分配表中的计算公式如表 5-12 所示。

表 5-12　工资费用分配表中的公式

单　元　格	公　　式
D5	＝本月生产工时！B3
D6	＝本月生产工时！B4
D7	＝SUM(D5：D6)
F7	＝本月生产费用！J7
E7	＝F7/D7
F5	＝D5 * E7
F6	＝F7－F5
F8	＝本月生产费用！J8
F9	＝本月生产费用！J9
F10	＝SUM(F8：F9)
F11	＝本月生产费用！J10
F12	＝F7＋F10＋F11

通过表 5-12 中公式的设置，得到如表 5-13 所示的数据。

表 5-13 工资费用分配表

2015 年 12 月

应借账户		成本或费用明细项目	生产工时(小时)	分配率(元/小时)	应分配工资费用(元)
基本生产成本	甲产品	直接人工	4 000		9 120
	乙产品	直接人工	4 500		10 260
	小计		8 500	2.28	19 380
辅助生产成本	机修车间	直接人工			11 400
	供水车间	直接人工			9 120
	小计				20 520
制造费用	基本生产车间	直接人工			7 980
合计					47 880

根据“工资费用分配表”中的数据编制会计分录如下：

借：基本生产成本——甲产品(直接人工)　　9 120

　　　　　　　　——乙产品(直接人工)　　10 260

　　辅助生产成本——机修车间(工资及福利费)　　11 400

　　　　　　　　——供水车间(工资及福利费)　　9 120

　　制造费用——基本生产车间(工资及福利费)　　7 980

　贷：应付职工薪酬　　47 880

▶ 5. 分配折旧费用

根据“本月折旧费用表”中的数据编制会计分录如下：

借：辅助生产成本——机修车间(折旧费)　　4 000

　　　　　　　　——供水车间(折旧费)　　6 000

　　制造费用——基本生产车间(折旧费)　　10 000

　贷：累计折旧　　20 000

▶ 6. 分配其他费用

根据“本月其他费用表”中的数据编制会计分录如下：

借：辅助生产成本——机修车间(其他)　　3 000

　　　　　　　　——供水车间(其他)　　4 500

　　制造费用——基本生产车间(其他)　　7 500

　贷：银行存款　　15 000

▶ 7. 辅助生产成本的归集和分配

根据上述有关资料，登记辅助生产成本明细账，对辅助生产成本进行归集并进行分配。

1) 辅助生产成本的归集

新建“辅助生产成本明细账”工作表，根据记账凭证登记辅助生产成本明细账，对机修车间和供水车间的费用进行归集，如图 5-3 所示。

根据上述资料，按车间分别统计，结果如表 5-14 和表 5-15 所示。

	A	B	C	D	E	F	G	H	I	J
1						辅助生产成本明细账				
2	车间名称：						2015年12月		单位：元	
3	年		凭证		成本项目					合计
4	月	日	字	号	摘要	直接材料	工资及福利费	折旧费	其他	
5										
6										
7										
8										
9										
10										
11										

图 5-3　辅助生产成本明细账图示

表 5-14　辅助生产成本明细账(机修车间)

车间名称：机修车间　　　　2015 年 12 月　　　　单位：元

年		凭证		成本项目					合计
月	日	字	号	摘要	直接材料	工资及福利费	折旧费	其他	
				材料费用	14 000.00				14 000.00
				工资费用		11 400.00			11 400.00
				折旧费用			4 000.00		4 000.00
				其他费用				3 000.00	3 000.00
				本月合计	14 000.00	11 400.00	4 000.00	3 000.00	32 400.00

表 5-15　辅助生产成本明细账(供水车间)

车间名称：供水车间　　　　2015 年 12 月　　　　单位：元

年		凭证		成本项目					合计
月	日	字	号	摘要	直接材料	工资及福利费	折旧费	其他	
				材料费用	6 000.00				6 000.00
				工资费用		9 120.00			9 120.00
				折旧费用			6 000.00		6 000.00
				其他费用				4 500.00	4 500.00
				本月合计	6 000.00	9 120.00	6 000.00	4 500.00	25 620.00

注：登记明细账的时间和凭证号信息从略；分配转出时，在“本月合计”行的下一行用红字登记本月分配转出数。

2）辅助生产成本的分配

新建“辅助生产成本分配表”，对机修车间和供水车间的费用进行分配，如图 5-4

所示。

	A	B	C	D	E	F	G
1	辅助生产成本分配表						
2	2015年12月						单位：元
3	项目				机修车间	供水车间	合计
4	归集的辅助生产成本						
5	提供给表辅助车间以外的劳务量						
6	辅助生产成本分配率						
7	应借账户	管理费用	其他	接受劳务量			
8				应负担费用			
9		制造费用	基本生产车间	接受劳务量			
10				应负担费用			
11	分配辅助生产成本合计						
12							

图 5-4 辅助生产成本分配表图示

辅助生产成本分配表中的公式设置如表 5-16 所示。

表 5-16 辅助生产成本分配表中的公式

序号	单元格	公　式
1	E4	＝辅助生产成本明细账！J9
2	E5	＝辅助生产产品及劳务供应量！B8－辅助生产产品及劳务供应量！B4
3	E6	＝E4/E5
4	E7	＝辅助生产产品及劳务供应量！B6
5	E8	＝E7＊E6
6	E9	＝辅助生产产品及劳务供应量！B7
7	E10	＝E4－E8
8	E11	＝E8＋E10
9	F4	＝辅助生产成本明细账！J25
10	F5	＝辅助生产产品及劳务供应量！C8－辅助生产产品及劳务供应量！C5
11	F6	＝F4/F5
12	F7	＝辅助生产产品及劳务供应量！C6
13	F8	＝F7＊F6
14	F9	＝辅助生产产品及劳务供应量！C7
15	F10	＝F4－F8
16	F11	＝F10＋F8
17	G4	＝SUM(E4：F4)
18	G7	＝SUM(E7：F7)
19	G8	＝SUM(E8：F8)
20	G10	＝SUM(E10：F10)
21	G11	＝G10＋G8

通过表 5-16 中公式的设置，得到如表 5-17 所示的数据。

表 5-17　辅助生产成本分配表

2015 年 12 月　　　　单位：元

<table>
<tr><th colspan="4">项　　目</th><th>机修车间</th><th>供水车间</th><th>合计</th></tr>
<tr><td colspan="4">归集的辅助生产成本</td><td>32 400</td><td>25 620</td><td>58 020</td></tr>
<tr><td colspan="4">提供给辅助车间以外的劳务量</td><td>3 150</td><td>29 600</td><td></td></tr>
<tr><td colspan="4">辅助生产成本分配率</td><td>10.29</td><td>0.87</td><td></td></tr>
<tr><td rowspan="4">应借账户</td><td rowspan="2">管理费用</td><td rowspan="2">其他</td><td>接受劳务量</td><td>50.00</td><td>600.00</td><td>650</td></tr>
<tr><td>应负担费用</td><td>514.29</td><td>519.32</td><td>1 033.61</td></tr>
<tr><td rowspan="2">制造费用</td><td rowspan="2">基本生产车间</td><td>接受劳务量</td><td>3 100</td><td>29 000</td><td></td></tr>
<tr><td>应负担费用</td><td>31 885.71</td><td>25 100.68</td><td>56 986.39</td></tr>
<tr><td colspan="4">分配辅助生产成本合计</td><td>32 400</td><td>25 620</td><td>58 020</td></tr>
</table>

根据“辅助生产成本分配表”中的数据编制会计分录如下：

借：管理费用——其他　　1 033.61
　　制造费用——基本生产车间(修理费)　　31 885.71
　　　　　　——基本生产车间(水费)　　25 100.68
　贷：辅助生产成本——机修车间　　32 400
　　　　　　　　　——供水车间　　25 620

8. 制造费用的归集和分配

1）制造费用的归集

新建“制造费用明细账”，根据记账凭证登记制造费用明细账，对制造费用进行归集，结果如图 5-5 所示。

制造费用明细账

车间名称：基本生产车间

<table>
<tr><th colspan="2">年</th><th colspan="2">凭证</th><th rowspan="2">摘要</th><th rowspan="2">借方</th><th rowspan="2">贷方</th><th rowspan="2">方向</th><th rowspan="2">余额</th><th colspan="6">成本项目</th></tr>
<tr><th>月</th><th>日</th><th>字</th><th>号</th><th>机物料</th><th>工资及福利费</th><th>折旧费</th><th>修理费</th><th>水费</th><th>其他</th></tr>
<tr><td></td><td></td><td></td><td></td><td>材料费</td><td>5 000.00</td><td></td><td>借</td><td>5 000.00</td><td>5 000.00</td><td></td><td></td><td></td><td></td><td></td></tr>
<tr><td></td><td></td><td></td><td></td><td>人工费</td><td>7 980.00</td><td></td><td>借</td><td>12 980.00</td><td></td><td>7 980.00</td><td></td><td></td><td></td><td></td></tr>
<tr><td></td><td></td><td></td><td></td><td>折旧费</td><td>10 000.00</td><td></td><td>借</td><td>22 980.00</td><td></td><td></td><td>10 000.00</td><td></td><td></td><td></td></tr>
<tr><td></td><td></td><td></td><td></td><td>其他费用</td><td>7 500.00</td><td></td><td>借</td><td>30 480.00</td><td></td><td></td><td></td><td></td><td></td><td>7 500.00</td></tr>
<tr><td></td><td></td><td></td><td></td><td>修理费</td><td>31 885.71</td><td></td><td>借</td><td>62 365.71</td><td></td><td></td><td></td><td>31 885.71</td><td></td><td></td></tr>
<tr><td></td><td></td><td></td><td></td><td>水费</td><td>25 100.68</td><td></td><td>借</td><td>87 466.39</td><td></td><td></td><td></td><td></td><td>25 100.68</td><td></td></tr>
</table>

图 5-5　制造费用明细账

注：登记明细账的时间和凭证号信息从略；分配转出时，在摘要栏填写“分配转出”，金额填写在“贷方”，各成本项目的金额用红字填写，余额是“0”，方向是“平”。

2）制造费用的分配

新建“制造费用分配表”，如图 5-6 所示。

制造费用分配表中的公式设置如表 5-18 所示。

	A	B	C	D	E	F
1	制造费用分配表					
2	年　月					
3	应借账户		成本项目	分配标准（工时）	分配率	分配额（元）
4	部账账户	明细账户				
5	基本生产成本	甲产品	制造费用			
6		乙产品	制造费用			
7	合计					
8						

图 5-6　制造费用分配表图示

表 5-18　制造费用明细表中的公式

序　　号	单　元　格	公　　式
1	D5	＝本月生产工时！B3
2	D6	＝本月生产工时！B4
3	D7	＝SUM(D5：D6)
4	E7	＝F7/D7
5	F5	＝D5＊E7
6	F6	＝F7－F5
7	F7	＝制造费用明细账！G11

通过表 5-18 中公式的设置，得到如表 5-19 所示的数据。

表 5-19　制造费用分配表

2015 年 12 月

应借账户		成本项目	分配标准(工时)	分配率	分配额(元)
部账账户	明细账户				
基本生产成本	甲产品	制造费用	4 000		41 160.65
	乙产品	制造费用	4 500		46 305.74
合计			8 500	10.29	87 466.39

根据“制造费用分配表”中的数据编制会计分录如下：

借：基本生产成本——甲产品(制造费用)　　41 160.65

　　　　　　　　——乙产品(制造费用)　　46 305.74

　贷：制造费用——基本生产车间　　87 466.39

▶ 9. 基本生产成本的归集与完工产品成本的计算

1）基本生产成本的归集

新建“基本生产成本明细账”，根据记账凭证登记基本生产成本明细账，对甲产品和乙产品的生产成本进行归集，如表 5-20 和表 5-21 所示。

表 5-20 基本生产成本明细账(甲产品)

产品：甲产品 单位：元

年		凭证		摘要	产量(件)	成本项目			
月	日	字	号			直接材料	直接人工	制造费用	合计
				月初在产品成本	50.00	10 000.00	4 080.00	6 186.00	20 266.00
				材料费		50 000.00			50 000.00
				人工费			9 120.00		9 120.00
				制造费用				41 160.65	41 160.65

表 5-21 基本生产成本明细账(乙产品)

产品：乙产品 单位：元

年		凭证		摘要	产量(件)	成本项目			
月	日	字	号			直接材料	直接人工	制造费用	合计
				月初在产品成本	70.00	9 175.00	7 030.00	3 034.00	19 239.00
				材料费		61 000			61 000.00
				人工费			10 260		10 260.00
				制造费用				46 305.74	46 305.74

2）完工产品成本的计算

根据生产成本明细账，计算甲、乙完工产品的完工成本。新建"完工产品成本计算单"设置产品成本计算单，如图 5-7 所示。

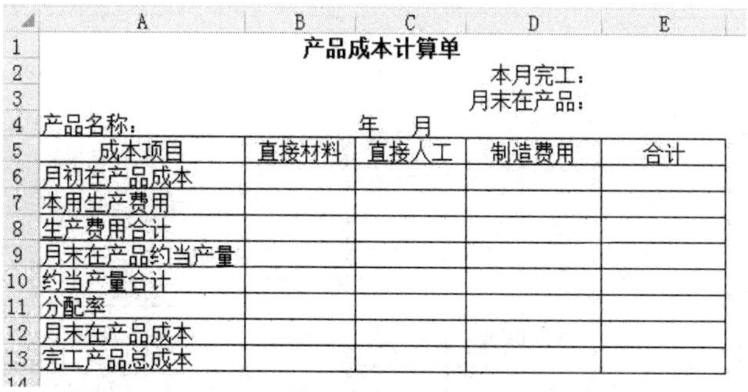

	A	B	C	D	E
1	产品成本计算单				
2				本月完工:	
3				月末在产品:	
4	产品名称:		年 月		
5	成本项目	直接材料	直接人工	制造费用	合计
6	月初在产品成本				
7	本用生产费用				
8	生产费用合计				
9	月末在产品约当产量				
10	约当产量合计				
11	分配率				
12	月末在产品成本				
13	完工产品总成本				
14					

图 5-7 产品成本计算单图示

以甲产品为例进行计算，产品成本计算单中公式如表 5-22 所示。

表 5-22　甲产品成本计算单中的公式

序　　号	单 元 格	公　　式
1	B6	=基本生产成本明细账！G5
2	B7	=基本生产成本明细账！G6
3	B8	=SUM(B6：B7)
4	B9	=E3
5	B10	=B9+E2
6	B11	=B8/B10
7	B12	=B9 * B11
8	B13	=E2 * B11
9	C6	=基本生产成本明细账！H5
10	C7	=基本生产成本明细账！H7
11	C8	=SUM(C6：C7)
12	C9	=E3 * 50%
13	C10	=C9+E2
14	C11	=C8/C10
15	C12	=C9 * C11
16	C13	=E2 * C11
17	D6	=SUM(B6：D6)
18	D7	=SUM(B7：D7)
19	D8	=SUM(E6：E7)
20	D12	=SUM(B12：D12)
21	D13	=SUM(B13：D13)

通过表 5-22 中公式的设置，得到如表 5-23 所示的数据。

表 5-23　甲产品成本计算单

本月完工：450

月末在产品：300

产品名称：甲产品　　　　2015 年 12 月　　　　单位：元

成 本 项 目	直 接 材 料	直 接 人 工	制 造 费 用	合　　计
月初在产品成本	10 000.00	4 080.00	6 186.00	2 0266.00
本用生产费用	50 000.00	9 120.00	41 160.65	100 280.65
生产费用合计	60 000.00	13 200.00	47 346.65	120 546.65
月末在产品约当产量	300.00	150.00	150.00	
约当产量合计	750.00	600.00	600.00	
分配率	80.00	22.00	78.91	
月末在产品成本	24 000.00	3 300.00	11 836.66	39 136.66
完工产品总成本	36 000.00	9 900.00	35 509.99	81 409.99

可同时计算出乙产品的产品成本，如表 5-24 所示。

表 5-24 乙产品成本计算单

本月完工：650
月末在产品：

产品名称：乙产品　　　2015 年 12 月　　　单位：元

成本项目	直接材料	直接人工	制造费用	合计
月初在产品成本	9 175.00	7 030.00	3 034.00	19 239.00
本用生产费用	61 000.00	10 260.00	46 305.74	117 565.74
生产费用合计	70 175.00	17 290.00	49 339.74	136 804.74
月末在产品约当产量				
约当产量合计				
分配率				
月末在产品成本				
完工产品总成本	70 175.00	17 290.00	49 339.74	136 804.74

根据“产品成本计算单”中的数据编制会计分录如下：

借：库存商品——甲产品　　81 409.99
　　　　　　——乙产品　　13 6804.74
　贷：基本生产成本——甲产品　　81 409.99
　　　　　　　　——乙产品　　13 6804.74

▶ 10. 登记基本生产成本明细账

根据有关记账凭证，登记基本生产成本明细账，如图 5-8 和图 5-9 所示。

基本生产成本明细账

产品：甲产品

年 月	日	凭证 字	号	摘要	产量（件）	直接材料	直接人工	制造费用	合计
				月初在产品成本	50.00	10 000.00	4 080.00	6 186.00	20 266.00
				材料费	700.00	50 000.00			50 000.00
				人工费			9 120.00		9 120.00
				制造费用				41160.65	41 160.65
				本月生产费用合计	750.00	60 000.00	13 200.00	47 346.65	120 546.65
				结转完工产品成本	450.00	36 000.00	9 900.00	35 509.99	81 409.99
				月末在产品成本	300.00	24 000.00	3 300.00	11 836.66	39 136.66

图 5-8 基本生产成本明细账图示（甲产品）

基本生产成本明细账

产品：乙产品

年 月	日	凭证 字	号	摘要	产量（件）	直接材料	直接人工	制造费用	合计
				月初在产品成本	70.00	9 175.00	7 030.00	3 034.00	19 239.00
				材料费	580.00	61 000.00			61 000.00
				人工费			10 260.00		10 260.00
				制造费用				46305.74	46 305.74
				本月生产费用合计	650.00	70 175.00	17 290.00	49 339.74	136 804.74
				结转完工产品成本	650.00	70 175.00	17 290.00	49339.74	136 804.74

图 5-9 基本生产成本明细账图示（乙产品）

项目二　Excel在分批法中的应用

项目描述

枝江汽车配件厂主要为低排气量的小汽车生产配件，该企业根据购买单位的订货单组织生产，小批生产甲、乙两种配件，汽车的每种配件都是在一个独立的生产车间生产。

该企业2015年9月正在生产的订单有：家佳兴工厂，批号为8701；海鸿工厂，批号为8801；兴华工厂，批号为8901。具体生产情况如下：

(1) 8701批号甲产品4台，7月投产，本月全部完工。

(2) 8801批号甲产品10台，8月投产，计划10月完工，本月完工6台。

(3) 8901批号乙产品8台，本月投产，计划10月完工，本月完工2台。

根据该企业本月的资料，采用分批法计算产品成本。

1. 月初在产品费用(见表5-25)

表5-25　月初在产品费用

2015年9月　　　　单位：元

批　号	直接材料	直接人工	制造费用	合　计
8701	32 800	18 200	8 900	59 900
8801	12 860	5 870	3 890	22 620

2. 本月生产费用(见表5-26)

表5-26　本月生产费用

2015年9月　　　　单位：元

批　号	直接材料	直接人工	制造费用	合　计
8701		14 900	4 850	19 750
8801		6 120	2 730	8 850
8901	46 800	28 700	15050	90 550
合计	46 800	49 720	22 630	119 150

3. 完工产品与在产品之间分配费用的方法

8801批号甲产品，本月未完工产品数量较大，原材料是在生产开始时一次投入，其费用可以按照完工产品和在产品的实际数量比例分配；其他费用采用约当产量法在完工产品与在产品之间分配，在产品完工程度为60%。

8901批号乙产品，本月完工产品数量为2台，为简化核算，完工产品按计划成本转出，每台计划成本为直接材料5 800元，直接人工3 060元，制造费用1 640元，合计

10 500元。

项目实施

▶ 1. 设置账户

根据案例中的资料，依据会计准则，设置该企业的成本核算账户如表 5-27 所示。

表 5-27 成本核算账户

序 号	总 账 科 目	二级明细科目	三级明细科目
1	生产成本	8701 号甲产品	直接材料、直接人工、制造费用
2	生产成本	8801 号甲产品	直接材料、直接人工、制造费用
3	生产成本	8901 号乙产品	直接材料、直接人工、制造费用
4	制造费用	基本生产车间	

▶ 2. 建立文件

将上述资料做成 Excel 表格文件，以便于后续的计算。单独建立工作表，工作表名同材料名称。

▶ 3. 核算本月的生产费用

根据本月的生产费用，进行会计核算，假定制造费用以银行存款支付，分别核算如下。

(1) 生产领用原材料，依据领料单，编制会计分录如下：

借：生产成本——8901 号乙产品(直接材料)　　46 800

　贷：原材料　　46 800

(2) 分配生产工作工资费用，依据工资分配表，编制会计分录如下：

借：生产成本——8701 号甲产品(直接人工)　　18 200

　　　　　　——8801 号甲产品(直接人工)　　5 870

　　　　　　——8901 号乙产品(直接人工)　　28 700

　贷：应付职工薪酬　　52 700

(3) 分配制造费用，依据制造费用分配表，编制会计分录如下：

借：生产成本——8701 号甲产品(制造费用)　　8 900

　　　　　　——8801 号甲产品(制造费用)　　3 890

　　　　　　——8901 号乙产品(制造费用)　　15 050

　贷：应付职工薪酬　　27 840

▶ 4. 计算完工产品成本

新建“产品成本计算单”，如图 5-10 所示。

其公式设置可参照项目一中的公式设置。经计算，分别求出三个批号的产品成本并进行会计核算。

(1) 8701 批号完工产品的核算如表 5-28 所示。

根据表 5-28 编制会计分录如下：

借：库存商品——8701 号甲产品　　79 650

	A	B	C	D	E
1		产品成本计算单			
2	产品批号：	购货单位：		投产日期：	
3	产品名称：	批量：		完工日期：	
4	年　月	本月完工：		单位：元	
5	成本项目	直接材料	直接人工	制造费用	合计
6	月初在产品成本				
7	本用生产费用				
8	生产费用合计				
9	月末在产品约当产量				
10	约当产量合计				
11	分配率				
12	月末在产品成本				
13	完工产品总成本				
14					

图 5-10　产品成本计算单图示

贷：生产成本——8701 号甲产品(直接材料)　　32 800
　　　　　　——8701 号甲产品(直接人工)　　33 100
　　　　　　——8701 号甲产品(制造费用)　　13 750

表 5-28　产品成本计算单(8701)

产品批号：8701　　购货单位：家佳兴工厂　　投产日期：2015 年 7 月
产品名称：甲产品　　批量：4　　完工日期：2015 年 9 月
2015 年 9 月　　本月完工：4　　单位：元

成本项目	直接材料	直接人工	制造费用	合　计
月初在产品成本	32 800	18 200	8 900	59 900
本用生产费用		14 900	4 850	19 750
生产费用合计	32 800	33 100	13 750	79 650
完工产品总成本	32 800	33 100	13 750	79 650
完工产品单位成本	8 200	8 275	3 437.5	19 912.5

(2) 8801 批号完工产品的核算如表 5-29 所示。

表 5-29　产品成本计算单(8801)

产品批号：8801　　购货单位：海鸿工厂　　投产日期：2015 年 8 月
产品名称：甲产品　　批量：10　　完工日期：2015 年 9 月
2015 年 9 月　　本月完工：6　　单位：元

成本项目	直接材料	直接人工	制造费用	合　计
月初在产品成本	12 860	5 870	3 890	22 620
本用生产费用		6 120	2 730	8 850
生产费用合计	12 860	11 990	6 620	31 470
月末在产品约当产量	4	2.4	2.4	
约当产量合计	10	8.4	8.4	
分配率	1 286.00	1 427.38	788.10	
月末在产品成本	5 144.00	3 425.71	1 891.43	10 461.14
完工产品总成本	7 716.00	8 564.29	4 728.57	21 008.86

根据表 5-29 编制会计分录如下：

借：库存商品——8801 号甲产品　　21 008.86

　贷：生产成本——8801 号甲产品(直接材料)　　7 716.00

　　　——8801 号甲产品(直接人工)　　8 564.29

　　　——8801 号乙产品(制造费用)　　4 728.57

(3) 8901 批号完工产品的核算如表 5-30 所示。

表 5-30　产品成本计算单(8901)

产品批号：8901　　购货单位：兴华工厂　　投产日期：2015 年 9 月

产品名称：乙产品　　批量：8　　完工日期：2015 年 10 月

2015 年 9 月　　本月完工：2　　单位：元

成本项目	直接材料	直接人工	制造费用	合　计
本用生产费用	46 800	28 700	15 050	90 550
单台计划成本	5 800	3 060	1 640	10 500
完工产品总成本	11 600	6 120	3 280	21 000
月末在产品成本	35 200	22 580	11 770	69 550

根据表 5-30 编制会计分录如下：

借：库存商品——8901 号乙产品　　21 000

　贷：生产成本——8901 号乙产品(直接材料)　　11 600

　　　——8901 号乙产品(直接人工)　　6 120

　　　——8901 号乙产品(制造费用)　　3 280

▶ 5. 根据上述会计凭证登记生产成本明细账

可参照项目一进行。

项目三　Excel 在分步法中的应用

项目描述

华丽纺织厂主要生产涤丝花布，经过三个生产步骤顺序加工，第一步骤生产的半成品是涤丝纱，被第二步骤领用。第二步骤生产的半成品是涤丝白坯布，被第三步骤领用。在第三步骤将其加工成涤丝花布。企业设有半成品仓库。材料在开始生产时一次投入，月末在产品成本按约当产量法计算。在产品的完工度均为 50%。

2015 年 10 月有关的产量、成本计算资料如下。

1. 各步骤产量资料（见表5-31）

表5-31 各步骤产量记录

2015年10月　　单位：百米

项　目	第一步骤	第二步骤	第三步骤
月初在产品	100	200	160
本月投产	900	860	980
本月产成品	860	980	1 100
月末在产品	140	80	40

2. 各步骤生产成本资料（见表5-32）

表5-32 各步骤生产成本资料表

2015年10月　　单位：元

成本项目	第一步骤		第二步骤		第三步骤	
	期初在产品成本	本月费用	期初在产品成本	本月费用	期初在产品成本	本月费用
直接材料	32 000	324 500	52 600	—	51 400	—
直接人工	3 120	26 780	21 800	43 200	19 200	9 800
制造费用	840	9 560	4 800	11 200	5 120	12 780
合计	35 960	360 840	79 200	54 400	75 720	22 580

根据上述经济业务，采用分项逐步结转法核算本月生产成本。

项目实施

1. 设置账户

根据项目描述中的资料，依据会计准则，设置该企业的成本核算账户如表5-33所示。

表5-33 成本核算账户设置

序　号	总账科目	二级明细科目	三级明细科目
1	生产成本	第一步骤、第二步骤、第三步骤	直接材料、自制半成品、直接人工、制造费用
2	自制半成品	涤丝纱、涤丝白坯布	
3	库存商品	涤丝花布	

2. 建立文件

将上述资料做成Excel表格文件，以便于后续的计算。单独建立工作表，工作表名同材料名称。

3. 核算本月各步骤的生产成本

设置制作半产品和产品成本计算单，如图 5-11 所示。

	A	B	C	D	E
1	产品成本计算单				
2	生产步骤：			本月完工：	
3	产品名称：		年 月	本月在产：	
4	成本项目	直接材料（半成品）	直接人工	制造费用	合计
5	月初在产品成本				
6	本用生产费用（领用上车间半成品）				
7	生产费用合计				
8	月末在产品约当产量				
9	约当产量合计				
10	分配率				
11	月末在产品成本				
12	完工产品总成本				
13					

图 5-11 产品成本计算单图示

公式设置参照项目一中的公式设置。

（1）第一步骤的生产成本核算如表 5-34 所示。

表 5-34 产品成本计算单（第一步骤）

生产步骤：第一步骤　　　　本月完工：860

产品名称：涤丝纱　　　　2015 年 10 月　　　　本月在产：140

成 本 项 目	直接材料（半成品）	直 接 人 工	制 造 费 用	合 计
月初在产品成本（元）	32 000	3 120	840	35 960
本用生产费用（领用上车间半成品）（元）	324 500	26 780	9 560	360 840
生产费用合计（元）	356 500	29 900	10 400	396 800
月末在产品约当产量（百米）	140	70	70	
约当产量合计（百米）	1 000	930	930	
分配率	356.50	32.15	11.18	
月末在产品成本（元）	49 910.00	2 250.54	782.80	52 943.33
完工产品总成本（元）	306 590.00	27 649.46	9 617.20	343 856.67

根据表 5-34 编制会计分录如下：

借：自制半成品——涤丝纱　　343 856.67

　贷：生产成本——涤丝纱（直接材料）　　306 590

　　　　　　——涤丝纱（直接人工）　　27 649.46

　　　　　　——涤丝纱（制造费用）　　9 617.20

(2) 第二步骤的生产成本核算如表 5-35 所示。

表 5-35　产品成本计算单(第二步骤)

生产步骤：第二步骤　　　　　　　　　　　　　　　　本月完工：980
产品名称：涤丝白坯布　　　　2015 年 10 月　　　　本月在产：80

成本项目	直接材料(半成品)	直接人工	制造费用	合计
月初在产品成本(元)	52 600	21 800	4 800	79 200
本用生产费用(领用上车间半成品)(元)	343 856.67	43 200.00	11 200.00	398 256.67
生产费用合计(元)	396 456.67	65 000.00	16 000.00	477 456.67
月末在产品约当产量(百米)	80	40	40	
约当产量合计(百米)	1 060	1 020	1 020	
分配率	374.02	63.73	15.69	
月末在产品成本(元)	29 921.26	2 549.02	627.45	33 097.73
完工产品总成本(元)	366 535.41	62 450.98	15 372.55	444 358.94

根据表 5-35 编制会计分录如下：

借：自制半成品——涤丝白坯布　　444 358.94
　贷：生产成本——涤丝白坯布(直接材料)　　366 535.41
　　　　　　——涤丝白坯布(直接人工)　　62 450.98
　　　　　　——涤丝白坯布(制造费用)　　15 372.55

(3) 第三步骤的生产成本核算如表 5-36 所示。

表 5-36　产品成本计算单(第三步骤)

生产步骤：第三步骤　　　　　　　　　　　　　　　　本月完工：1100
产品名称：涤丝花布　　　　2015 年 10 月　　　　本月在产：40

成本项目	直接材料(半成品)	直接人工	制造费用	合计
月初在产品成本(元)	51 400	19 200	5 120	75 720
本用生产费用(领用上车间半成品)(元)	444 358.94	9 800.00	5 120.00	459 278.94
生产费用合计(元)	495 758.94	29 000.00	10 240.00	534 998.94
月末在产品约当产量(百米)	40	20	20	
约当产量合计(百米)	1140	1 120	1 120	
分配率	434.88	25.89	9.14	
月末在产品成本(元)	17 395.05	517.86	182.86	18 095.76
完工产品总成本(元)	478 363.89	28 482.14	10 057.14	516 903.17

根据表 5-36 编制会计分录如下：

借：库存商——涤丝花布　　516 903.17
　贷：生产成本——涤丝花布(直接材料)　　478 363.89
　　　　　　——涤丝花布(直接人工)　　28 482.14
　　　　　　——涤丝花布(制造费用)　　10 057.14

6 模块六 Chapter 6 Excel在工资管理中的应用

>>> 学习目标

1. 掌握分类汇总和数据透视表的应用方法。
2. 能使用 Excel 完成工资核算的基础信息管理。
3. 能使用 Excel 完成工资变动计算、汇总工资数据、工资分配和个人所得税计算。
4. 能使用 Excel 进行工资的部门分析，提高管理水平。
5. 能使用 Excel 制作工资条，以便于职工查询。

工资管理，是在组织发展战略指导下，对员工工资支付原则、工资水平、工资结构进行确定、分配和调整的动态管理过程。

在持续经营期间，最重要的是对工资的计算和分析。其基础性的工作是对工资构成各数据的统计、计算和发放，从而加强员工管理和部门管理。

项目一 工资管理中的初始化设置

项目描述

在进行工资核算之前，应进行必要的数据准备，如基本工资项目及工资标准、人员及部门档案、考勤表等信息。使用 Excel 设计并完成各类表格。

项目知识

工资管理的初始化是依据企业工资管理制度，做好人员管理和部门管理的基础性工作。具体包括人员信息、考勤管理、工资构成各数据的统计和计算。

工资构成包括以下几项。

(1) 基本工资：综合工龄，学历、职称、执业资格津贴确定。

(2) 岗位工资：分三类岗位，实施岗位管理。

(3) 附加工资：包括奖金、交通补贴、考勤管理三部分。

(4) 实施代扣代缴制度：主要包括代扣代缴养老保险、医疗保险、失业保险、住房公积金、个人所得税等项目。

项目实施

用 Excel 设计并完成各类表格，注意把每个表格单独存放于一个工作表中，以便于在后续的应用中引用。

1. 工资表的设计与制作

工资构成包括基本工资、岗位工资、奖金、交通补贴、考勤扣款、养老保险、医疗保险、失业保险、住房公积金、个人所得税等项目。其中，养老保险、医疗保险、失业保险、住房公积金、个人所得税等是代扣代缴项目，如图 6-1 所示。

	A	B	C	D	E	F	G	H	I	J	K	L	M	N	O	P	Q
1								_____公司_____年_____月工资表									
2	编号	姓　名	部门	职务	基本工资	岗位工资	奖金	交通补贴	考勤扣款	应发工资	养老保险	医疗保险	失业保险	住房公积金	税前工资	代扣个税	实发工资
3																	
4																	
5																	
6																	
7																	
8																	
9																	
10																	
11																	
12																	
13																	

图 6-1　工资表图式

2. 人员及部门档案

人员及部门档案包括编码、姓名、部门、岗位和职务，如表 6-1 所示。其中，人员编码应具有唯一性，以防止人员中重名而导致工资发放错误。人员职务是关键字段之一，它决定了人员的基本工资、岗位工资、奖金、交通补贴等金额的确定。

表 6-1　人员及部门档案

编　　号	姓　　名	部　　门	职　　务
201501	张海龙	总经办	总经理
201502	范玉梅	财务部	部门经理
201503	郝志强	财务部	职员
201504	周立国	财务部	职员
201505	陈云飞	生产部	部门经理
201506	周长顺	生产部	职员
201507	刘大成	生产部	职员
201508	张相霞	生产部	职员
201509	李诗情	生产部	职员

续表

编 号	姓 名	部 门	职 务
201510	冯慧卿	生产部	职员
201511	马晓磊	生产部	职员
201512	杨燕娜	生产部	职员
201513	韩燕梅	生产部	职员
201514	王芳芳	生产部	职员
201515	翟焕强	生产部	职员
201516	宁敬敬	生产部	职员
201517	李树林	销售部	部门经理
201518	张国强	销售部	职员
201519	刘本清	销售部	职员

▶ 3. 扣款项目及金额

扣款项目主要设置人员因旷工、迟到、病假、事假等原因而导致的扣款，如表 6-2 所示。

表 6-2 扣款项目及金额

项 目	单 位	金额(元)
旷工	天	80
迟到	次	10
病假	天	20
事假	天	40

▶ 4. 考勤表的设置

考勤表主要设置人员因旷工、迟到、病假、事假等原因而导致的缺勤情况，并能根据扣款项目及金额的规定计算扣款金额，如图 6-2 所示。

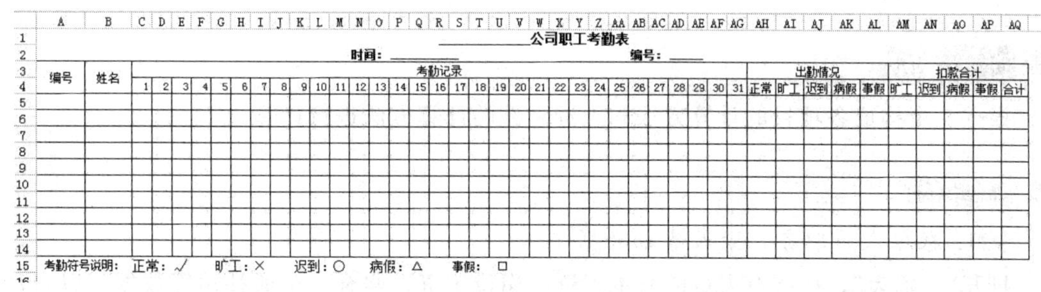

图 6-2 考勤表图示

▶ 5. 社会保险和住房公积金的个人缴费比例

个人承担的社会保险和住房公积金以本月实际工资为基数，按表 6-3 中的比例缴费。

表 6-3　保险和住房公积金的个人缴费比例

项　目	养老保险	医疗保险	失业保险	住房公积金
比例	8%	2%	1%	10%

▶ 6. 个人所得税

个人所得税仅指按工资、薪金所得计算的个人所得税，适用七级超额累进税率，如表 6-4 所示。

表 6-4　工资、薪金所得税扣税速算表

级　数	全月应纳税额	税　率	速算扣除数/元
1	不超过 1 500 元	3%	0
2	超过 1 500～4 500 元	10%	105
3	超过 4 500～9 000 元	20%	555
4	超过 9 000～35 000 元	25%	1 005
5	超过 35 000～55 000 元	30%	2 755
6	超过 55 000～80 000 元	35%	5 505
7	超过 80 000 元	45%	13 505

项目二　工资管理中各项目的具体计算

项目描述

根据世纪创新公司 12 月考勤记录，统计出勤情况，依据单位关于工资项目的规定以及代收代缴社会保险费、住房公积金和个人所得税的要求，计算本月应负担的职工工资。

项目知识

根据工资构成各项目的计算方法和工资总额的计算方法进行计算。

项目实施

▶ 1. 根据人员职务，录入基础数据

打开“工资表”，把所有人员的基本工资、岗位工资、奖金、交通补贴等数据，以自动填充的方式录入。

将“工资标准”中的名称定义为 gzbz，如图 6-3 所示。

在 D3：G3 单元格中分别录入相关数据公式，如表 6-5 所示。

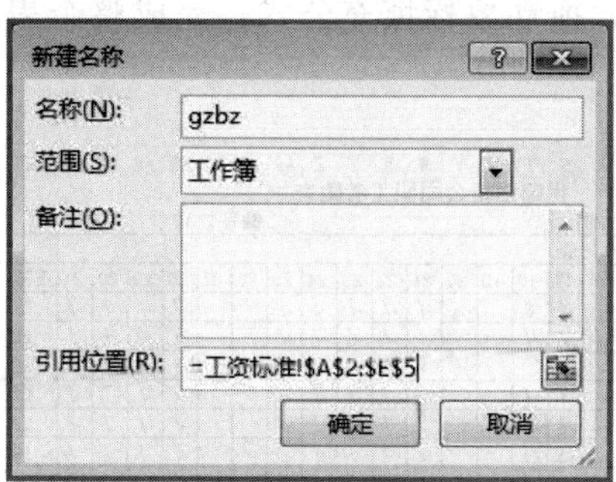

图 6-3 定义名称为 gzbz

表 6-5 基础数据的自动录入公式

项目	单元格	公式
基本工资	E3	=IF(C3="","", VLOOKUP(C3, gzbz, 2, 0))
岗位工资	F3	=IF(C3="","", VLOOKUP(C3, gzbz, 3, 0))
奖金	G3	=IF(C3="","", VLOOKUP(C3, gzbz, 4, 0))
交通补贴	H3	=IF(C3="","", VLOOKUP(C3, gzbz, 4, 0))

选择 E3：H3 单元格，拖动鼠标向下填充公式，直至所有员工。

▶ 2. 统计出勤情况，计算扣款金额

1）打开“考勤表(12 月)”工作表，统计出勤情况

在相应的单元格设置公式，如表 6-6 所示。

表 6-6 出勤情况统计公式

项目	单元格	公式
正常	AH	=COUNTIF(C5：AG5, $E$15)
旷工	AI	=COUNTIF(C5：AG5, $I$15)
迟到	AJ	=COUNTIF(C5：AG5, $M$15)
病假	AK	=COUNTIF(C5：AG5, $Q$15)
事假	AL	=COUNTIF(C5：AG5, $U$15)

选择 AH：AL 单元格，拖动鼠标填充公式，完成整个表中人员出勤情况的统计。

2）计算各种情况的扣款数及合计数

在相应的单元格设置公式，如表 6-7 所示。

表 6-7 扣款统计公式

项目	单元格	公式
旷工	AM	=80 * AI5
迟到	AN	=10 * AJ5
病假	AO	=20 * AK5
事假	AP	=40 * AL5
合计	AQ	=SUM(AM5：AP5)

选择 AM：AQ 单元格，拖动鼠标填充公式，完成整个表中各项目的扣款金额及合计金额，结果如图 6-4 所示。

	F	G	H	I	J	K	L	M	N	O	P	Q	R	S	T	U	V	W	X	Y	Z	AA	AB	AC	AD	AE	AF	AG	AH	AI	AJ	AK	AL	AM	AN	AO	AP	AQ
1	世纪创新公司职工考勤表																																					
2	时间：2015年12月																										编号：12											
3	考勤记录																												出勤情况					扣款合计				
4	4	5	6	7	8	9	10	11	12	13	14	15	16	17	18	19	20	21	22	23	24	25	26	27	28	29	30	31	正常	旷工	迟到	病假	事假	旷工	迟到	病假	事假	合计
5	√			√	√	√	√	○			√	√	√	√	√			√	√	√	√	√			√	√	√	√	22	0	1	0	0	0	10	0	0	10
6	×			√	√	√	√	√			√	√	√	√	√			√	√	√	√	√			√	√	√	√	22	1	0	0	0	80	0	0	0	80
7	√			√	√	√	√	√			√	√	√	√	○			√	√	√	√	√			√	√	√	√	22	0	1	0	0	0	10	0	0	10
8	√			√	√	√	√	□			√	√	√	√	√			√	√	√	√	√			√	√	□	√	21	0	0	0	2	0	0	0	80	80
9	√			√	√	√	√	√			√	√	√	√	√			√	√	√	√	√			√	√	√	√	23	0	0	0	0	0	0	0	0	0
10	√			√	×	√	√	√			√	√	√	△	△			√	√	√	√	○			√	√	√	√	19	1	1	2	0	80	10	40	0	130
11	√			√	√	√	√	√			√	√	√	×	√			√	√	√	√	√			√	√	√	○	21	1	1	0	0	80	10	0	0	90
12	√			√	√	√	√	√			√	√	√	√	√			√	√	√	√	√			○	√	√	√	22	0	1	0	0	0	10	0	0	10
13	√			√	√	△	√	√			√	√	√	√	√			√	×	√	√	√			√	√	√	√	21	1	0	1	0	80	0	20	0	100
14	√			√	√	√	√	√			√	√	√	√	√			√	√	√	√	√			√	√	√	√	23	0	0	0	0	0	0	0	0	0
15	旷工：×　迟到：○　病假：△　事假：□																																					

图 6-4　扣款金额及合计金额统计结果

▶ 3. 根据考勤统计，录入扣款金额

以员工编码为识别字段，进行自动录入。

(1) 将“考勤表(12 月)”中的名称定义为 kqkk，如图 6-5 所示。

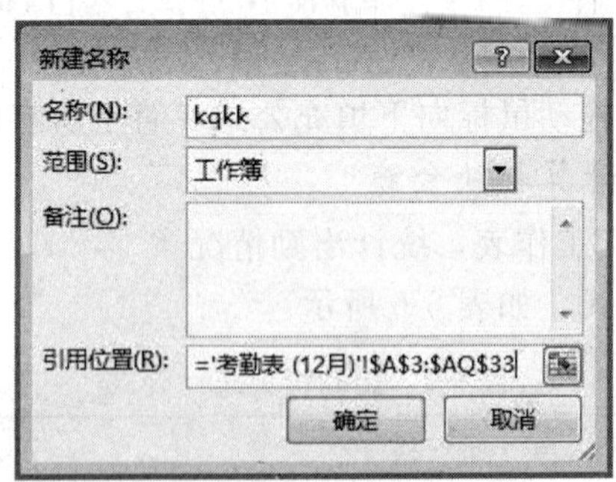

图 6-5　定义名称为 kqkk

(2) 打开“工资表”，在 H3 单元格编辑公式＝IF(A3＝"","",VLOOKUP(A3,KQKK,43,0))。

选择 H3 单元格，拖动鼠标填充公式，完成整个表中考勤扣款的金额录入。

▶ 4. 计算应发工资金额

在 J3 单元格编辑公式＝E3＋F3＋G3＋H3－I3。

选择 J3 单元格，拖动鼠标填充公式，完成整个表中应发工资的金额录入。

▶ 5. 计算养老保险、医疗保险、失业保险、住房公积金的金额

根据相关的比例，分别计算养老保险、医疗保险、失业保险、住房公积金的金额。在“工资表”中的 K3：N3 单元格编辑公式，如表 6-8 所示。

表 6-8　养老保险、医疗保险、失业保险、住房公积金计算公式

项　　目	单　元　格	公　　式
养老保险	K3	＝I3＊社会保险及住房公积金比例！$B$3
医疗保险	L3	＝I3＊社会保险及住房公积金比例！$C$3
失业保险	M3	＝I3＊社会保险及住房公积金比例！$D$3
住房公积金	N3	＝I3＊社会保险及住房公积金比例！$E$3

选择 K3：N3 单元格，拖动鼠标填充公式，完成整个表中养老保险、医疗保险、失业保险、住房公积金的金额录入。

6. 个人所得税的计算

个人的所得税的计算公式为

应纳个人所得税税额＝应纳税所得额×适用税率－速算扣除

＝(扣除三险一金后月收入－3 500)×适用税率－速算扣除

1）计算税前工资

打开“工资表”，在 O3 单元格中输入公式＝J3－K3－L3－M3－N3。

选择 O3 单元格，拖动鼠标填充公式，完成整个表中税前工资金额录入。

2）计算个人所得税金额

在 P3 单元格中输入公式＝ROUND(IF(O3－3500<0，0，IF(O3－3500<3500，0.03＊(O3－3500)，IF(O3－3500<4500，0.1＊(O3－3500)－105，IF(O3－3500<9000，0.2＊(O3－3500)－555，IF(O3－3500<35000，0.25＊(O3－3500)－1005，0.3＊(O3－3500)－2755)))))，2)。

选择 P3 单元格，拖动鼠标填充公式，完成整个表中代扣个税金额录入。

7. 计算实发工资

在 Q3 单元格输入公式＝O3－P3。

选择 Q3 单元格，拖动鼠标填充公式，完成整个表中实发工资金额录入。计算后的工资数如图 6-6 所示。

世纪创新公司2015年12月工资表

编号	姓名	部门	职务	基本工资	岗位工资	奖金	交通补贴	考勤扣款	应发工资	养老保险	医疗保险	失业保险	住房公积金	税前工资	代扣个税	实发工资
201502	范玉梅	财务部	部门经理	2800	1600	800	600	80	5720	457.6	114.4	57.2	572	4518.80	30.56	4488.24
201503	郝志强	财务部	职员	2600	1500	600	500	10	5190	415.2	103.8	51.9	519	4100.10	18	4082.1
201504	周立国	财务部	职员	2600	1500	600	500	80	5120	409.6	102.4	51.2	512	4044.80	16.34	4028.46
201505	陈云飞	生产部	部门经理	2800	1600	800	600	0	5800	464	116	58	580	4582.00	32.46	4549.54
201506	周长顺	生产部	职员	2600	1500	600	500	130	5070	405.6	101.4	50.7	507	4005.30	15.16	3990.14
201507	刘大成	生产部	职员	2600	1500	600	500	90	5110	408.8	102.2	51.1	511	4036.90	16.11	4020.79
201508	张相霞	生产部	职员	2600	1500	600	500	10	5190	415.2	103.8	51.9	519	4100.10	18	4082.1
201509	李诗情	生产部	职员	2600	1500	600	500	100	5100	408	102	51	510	4029.00	15.87	4013.13
201510	冯慧卿	生产部	职员	2600	1500	600	500	160	5040	403.2	100.8	50.4	504	3981.60	14.45	3967.15
201511	马晓磊	生产部	职员	2600	1500	600	500	100	5100	408	102	51	510	4029.00	15.87	4013.13
201512	杨燕娜	生产部	职员	2600	1500	600	500	40	5160	412.8	103.2	51.6	516	4076.40	17.29	4059.11
201513	韩燕梅	生产部	职员	2600	1500	600	500	40	5160	412.8	103.2	51.6	516	4076.40	17.29	4059.11
201514	王芳芳	生产部	职员	2600	1500	600	500	40	5160	412.8	103.2	51.6	516	4076.40	17.29	4059.11
201515	翟焕强	生产部	职员	2600	1500	600	500	20	5180	414.4	103.6	51.8	518	4092.20	17.77	4074.43
201516	宁敬敬	生产部	职员	2600	1500	600	500	20	5180	414.4	103.6	51.8	518	4092.20	17.77	4074.43
201517	李树林	销售部	部门经理	2800	1600	800	600	40	5760	460.8	115.2	57.6	576	4550.40	31.51	4518.89
201518	张国强	销售部	职员	2600	1500	600	500	30	5170	413.6	103.4	51.7	517	4084.30	17.53	4066.77
201519	刘本清	销售部	职员	2600	1500	600	500	0	5200	416	104	52	520	4108.00	18.24	4089.76
201501	张海龙	总经办	总经理	3200	1800	1000	800	10	6790	543.2	135.8	67.9	679	5364.10	55.92	5308.18

图 6-6 实发工资金额录入结果

项目三 工资管理中的数据分析和统计

项目描述

利用 Excel 的数据分析功能，可以轻松实现对数据的排序、筛选、分类汇总以及数据透视等操作，方便了对工资数据的管理，提高了工作效率。在会计工作中对工资的数据分析主要是对工资的构成和增长情况进行分析，加强成本控制，尤其要加强部门核算、归集和分配成本费用，增强经济效益。

为便于员工了解自己工资的构成及金额，可制作工资条发放给员工查看。

世纪创新公司 2015 年 12 月工资表如图 6-7 所示。

世纪创新公司2015年12月工资表

编号	姓名	部门	职务	基本工资	岗位工资	奖金	交通补贴	考勤扣款	应发工资	养老保险	医疗保险	失业保险	住房公积金	税前工资	代扣个税	实发工资
201501	张海龙	总经办	总经理	3200	1800	1000	800	10	6790	543.2	135.8	67.9	679	5364.10	55.92	5308.18
201502	范玉梅	财务部	部门经理	2800	1600	800	600	80	5720	457.6	114.4	57.2	572	4518.80	30.56	4488.24
201503	郝志强	财务部	职员	2600	1500	600	500	10	5190	415.2	103.8	51.9	519	4100.10	18	4082.1
201504	周立国	财务部	职员	2600	1500	600	500	80	5120	409.6	102.4	51.2	512	4044.80	16.34	4028.46
201505	陈云飞	生产部	部门经理	2800	1600	800	600	0	5800	464	116	58	580	4582.00	32.46	4549.54
201506	周长顺	生产部	职员	2600	1500	600	500	130	5070	405.6	101.4	50.7	507	4005.30	15.16	3990.14
201507	刘大成	生产部	职员	2600	1500	600	500	90	5110	408.8	102.2	51.1	511	4036.90	16.11	4020.79
201508	张相霞	生产部	职员	2600	1500	600	500	10	5190	415.2	103.8	51.9	519	4100.10	18	4082.1
201509	李诗情	生产部	职员	2600	1500	600	500	100	5100	408	102	51	510	4029.00	15.87	4013.13
201510	冯慧卿	生产部	职员	2600	1500	600	500	160	5040	403.2	100.8	50.4	504	3981.60	14.45	3967.15
201511	马晓磊	生产部	职员	2600	1500	600	500	100	5100	408	102	51	510	4029.00	15.87	4013.13
201512	杨燕娜	生产部	职员	2600	1500	600	500	40	5160	412.8	103.2	51.6	516	4076.40	17.29	4059.11
201513	韩燕梅	生产部	职员	2600	1500	600	500	40	5160	412.8	103.2	51.6	516	4076.40	17.29	4059.11
201514	王芳芳	生产部	职员	2600	1500	600	500	40	5160	412.8	103.2	51.6	516	4076.40	17.29	4059.11
201515	翟焕强	生产部	职员	2600	1500	600	500	20	5180	414.4	103.6	51.8	518	4092.20	17.77	4074.43
201516	宁敬敬	生产部	职员	2600	1500	600	500	20	5180	414.4	103.6	51.8	518	4092.20	17.77	4074.43
201517	李树林	销售部	部门经理	2800	1600	800	600	40	5760	460.8	115.2	57.6	576	4550.40	31.51	4518.89
201518	张国强	销售部	职员	2600	1500	600	500	30	5170	413.6	103.4	51.7	517	4084.30	17.53	4066.77
201519	刘本清	销售部	职员	2600	1500	600	500	0	5200	416	104	52	520	4108.00	18.24	4089.76

图 6-7　世纪创新公司 2015 年 12 月工资表图示

项目知识

分类汇总是对数据按类来区分，然后进行汇总计算(如计数、求和、均值、最大最小值、数值计数、标准偏差、总体标准偏差、方差、总体方差等)。在 Excel 中，需要分类汇总的数据一般具有三个特征：

(1) 数据比较规则，形成一个“表格”状，有标题行和记录行。

(2) 数据较多，有多行记录。

(3) 某列数据有重复值，如性别、学历等。

例如，某职业院校会计班生源分析如表 6-9 所示。请分析性别结构、生源结构和各生源类型的平均分数。

表 6-9　会计班生源分析表

姓　　名	性　　别	生 源 类 型	高 考 成 绩
浩宇	男	中专	456
梦璐	女	职高	412
瑾瑜	男	中专	421
皓轩	男	普高	501
语嫣	女	中专	386
致远	男	职高	397
文博	男	普高	380

续表

姓 名	性 别	生源类型	高考成绩
雅静	女	中专	469
英杰	男	中专	432
俊驰	男	中专	467
香怡	女	普高	473
文昊	男	职高	486
修洁	男	职高	397
梦洁	女	中专	399
漫妮	女	职高	479
伟奇	男	普高	367
桑榆	女	中专	503
文博	男	职高	502
倩雪	女	普高	459
美莲	女	中专	466

项目实施

▶ 1. 计算性别结构

先以“性别”为标志，进行升序排序。选择 A2∶D22 单元格，单击“数据”→“排序”命令，打开“排序”对话框，设置如图 6-8 所示。

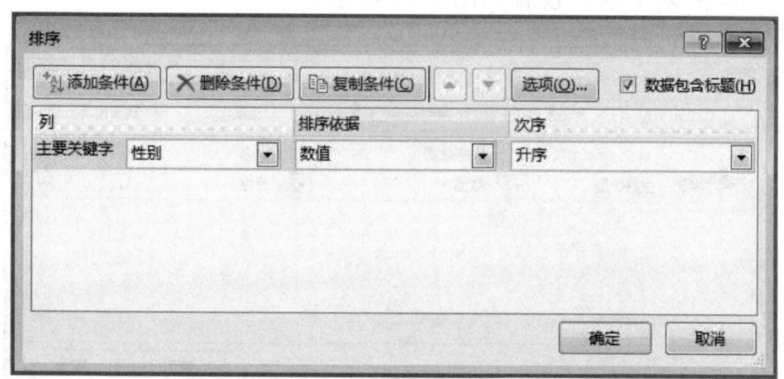

图 6-8 “排序”对话框“性别”列设置

单击“数据”→“分类汇总”命令，打开“分类汇总”对话框，如图 6-9 所示。

单击“确定”按钮，得出会计班生源性别分析结果如图 6-10 所示。

单击123中的 2，得出会计班生源性别分析汇总结果如图 6-11 所示。

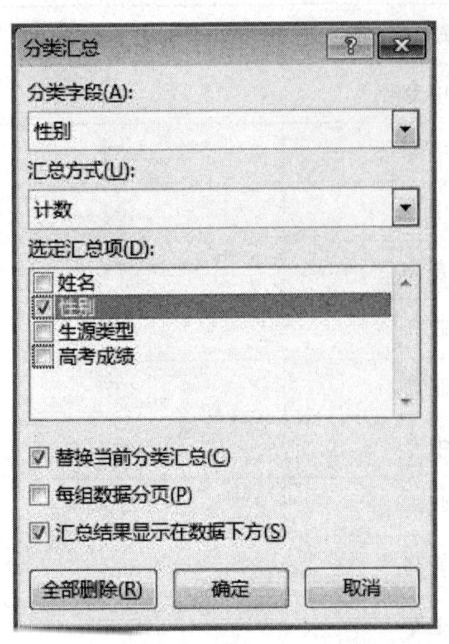

图 6-9 “分类汇总”对话框“性别”选项设置

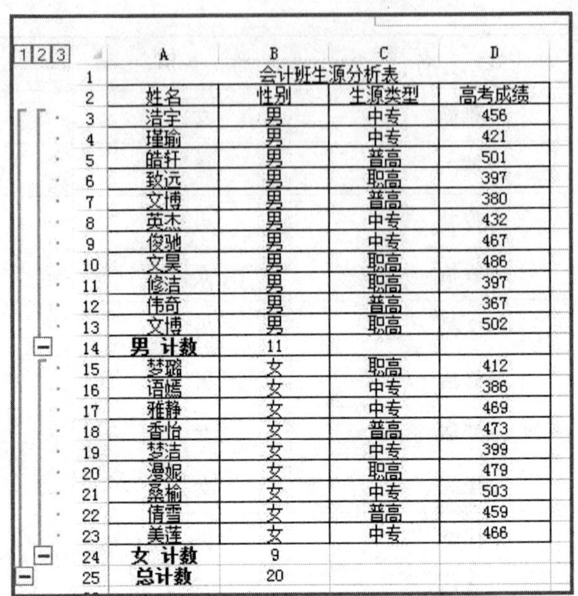

	A	B	C	D
1	会计班生源分析表			
2	姓名	性别	生源类型	高考成绩
3	浩宇	男	中专	456
4	瑾瑜	男	中专	421
5	皓轩	男	普高	501
6	致远	男	职高	397
7	文博	男	普高	380
8	英杰	男	中专	432
9	俊驰	男	中专	467
10	文昊	男	职高	486
11	修洁	男	职高	397
12	伟奇	男	普高	367
13	文博	男	职高	502
14	男 计数	11		
15	梦璐	女	职高	412
16	语嫣	女	中专	386
17	雅静	女	中专	469
18	香怡	女	普高	473
19	梦洁	女	中专	399
20	漫妮	女	职高	479
21	桑榆	女	中专	503
22	倩雪	女	普高	459
23	美莲	女	中专	466
24	女 计数	9		
25	总计数	20		

图 6-10 会计班生源性别分析结果

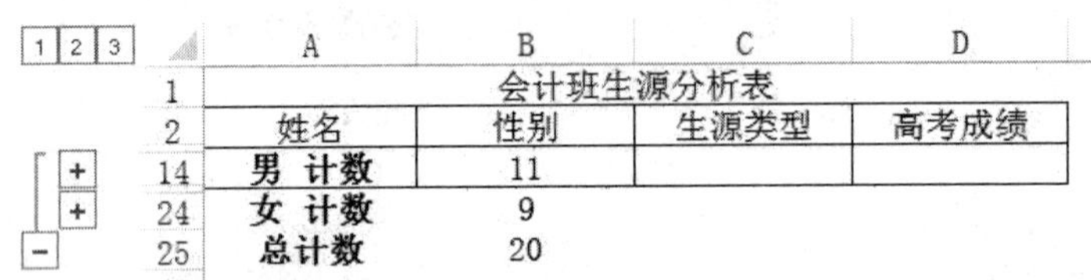

	A	B	C	D
1	会计班生源分析表			
2	姓名	性别	生源类型	高考成绩
14	男 计数	11		
24	女 计数	9		
25	总计数	20		

图 6-11 会计班生源性别分析汇总结果

▶ 2. 计算生源结构及各类生源的平均分数

(1) 以“生源类型”为标志，进行升序排序。选择 A2：D22 单元格，单击“数据”→“排序”命令，打开“排序”对话框，设置如图 6-12 所示。

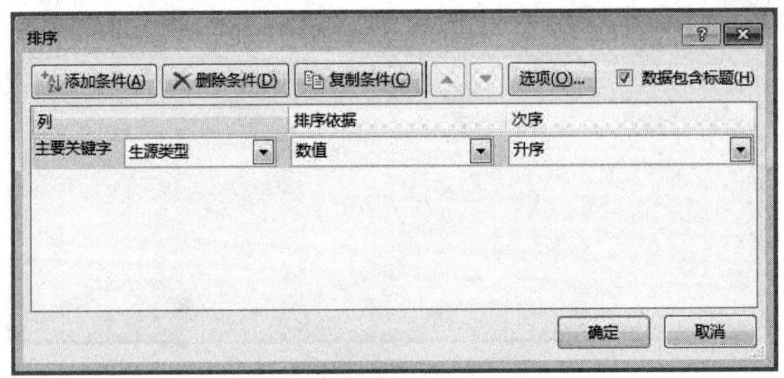

图 6-12 “排序”对话框“生源类型”列设置

(2) 进行“生源类型”的计数汇总。单击“数据”→“分类汇总”命令，打开“分类汇总”对话框，设置如图 6-13 所示。

单击“确定”按钮，得出会计班生源类型分析如果如图 6-14 所示。

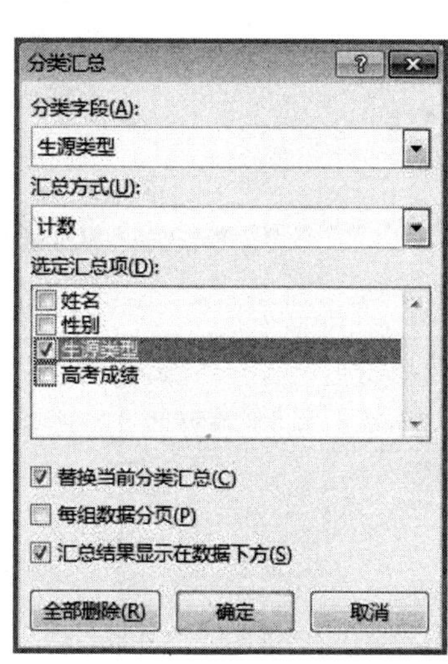

图 6-13 “分类汇总”对话框“生源类型”选项设置

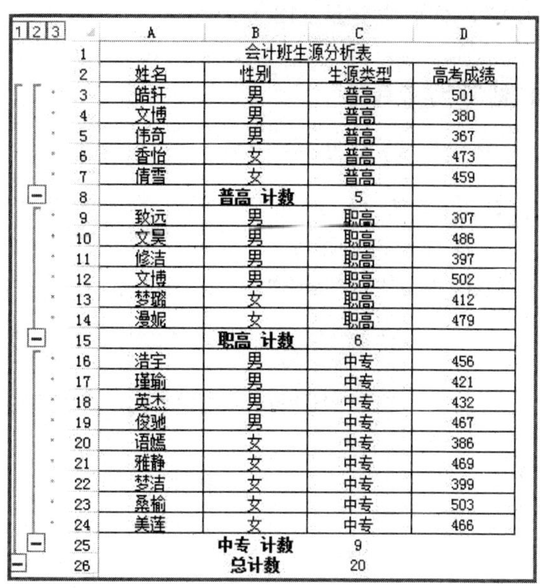

	A	B	C	D
1	会计班生源分析表			
2	姓名	性别	生源类型	高考成绩
3	皓轩	男	普高	501
4	文博	男	普高	380
5	伟奇	男	普高	367
6	香怡	女	普高	473
7	倩雪	女	普高	459
8		普高 计数	5	
9	致远	男	职高	307
10	文昊	男	职高	486
11	修洁	男	职高	397
12	文博	男	职高	502
13	梦璐	女	职高	412
14	漫妮	女	职高	479
15		职高 计数	6	
16	浩宇	男	中专	456
17	瑾瑜	男	中专	421
18	英杰	男	中专	432
19	俊驰	男	中专	467
20	语嫣	女	中专	386
21	雅静	女	中专	469
22	梦洁	女	中专	399
23	桑榆	女	中专	503
24	美莲	女	中专	466
25		中专 计数	9	
26		总计数	20	

图 6-14 会计班生源类型分析结果

由图 6-14 可知，生源为普高、职高、中专的学生数分别是 5、6、9。

（3）进行生源类型高考成绩平均分的分类汇总。单击“数据”→“分类汇总”命令，打开“分类汇总”对话框，设置如图 6-15 所示。

单击“确定”按钮，得出会计班生源高考成绩平均分分析结果如图 6-16 所示。

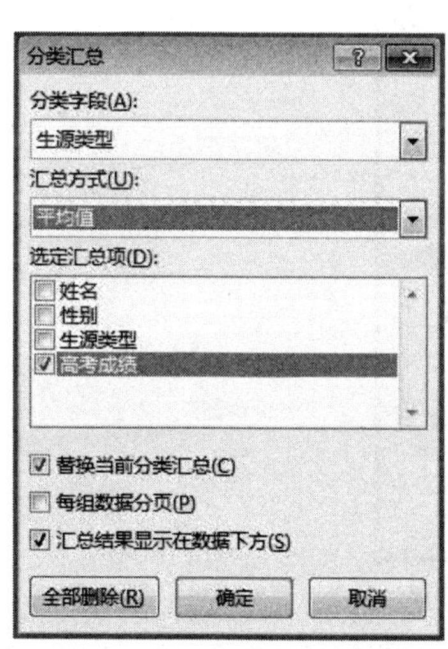

图 6-15 “分类汇总”对话框高考成绩平均分汇总设置

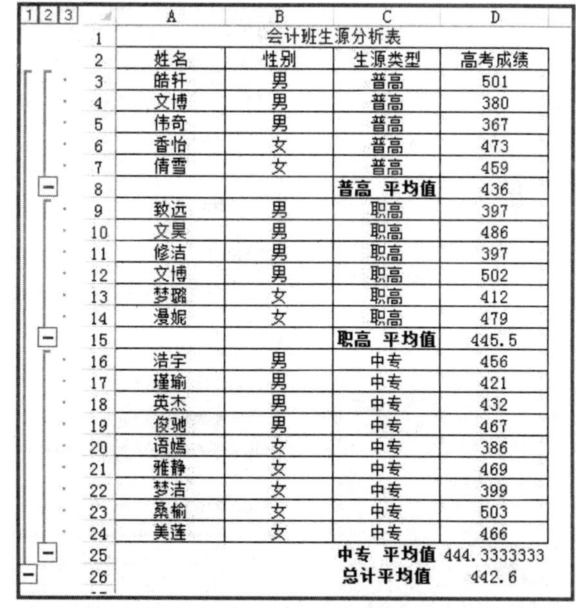

	A	B	C	D
1	会计班生源分析表			
2	姓名	性别	生源类型	高考成绩
3	皓轩	男	普高	501
4	文博	男	普高	380
5	伟奇	男	普高	367
6	香怡	女	普高	473
7	倩雪	女	普高	459
8			普高 平均值	436
9	致远	男	职高	397
10	文昊	男	职高	486
11	修洁	男	职高	397
12	文博	男	职高	502
13	梦璐	女	职高	412
14	漫妮	女	职高	479
15			职高 平均值	445.5
16	浩宇	男	中专	456
17	瑾瑜	男	中专	421
18	英杰	男	中专	432
19	俊驰	男	中专	467
20	语嫣	女	中专	386
21	雅静	女	中专	469
22	梦洁	女	中专	399
23	桑榆	女	中专	503
24	美莲	女	中专	466
25			中专 平均值	444.3333333
26			总计平均值	442.6

图 6-16 会计班生源高考成绩平均分分析结果

由图 6-16 可知，生源为普高、职高和中专学生的平均分分别是 436、445.5 和

444.33，总平均分是442.6。

项目实施

一、工资数据分析

1. 方法一：利用分类汇总的方法进行部门分析

1）按部门进行排序

单击“数据”→“排序”命令，设置如图6-17所示。

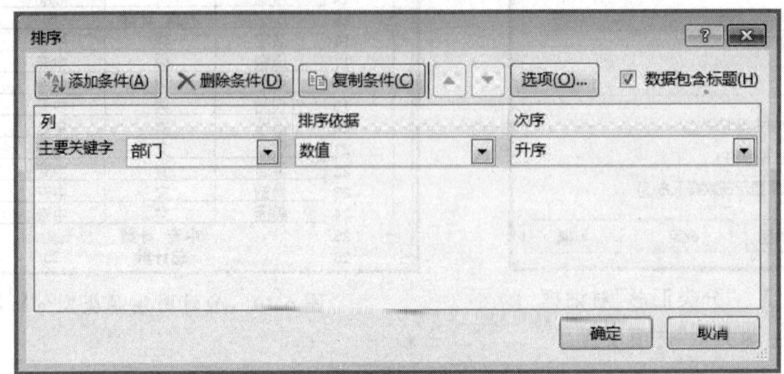

图6-17 “部门”排序

2）分类汇总

选择A2∶Q21单元格，单击“数据”→“分类汇总”命令，打开“分类汇总”对话框，如图6-18所示。

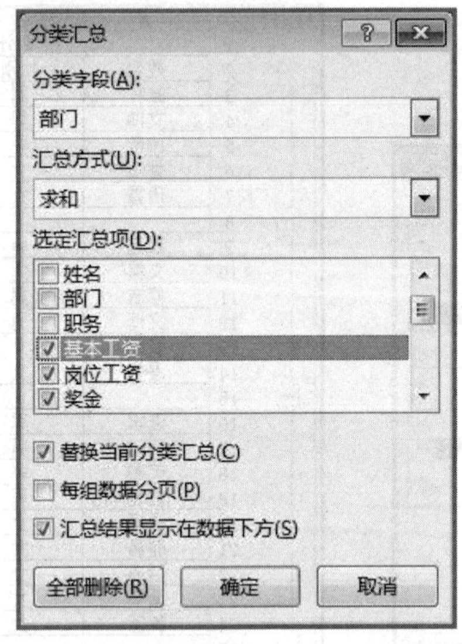

图6-18 对“部门”分类汇总设置

以“部门”为标志进行分类汇总，需汇总计算的项目包括基本工资、岗位工资、奖金、交通补贴、考勤扣款、应发工资、养老保险、医疗保险、失业保险、住房公积金、税前工资、代扣个税、实发工资。单击“确定”按钮，工资表部门汇总结果如图6-19所示。

	A	B	C	D	E	F	G	H	I	J	K	L	M	N	O	P	Q
1	世纪创新公司2015年12月工资表																
2	编号	姓名	部门	职务	基本工资	岗位工资	奖金	交通补贴	考勤扣款	应发工资	养老保险	医疗保险	失业保险	住房公积金	税前工资	代扣个税	实发工资
3	201502	范玉梅	财务部	部门经理	2800	1600	800	600	80	5720	457.6	114.4	57.2	572	4518.80	30.56	4488.24
4	201503	郝志强	财务部	职员	2600	1500	600	500	10	5190	415.2	103.8	51.9	519	4100.10	18	4082.1
5	201504	周立国	财务部	职员	2600	1500	600	500	80	5120	409.6	102.4	51.2	512	4044.80	16.34	4028.46
6		财务部 汇总			8000	4600	2000	1600	170	16030	1282.4	320.6	160.3	1603	12663.70	64.9	12598.8
7	201505	陈云飞	生产部	部门经理	2800	1600	800	600	0	5800	464	116	58	580	4582.00	32.46	4549.54
8	201506	周长顺	生产部	职员	2600	1500	600	500	130	5070	405.6	101.4	50.7	507	4005.30	15.16	3990.14
9	201507	刘大成	生产部	职员	2600	1500	600	500	90	5110	408.8	102.2	51.1	511	4036.90	16.11	4020.79
10	201508	张相鹏	生产部	职员	2600	1500	600	500	10	5190	415.2	103.8	51.9	519	4100.10	18	4082.1
11	201509	李诗倩	生产部	职员	2600	1500	600	500	100	5100	408	102	51	510	4029.00	15.87	4013.13
12	201510	冯慧娟	生产部	职员	2600	1500	600	500	160	5040	403.2	100.8	50.4	504	3981.60	14.45	3967.15
13	201511	马晓磊	生产部	职员	2600	1500	600	500	100	5100	408	102	51	510	4029.00	15.87	4013.13
14	201512	杨黑丽	生产部	职员	2600	1500	600	500	40	5160	412.8	103.2	51.6	516	4076.40	17.29	4059.11
15	201513	韩素梅	生产部	职员	2600	1500	600	500	40	5160	412.8	103.2	51.6	516	4076.40	17.29	4059.11
16	201514	王芳芳	生产部	职员	2600	1500	600	500	40	5160	412.8	103.2	51.6	516	4076.40	17.29	4059.11
17	201515	翟焕强	生产部	职员	2600	1500	600	500	20	5180	414.4	103.6	51.8	518	4092.20	17.77	4074.43
18	201516	宁敏敏	生产部	职员	2600	1500	600	500	20	5180	414.4	103.6	51.8	518	4092.20	17.77	4074.43
19		生产部 汇总			31400	18100	7400	6100	750	62250	4980	1245	622.5	6225	49177.50	215.33	48962.17
20	201517	李树林	销售部	部门经理	2800	1600	800	600	40	5760	460.8	115.2	57.6	576	4550.40	31.51	4518.89
21	201518	张国强	销售部	职员	2600	1500	600	500	30	5170	413.6	103.4	51.7	517	4084.30	17.53	4066.77
22	201519	刘本清	销售部	职员	2600	1500	600	500	0	5200	416	104	52	520	4108.00	18.24	4089.76
23		销售部 汇总			8000	4600	2000	1600	70	16130	1290.4	322.6	161.3	1613	12742.70	67.28	12675.42
24	201501	张海龙	总经办	总经理	3200	1800	1000	800	10	6790	543.2	135.8	67.9	679	5364.10	55.92	5308.18
25		总经办 汇总			3200	1800	1000	800	10	6790	543.2	135.8	67.9	679	5364.10	55.92	5308.18
26			总计		50600	29100	12400	10100	1000	101200	8096	2024	1012	10120	79948.00	403.43	79544.57
27																	

图 6-19　工资表部门汇总结果

单击左侧的一、十按钮，可以显示或收起明细。

▶ 2. *方法二：利用数据透视表的方法进行部门分析*

数据透视表是一种交互式的表，可以进行某些计算，如求和与计数等。可以动态地改变它们的版面布置，以便按照不同方式分析数据，也可以重新安排行号、列标和页字段。每一次改变版面布置时，数据透视表会立即按照新的布置重新计算数据。所进行的计算与数据在数据透视表中的排列有关。

如果原始数据发生更改，则可以更新数据透视表。

1）创建数据透视表

单击"插入"→"数据透视表"打开"创建数据透视表"对话框，设置如图 6-20 所示。在"数据透视表"中进行设置，如图 6-21 所示。

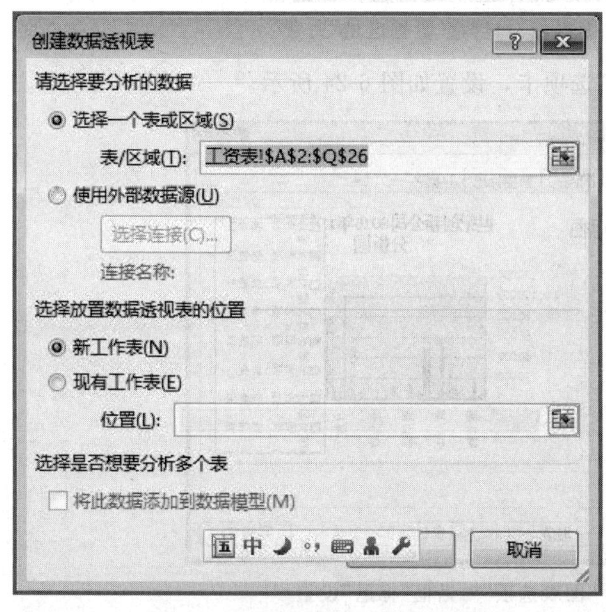

图 6-20　"创建数据透视表"对话框

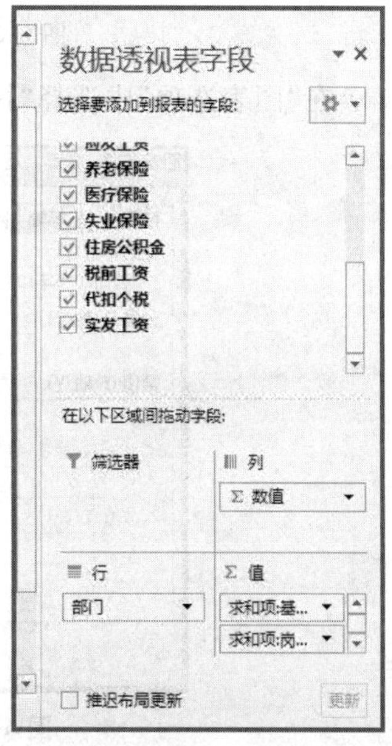

图 6-21　数据透视表设置

其结果显示如图 6-22 所示。

世纪创新公司2015年12月工资表

部门	求和项：基本工资	求和项：岗位工资	求和项：交通补贴	求和项：考勤扣款	求和项：应发工资	求和项：奖金	求和项：养老保险	求和项：医疗保险	求和项：失业保险	求和项：住房公积金	求和项：税前工资	求和项：代扣个税	求和项：实发工资
财务部	8000	4600	1600	170	16030	2000	1282.4	320.6	160.3	1603	12663.7	64.9	12598.8
生产部	31400	18100	6100	750	62250	7400	4980	1245	622.5	6225	49177.5	215.33	48962.17
销售部	8000	4600	1600	70	16130	2000	1290.4	322.6	161.3	1613	12742.7	67.28	12675.42
总经办	3200	1800	800	10	6790	1000	543.2	135.8	67.9	679	5364.1	55.92	5308.18
总计	50600	29100	10100	1000	101200	12400	8096	2024	1012	10120	79948	403.43	79544.57

图 6-22 12 月工资表

2）用图表的形式，分析各部门的工资比例关系

(1) 单击“插入”→“图表”选择“条形图”，单击“下一步”按钮。

(2) 在“源数据”对话框中选择“数据区域”选项卡，设置如图 6-23 所示。

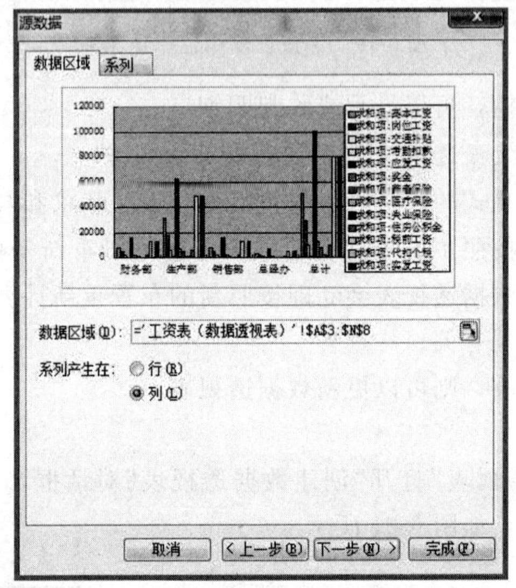

图 6-23 “源数据”对话框“数据区域”设置

(3) 在“图表选项”中选择“标题”选项卡，设置如图 6-24 所示。

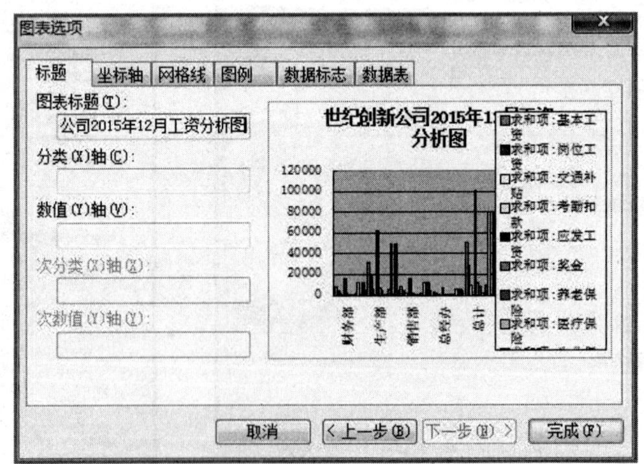

图 6-24 “图表选项”对话框“标题”设置

单击“完成”按钮，工资分析结果如图 6-25 所示。

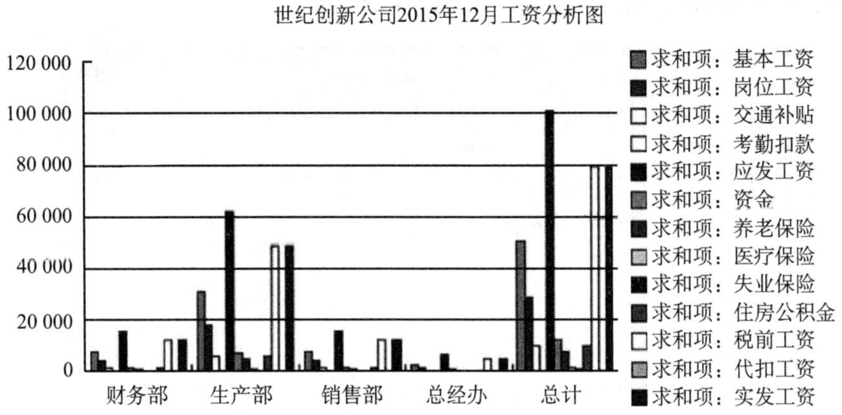

世纪创新公司2015年12月工资分析图
120 000
100 000
80 000
60 000
40 000
20 000
0
财务部
生产部
销售部
总经办
总计
求和项：基本工资
求和项：岗位工资
求和项：交通补贴
求和项：考勤扣款
求和项：应发工资
求和项：资金
求和项：养老保险
求和项：医疗保险
求和项：失业保险
求和项：住房公积金
求和项：税前工资
求和项：代扣工资
求和项：实发工资

图 6-25 工资分析图

二、工资条的设计与制作

通过插入序列并进行排序，产生可显示标题行的空行。用定位的方式，定位到空行，进行手工复制和粘贴。

▶ 1. 插入序列

在现有表格的最前方插入一列，注明所发放工资的所属年月。

右击 A 列，在快捷菜单中选择“插入”。在 A2 单元格输入“年月”，在 A3 单元格输入“201512”，可拖动鼠标填充至最后一行。

▶ 2. 填充等差序列

在“工资表”工作表中的 S3：S21 单元格填充一个等差序列。

在 S3 单元格输入“1”。选择 S3 单元格，按下 Ctrl 拖动 S3 单元格下方的正方形至最后一行。

▶ 3. 继续向下填充一个带小数的序列

在前一等差序列的下一个单元格，即在 R22 单元格输入“1.5”。选择 R22 单元格，单击“开始”→“填充”→“序列”命令，在“序列”对话框中设置如图 6-26 所示。

▶ 4. 按所填充的序列进行升序排序

选择所填充的序列，单击“数据”→“排序”命令，打开“排序提醒”对话框，设置如图 6-27 所示。

序列
序列产生在
行(R)
列(C)
类型
等差序列(L)
等比序列(G)
日期(D)
自动填充(F)
日期单位
日(A)
工作日(W)
月(M)
年(Y)
预测趋势(T)
步长值(S): 1
终止值(O): 19
确定
取消

图 6-26 设置等差序列

排序提醒
Microsoft Excel 发现在选定区域旁边还有数据。该数据未被选择，将不参加排序。
给出排序依据
扩展选定区域(E)
以当前选定区域排序(C)
排序(S)...
取消

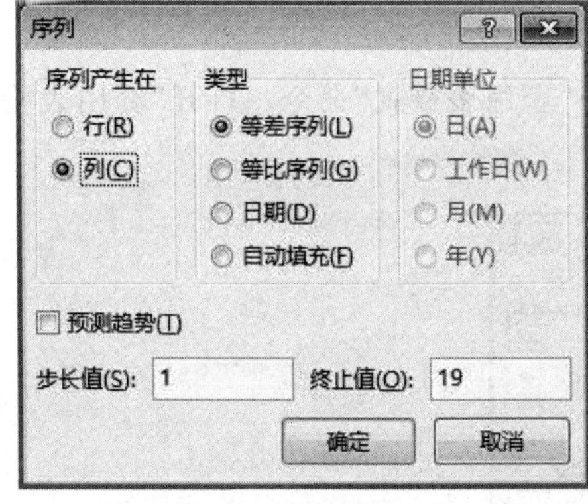

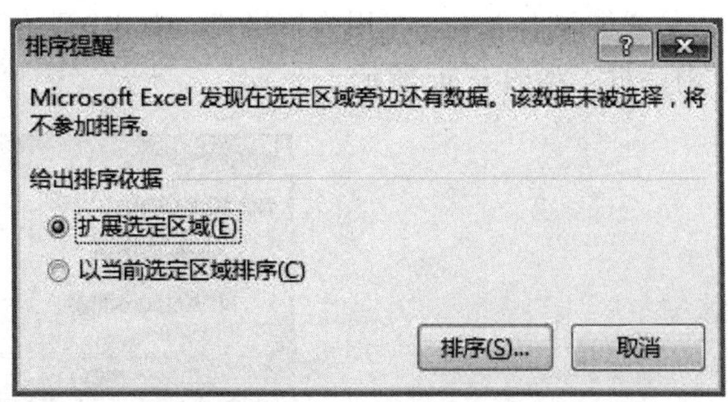

图 6-27 “排序提醒”对话框

单击“排序”按钮打开“排序”对话框，如图 6-28 所示。

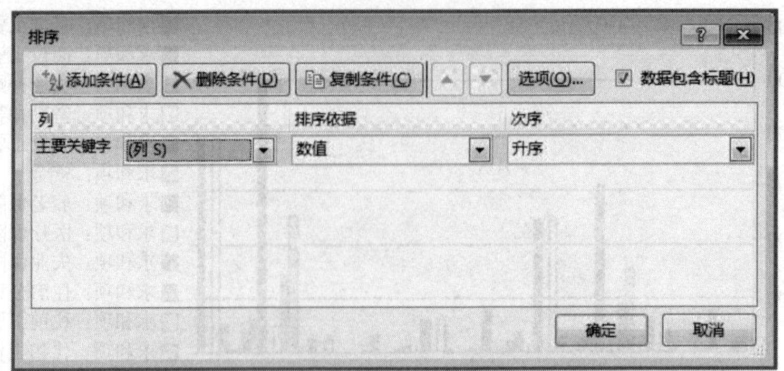

图 6-28 排序设置

▶ 5. 复制工资项目行

选择 A2：Q2 区域并复制。选择 A2：Q39 区域。单击“开始”→“查找”→“定位”命令，打开“定位条件”对话框，如图 6-29 所示。

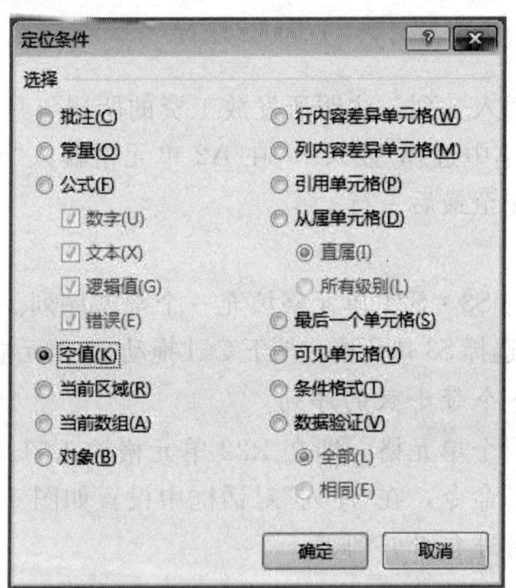

图 6-29 “定位条件”对话框

单击“粘贴”命令，删除 R 列。

▶ 6. 美化单元格

给表体加上边框。套用表格格式，单击“开始”→“套用表格式”命令，打开“套用表格式”对话框，如图 6-30 所示。

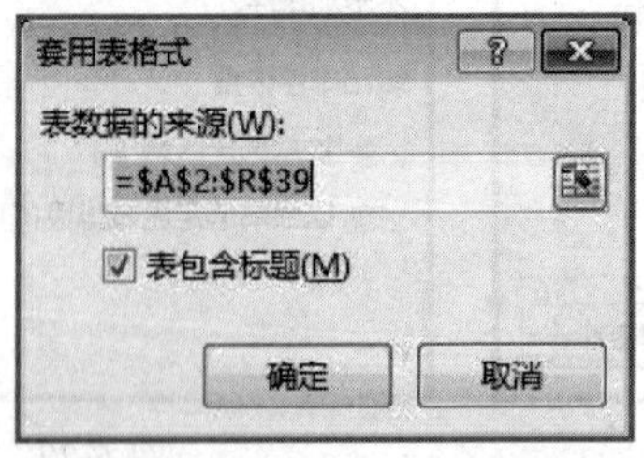

图 6-30 “套用表格式”对话框

制作工资条的工资表完成效果如图 6-31 所示。

	A	B	C	D	E	F	G	H	I	J	K	L	M	N	O	P	Q	R
1	世纪创新公司2015年12月工资表																	
2	年月	编号	姓名	部门	职务	基本工	岗位工	奖金	交通补	考勤扣	应发工	养老保	医疗保	失业保	住房公积	税前工	代扣个	实发工
3	201512	201501	张海龙	总经办	总经理	3200	1800	1000	800	10	6790	543.2	135.8	67.9	679	5364.10	55.92	5308.18
4	年月	编号	姓名	部门	职务	基本工资	岗位工资	奖金	交通补贴	考勤扣款	应发工资	养老保险	医疗保险	失业保险	住房公积金	税前工资	代扣个税	实发工资
5	201512	201502	范玉梅	财务部	部门经理	2800	1600	800	600	80	5720	457.6	114.4	57.2	572	4518.80	30.56	4488.24
6	年月	编号	姓名	部门	职务	基本工资	岗位工资	奖金	交通补贴	考勤扣款	应发工资	养老保险	医疗保险	失业保险	住房公积金	税前工资	代扣个税	实发工资
7	201512	201503	郝志强	财务部	职员	2600	1500	600	500	10	5190	415.2	103.8	51.9	519	4100.10	18	4082.1
8	年月	编号	姓名	部门	职务	基本工资	岗位工资	奖金	交通补贴	考勤扣款	应发工资	养老保险	医疗保险	失业保险	住房公积金	税前工资	代扣个税	实发工资
9	201512	201504	周立国	财务部	职员	2600	1500	600	500	80	5120	409.6	102.4	51.2	512	4044.80	16.34	4028.46
10	年月	编号	姓名	部门	职务	基本工资	岗位工资	奖金	交通补贴	考勤扣款	应发工资	养老保险	医疗保险	失业保险	住房公积金	税前工资	代扣个税	实发工资
11	201512	201505	陈云飞	生产部	部门经理	2800	1600	800	600	0	5800	464	116	58	580	4582.00	32.46	4549.54
12	年月	编号	姓名	部门	职务	基本工资	岗位工资	奖金	交通补贴	考勤扣款	应发工资	养老保险	医疗保险	失业保险	住房公积金	税前工资	代扣个税	实发工资
13	201512	201506	周长顺	生产部	职员	2600	1500	600	500	130	5070	405.6	101.4	50.7	507	4005.30	15.16	3990.14
14	年月	编号	姓名	部门	职务	基本工资	岗位工资	奖金	交通补贴	考勤扣款	应发工资	养老保险	医疗保险	失业保险	住房公积金	税前工资	代扣个税	实发工资
15	201512	201507	刘大成	生产部	职员	2600	1500	600	500	90	5110	408.8	102.2	51.1	511	4036.90	16.11	4020.79
16	年月	编号	姓名	部门	职务	基本工资	岗位工资	奖金	交通补贴	考勤扣款	应发工资	养老保险	医疗保险	失业保险	住房公积金	税前工资	代扣个税	实发工资
17	201512	201508	张相巍	生产部	职员	2600	1500	600	500	10	5190	[illegible]	[illegible]	[illegible]	519	4100.10	18	4082.1
18	年月	编号	姓名	部门	职务	基本工资	岗位工资	奖金	交通补贴	考勤扣款	应发工资	养老保险	医疗保险	失业保险	住房公积金	税前工资	代扣个税	实发工资
19	201512	201509	李诗情	生产部	职员	2600	1500	600	500	100	5100	408	102	51	510	4029.00	15.87	4013.13
20	年月	编号	姓名	部门	职务	基本工资	岗位工资	奖金	交通补贴	考勤扣款	应发工资	养老保险	医疗保险	失业保险	住房公积金	税前工资	代扣个税	实发工资
21	201512	201510	冯蕾娜	生产部	职员	2600	1500	600	500	160	5040	403.2	100.8	50.4	504	3981.60	14.45	3967.15
22	年月	编号	姓名	部门	职务	基本工资	岗位工资	奖金	交通补贴	考勤扣款	应发工资	养老保险	医疗保险	失业保险	住房公积金	税前工资	代扣个税	实发工资

图 6-31 制作工资条的工资表完成效果

模块七 Chapter 7 Excel在账簿管理中的应用

学习目标

1. 掌握科目汇总表的编制方法。
2. 掌握日记账、明细分类账和总账的登记方法。
3. 能利用数据透视表和编辑公式的方法，设计和制作科目汇总表。
4. 能利用函数进行试算平衡。
5. 能使用 Excel 设计和制作日记账、明细分类账和总账，并能结账。

项目一 科目汇总表的编制

项目描述

科目汇总表账务处理程序减轻了登记总分类账的工作量，并可做到试算平衡。

根据模块二和模块三的资料，分别用数据透视表和编辑公式的方法，设计和制作华宇公司 2015 年 12 月的科目汇总表，如图 7-1 所示。

分别用以下方法编制具体内容。

(1) 用数据透视表的方法进行编制。

(2) 用 SUMIF()函数进行编制。

(3) 用 IF()函数进行试算平衡。

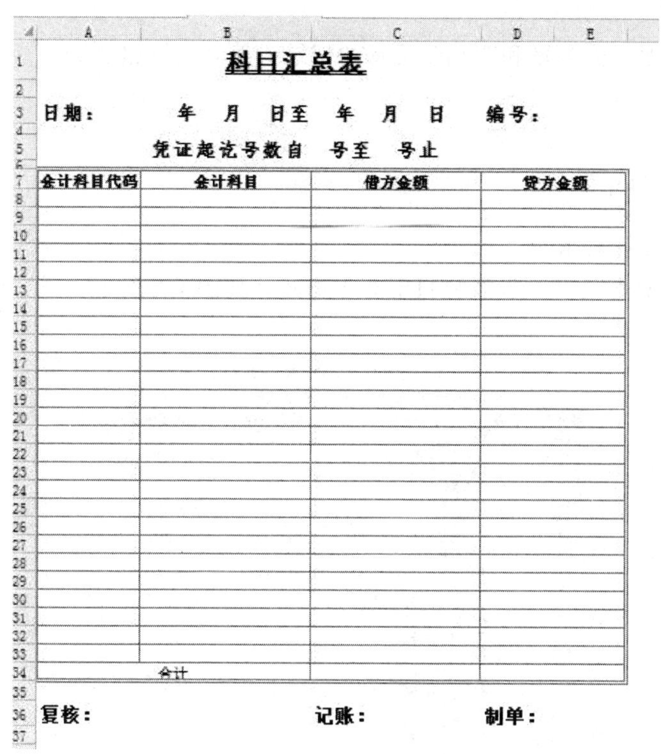

科目汇总表

日期：　　年　月　日至　年　月　日　　编号：

凭证起讫号数自　号至　号止

会计科目代码	会计科目	借方金额	贷方金额
	合计		

复核：　　记账：　　制单：

图 7-1　科目汇总表图示

项目知识

1. 科目汇总表

科目汇总表亦称记账凭证汇总表、账户汇总表，是根据一定时期内所有的记账凭证定期加以汇总而重新编制的记账凭证，其目的是简化总分类账的登记手续。定期一般分为十天、半月、一月。借助 Excel 软件可方便地编制科目汇总表。本书中采用一月编制一次科目汇总表的方法。

2. 科目汇总表账务处理程序

科目汇总表账务处理程序又称记账凭证汇总表账务处理程序，是根据记账凭证定期编制科目汇总表，再根据科目汇总表登记总分类账的一种账务处理程序。

具体程序如下。

(1) 根据原始凭证编制汇总原始凭证；

(2) 根据原始凭证或汇总原始凭证编制记账凭证；

(3) 根据记账凭证中有关库存现金和银行存款的分录逐笔登记现金日记账和银行存款日记账；

(4) 根据原始凭证、汇总原始凭证和记账凭证登记各种明细分类账；

(5) 根据各种记账凭证编制科目汇总表；

(6) 根据科目汇总表登记总分类账；

(7) 期末，现金日记账、银行存款日记账和明细分类账的余额同有关总分类账的余额核对相符；

（8）期末，根据总分类账和明细分类账的记录，编制会计报表。

项目实施

一、利用函数和公式生成科目汇总表

▶ 1. 建立科目汇总表

汇总本月所有总账科目，设置科目汇总表格式，如图 7-2 所示。

日期：2015年12月1日至2015年12月31日 编号：1

凭证起讫号数自01号至56号止

会计科目代码	会计科目	借方金额	贷方金额
1002	银行存款		
1012	其他货币资金		
1101	交易性金融资产		
1121	应收票据		
1122	应收账款		
1131	应收股利		
1132	应收利息		
1231	坏账准备		
1403	原材料		
1404	材料采购		
1405	材料成本差异		
1406	库存商品		
1471	存货跌价准备		
1601	固定资产		
1602	累计折旧		
1603	固定资产减值准备		
1604	在建工程		
1605	工程物资		
1606	固定资产清理		
1702	累计摊销		
1703	无形资产减值准备		
2001	短期借款		
2201	应付票据		
2202	应付账款		
2211	应付职工薪酬		
2221	应交税费		
2232	应付利息		
2501	长期借款		
4101	盈余公积		
4103	本年利润		
4104	利润分配		
5001	生产成本		
5101	制造费用		
6001	主营业务收入		
6111	投资收益		
6301	营业外收入		
6401	主营业务成本		
6403	营业税金及附加		
6601	销售费用		
6602	管理费用		
6603	财务费用		
6701	资产减值损失		
6711	营业外支出		
6801	所得税费用		
合计			

复核：　　　　记账：　　　　制单：

图 7-2　汇总本月所有总账科目并设置科目汇总表格式

▶ 2. 生成借方金额

在 C5 单元格插入 SUMIF()函数，设置如图 7-3 所示。

▶ 3. 生成贷方金额

在 D5 单元格插入 SUMIF()函数，设置如图 7-4 所示。

可用拖动鼠标的方式计算其他科目借贷双方的金额。

▶ 4. 试算平衡

1）计算出借贷方合计数

在 C49 单元格插入 SUM()函数，求借方发生额合计，设置如图 7-5 所示。

函数参数
SUMIF
Range 记账凭证汇总表!$G$4:$G$151 = {"2201";"1002";"1404";"2221";"10...
Criteria A5 = "1002"
Sum_range 记账凭证汇总表!$K$4:$K$151 = {20000;0;10000;1700;0;11000;0;0;...
= 2914000
对满足条件的单元格求和
Range 要进行计算的单元格区域
计算结果 = 2,914,000.00
有关该函数的帮助(H)
确定
取消

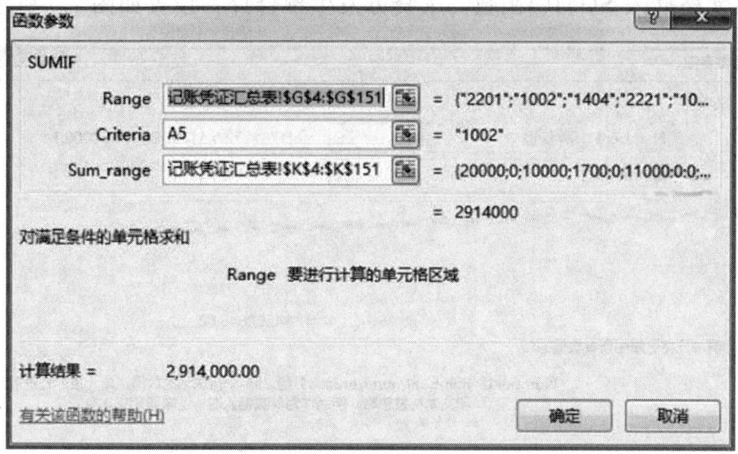

图 7-3 C5 单元格 SUMIF( )函数参数设置

函数参数
SUMIF
Range 记账凭证汇总表!$G$4:$G$151 = {"2201";"1002";"1404";"2221";"10...
Criteria A5 = "1002"
Sum_range 记账凭证汇总表!$L$4:$L$151 = {0;20000;0;0;11700;0;1000;10000;...
= 1781772.5
对满足条件的单元格求和
Range 要进行计算的单元格区域
计算结果 = 1,781,772.50
有关该函数的帮助(H)
确定
取消

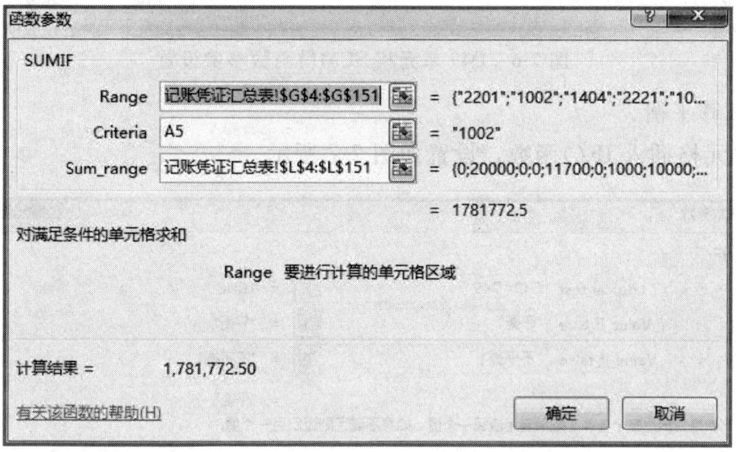

图 7-4 D5 单元格 SUMIF( )函数参数设置

函数参数
SUM
Number1 C5:C48 = {2914000;0;0;40000;351000;3850...
Number2 = 数值
= 14582848.02
计算单元格区域中所有数值的和
Number1: number1,number2,... 1 到 255 个待求和的数值。单元格中的逻辑值和文本将被忽略。但当作为参数键入时，逻辑值和文本有效
计算结果 = 14,582,848.02
有关该函数的帮助(H)
确定
取消

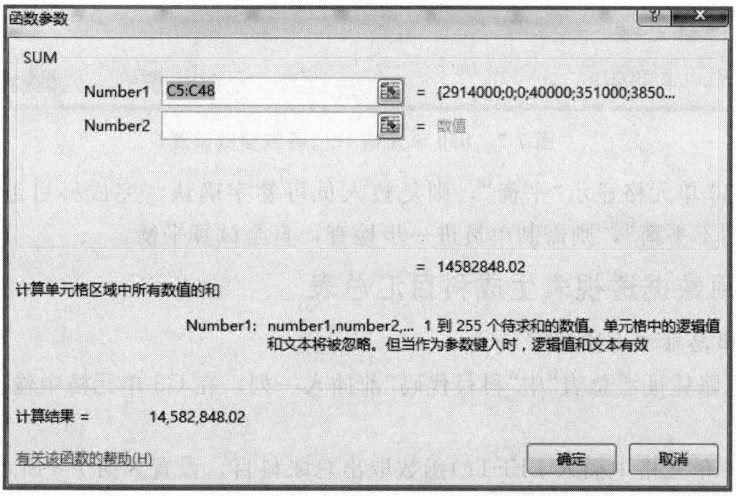

图 7-5 C49 单元格 SUM( )函数参数设置

在 D49 单元格插入 SUM()函数，求贷方发生额合计，设置如图 7-6 所示。

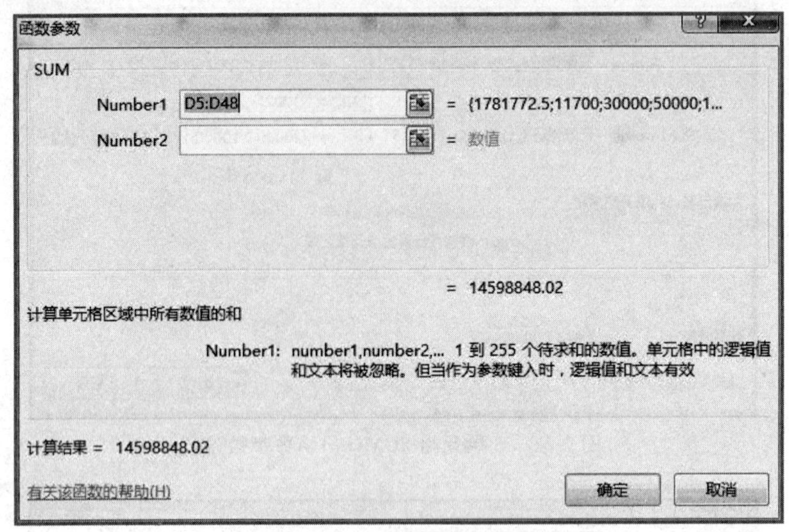

图 7-6　**D49 单元格 SUM()函数参数设置**

2）进行试算平衡

在 B50 单元格插入 IF()函数，设置如图 7-7 所示。

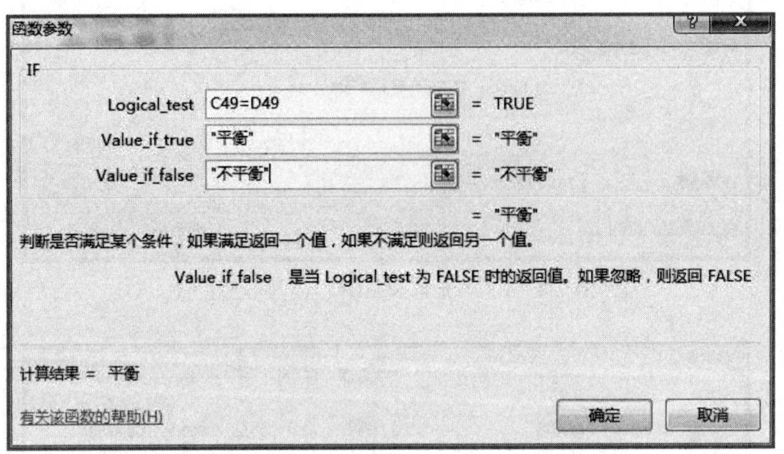

图 7-7　**B50 单元格 IF()函数参数设置**

如果在 B50 单元格显示“平衡”，则复核人员可签字确认，完成科目汇总表的编制工作；如果显示“不平衡”，则需制单员进一步检查，直至试算平衡。

二、利用数据透视表生成科目汇总表

▶ 1. 取出总账科目代码

(1) 在“记账凭证汇总表”中“科目代码”前插入一列。在 G3 单元格中输入“总账科目代码”。

(2) 在 G4 单元格中插入 LEFT()函数取出总账科目，设置如图 7-8 所示。

拖动鼠标，填充公式，将所有的总账科目均取出，备用。

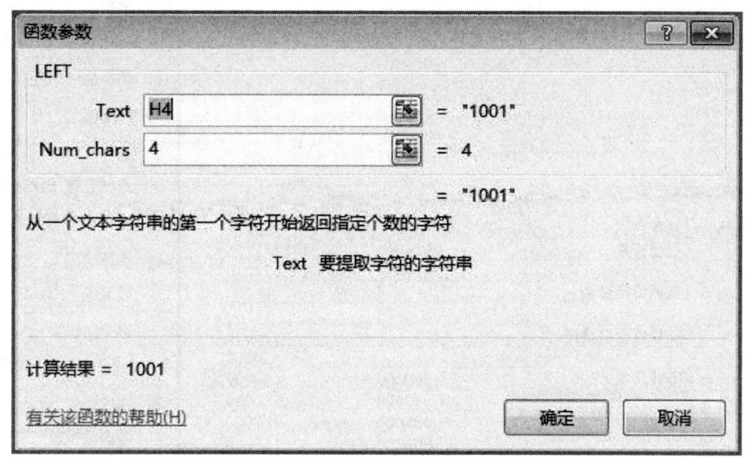

图 7-8 G4 单元格 LEFT( )函数参数设置

▶ 2. 用数据透视表做出科目汇总表

单击“插入”→“数据透视表”打开“创建数据透视表”对话框，设置如图 7-9 所示。

单击“确定”按钮，进行“数据透视表字段”设置，设置如图 7-10 所示。

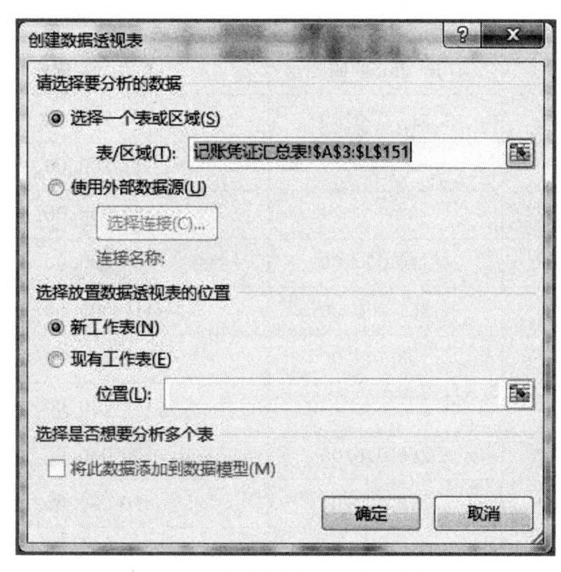

图 7-9 “创建数据透视表”对话框

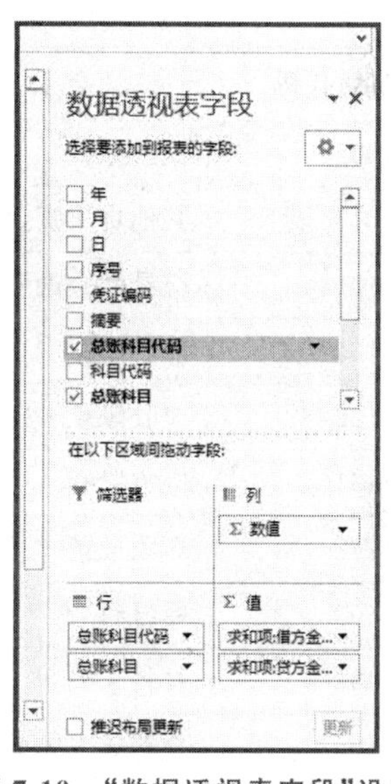

图 7-10 “数据透视表字段”设置

总账科目汇总结果如图 7-11 所示。

右击 A6 单元格，弹出快捷菜单，如图 7-12 所示。

单击“分类汇总‘总账科目代码’”菜单，隐藏分类汇总行。

根据“科目汇总表”要求填写上相应的日期、编号、凭证起止号，进行格式化设置，并设置边框，最终结果如表 7-1 所示。

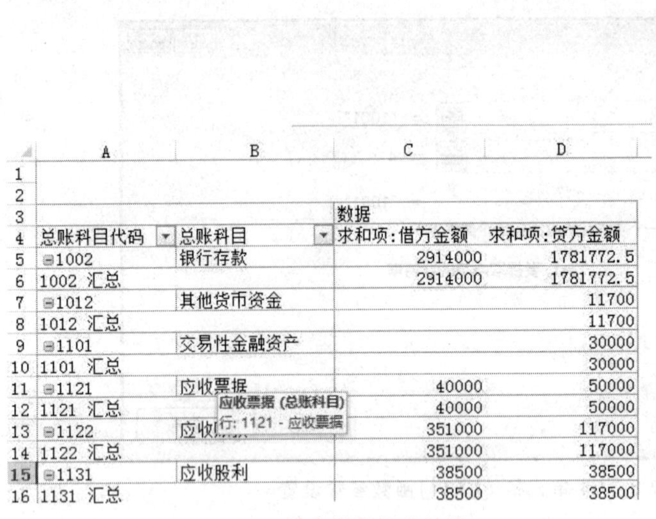

	A	B	C	D
1				
2				
3			数据	
4	总账科目代码	总账科目	求和项:借方金额	求和项:贷方金额
5	⊟1002	银行存款	2914000	1781772.5
6	1002 汇总		2914000	1781772.5
7	⊟1012	其他货币资金		11700
8	1012 汇总			11700
9	⊟1101	交易性金融资产		30000
10	1101 汇总			30000
11	⊟1121	应收票据	40000	50000
12	1121 汇总		40000	50000
13	⊟1122	应收账款	351000	117000
14	1122 汇总		351000	117000
15	⊟1131	应收股利	38500	38500
16	1131 汇总		38500	38500

图 7-11 总账科目汇总结果

图 7-12 快捷菜单

表 7-1 科目汇总表

日期：2015 年 12 月 1 日至 2015 年 12 月 31 日　　编号：1

凭证起讫号数自 01 号至 56 号止　　单位：元

会计科目代码	会 计 科 目	借 方 金 额	贷 方 金 额
1002	银行存款	2 914 000.00	1 781 772.50
1012	其他货币资金	—	11 700.00
1101	交易性金融资产	—	30 000.00
1121	应收票据	40 000.00	50 000.00
1122	应收账款	351 000.00	117 000.00
1131	应收股利	38 500.00	38 500.00
1241	坏账准备	—	1 170.00
1403	原材料	269 000.00	50 000.00
1404	材料采购	210 000.00	210 000.00
1405	材料成本差异	2 000.00	1 352.76
1406	库存商品	686 752.76	1 300 000.00
1471	存货跌价准备	—	5 000.00
1601	固定资产	751 000.00	250 000.00
1602	累计折旧	183 000.00	400 000.00
1603	固定资产减值准备	—	38 000.00
1604	在建工程	300 000.00	300 000.00
1605	工程物资	205 000.00	205 000.00

续表

会计科目代码	会计科目	借方金额	贷方金额
1606	固定资产清理	97 300.00	97 300.00
1702	累计摊销	—	16 000.00
1703	无形资产减值准备	—	32 000.00
2001	短期借款	100 000.00	—
2201	应付票据	20 000.00	234 000.00
2202	应付账款	—	60 000.00
2211	应付职工薪酬	330 000.00	422 000.00
2221	应交税费	581 172.50	574 892.50
2231	应付利息	20 000.00	105 000.00
2601	长期借款	—	300 000.00
4101	盈余公积	—	46 803.75
4103	本年利润	2 370 000.00	2 370 000.00
4104	利润分配	93 607.50	514 841.25
5001	生产成本	686 752.76	686 752.76
5101	制造费用	362 800.00	362 800.00
6001	主营业务收入	2 300 000.00	2 300 000.00
6111	投资收益	40 000.00	40 000.00
6301	营业外收入	30 000.00	30 000.00
6401	主营业务成本	1 300 000.00	1 300 000.00
6403	营业税金及附加	27 880.00	27 880.00
6601	销售费用	50 000.00	50 000.00
6602	管理费用	181 600.00	181 600.00
6603	财务费用	94 300.00	94 300.00
6701	资产减值损失	76 170.00	76 170.00
6711	营业外支出	16 000.00	16，000.00
6801	所得税费用	156 012.50	156 012.50
合计		14 883 848.02	14 883 848.02

复核： 平衡： 记账： 制单：

项目二 日记账的编制

项目描述

日记账也叫序时账，主要包括现金日记账和银行存款日记账，两者的编制方法基本相同，本文以银行存款日记账为例进行讲解。根据图 7-13，制作银行存款日记账。

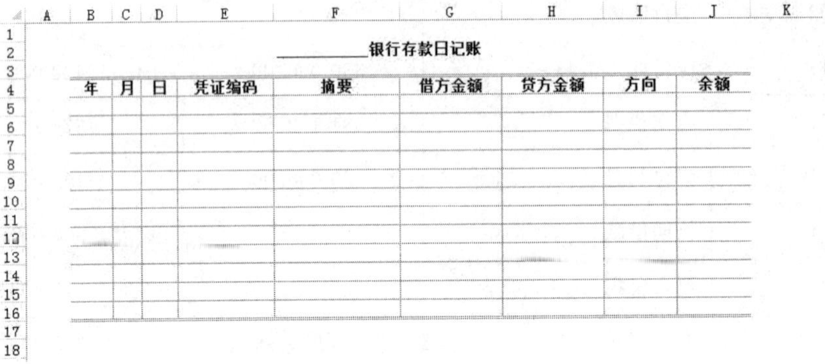

______银行存款日记账

年	月	日	凭证编码	摘要	借方金额	贷方金额	方向	余额

图 7-13　银行存款日记账图示

在日记账中实现以下功能。

（1）能自动计算余额。

（2）能根据余额的数值自动显示余额方向。

项目知识

1. 银行存款日记账期末余额的计算

银行存款日记账反映的是银行存款账户的信息。库存现金是资产类账户，期末余额的计算公式为

期末余额＝本期期初余额＋本期借方发生额－本期贷方发生额

2. 期末余额方向的判断方法

期末余额方向可根据期末余额数值的大小进行判断，有三种可能。

（1）当期末余额大于零时，其方向是“借方”。

（2）当期末余额小于零时，其方向是“贷方”。

（3）当期末余额等于零时，其方向是“平”。

3. 余额计算和月末结账的方法

日记账应该日结出余额，日结可自然进行，既可逐笔结余额，也可每隔五日结一次余额，每日的最后一笔应自然结出当日余额，不必另起一行。

日记账应于月末进行结账，即在当月最后一笔记录下面画一条通栏单红线，并在下一行的摘要栏中居中书写“本月合计”，或盖“本月合计”章。同时在该行结出当月发生额及余额，然后在“本月合计”下面再画一条通栏单红线。

▶ 4. 数据筛选

Excel 提供了数据自动筛选功能。自动筛选一般用于简单的条件筛选，筛选时将不满足条件的数据暂时隐藏起来，只显示符合条件的数据。

将鼠标定位在文件的标题行，打开"数据"菜单，单击"自动筛选"按钮。各字段单元格的右侧就会出现下拉按钮，可根据需要进行数据筛选。

项目实施

▶ 1. 新建工作表

新建工作表，并更名为"银行存款日记账"。

在"银行存款日记账"工作表中建立银行存款日记账表体，其格式可参照日记账的纸质格式。录入期初余额。

▶ 2. 数据筛选

打开"记账凭证汇总表"，并进行数据筛选。单击"数据"→"筛选"命令，单击"总账科目"单元格的下拉菜单，选中"1002"前的复选框。只显示"银行存款"的相关信息。将筛选出的信息复制到"银行存款日记账"工作中。

▶ 3. 计算银行存款日记账的余额

在 J6 单元格输入公式=J5+G6－H6，并向下填充公式，计算出每笔业务后的银行存款余额。

▶ 4. 判断余额方向

在 I6 单元格插入 IF()函数，设置如图 7-14 所示。

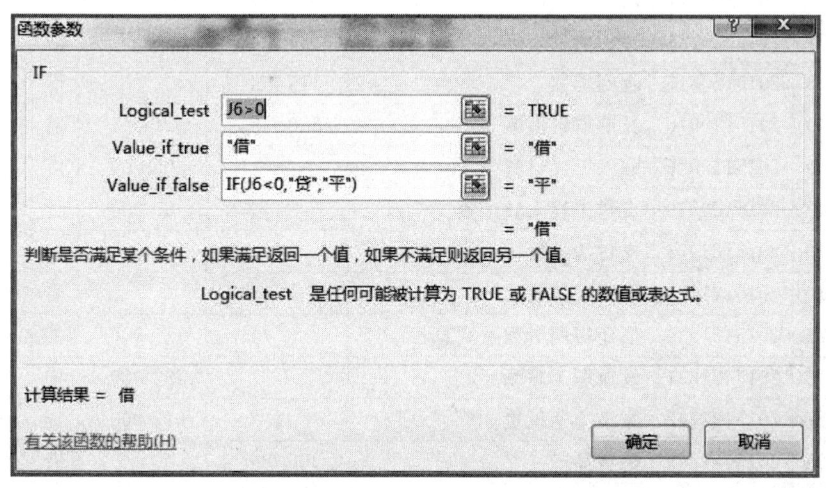

图 7-14 I6 单元格 IF()函数参数设置

并向下填充公式。

▶ 5. 月末结账

1）输入结账时间

输入结账的时间，并在"摘要"栏居中，录入"本月合计"。

2）计算相关数据

(1) 计算"借方金额"和"贷方金额"合计数。在 G24 和 H24 单元格输入公式如表 7-2 所示。

表 7-2 "借方金额"和"贷方金额"合计数公式

单 元 格	公 式
G24	=SUM(G6:G23)
H24	=SUM(H6:H23)

(2) 计算期末余额。在 J24 单元格输入公式=J19+G24-H24。

(3) 判断期末余额的方向。把光标定义在 I23 单元格，用鼠标左键拖动单元格右下角的小方框，进行填充公式。

▶ 6. 结账画线

选择 B24:J24 区域，单击鼠标右键，在弹出的快捷菜单中选择"设置单元格格式"，打开"设置单元格格式"对话框。在"边框"选项卡中选择线条的样式、颜色和边框的位置。

经过上述操作，华宇公司银行日记账如表 7-3 所示。

表 7-3 华宇公司银行存款日记账

单位：元

年	月	日	凭证编码	摘 要	借方金额	贷方金额	方向	余 额
2015	12	01		期初余额			借	350 000.00
2015	12	01	2015120101	支付银行承兑汇票		20 000	借	330 000.00
2015	12	02	2015120204	贴现商业承兑汇票	47 700		借	377 700.00
2015	12	04	2015120408	银行存款支付办公费展览费		110 000	借	267 700.00
2015	12	05	2015120510	收到股息	38 500		借	306 200.00
2015	12	06	2015120611	购入生产设备		527 500	贷	-177 500.00
2015	12	07	2015120712	转让债券	31 500		借	361 500.00
2015	12	08	2015120815	收到货款	115 000		借	492 700.00
2015	12	09	2015120916	长期取得借款	300 000		借	567 700.00
2015	12	09	2015120916	购入工程材料		205 000	借	101 200.00
2015	12	09	2015120919	支付工程人员工资		80 000	贷	-257 500.00
2015	12	10	2015121023	支付清理费用		300	借	361 200.00
2015	12	10	2015121024	取得残值收入	1 300		借	494 000.00
2015	12	15	2015121530	偿还短期借款及利息		120 000	借	447 700.00
2015	12	16	2015121631	发放职工薪酬		250 000	贷	-148 800.00
2015	12	27	2015122742	缴纳本期税费		312 960	贷	-570 460.00
2015	12	28	2015122843	销售品产	2 300 000		借	2 661 200.00
2015	12	28	2015122847	取得处置机床收入	80 000		借	574 000.00
2015	12	31	2015123156	缴纳本期所得税		156 012.5	借	291 687.50
2015	12	31		本月合计	2 914 000	1 781 772.5	借	983 427.50

项目三 明细分类账的编制

项目描述

以“管理费用”账户为例，完成明细分类账的设计制作与登记。本例采用多栏式明细账，如图 7-15 所示。

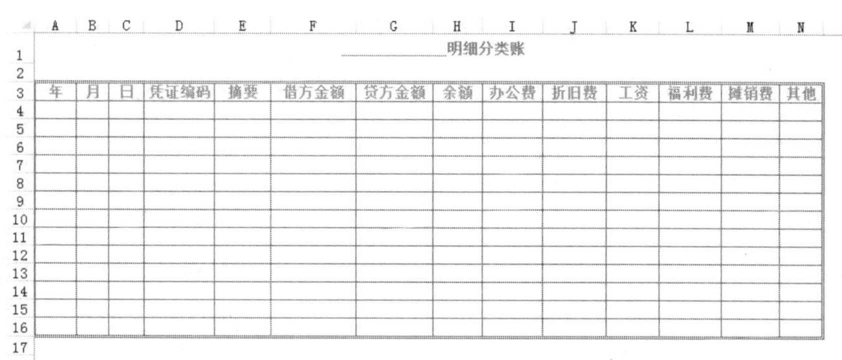

图 7-15 明细分类账图示

项目实施

▶ 1. 新建工作表

新建工作表，并更名为“管理费用明细分类账”。在“管理费用明细分类账”工作表中建立管理费用明细分类账表体，其格式参照多栏式明细分类账的纸质格式。

▶ 2. 数据筛选

打开“记账凭证汇总表”，并进行数据筛选。单击“数据”→“自动筛选”，单击“总账科目”单元格的下拉菜单，选中“6602”前的复选框，只显示“管理费用”的相关信息。将筛选出的信息复制到“管理费用明细分类账”工作中。复制时需注意相关项目的位置。

▶ 3. 计算管理费用账户的余额

公式如表 7-4 所示。

表 7-4 管理费用账户余额公式

序 号	单 元 格	公 式
1	H4	＝F4
2	H5	＝H4＋F5
3	H6	＝H5＋F6
4	H7	＝H7－G8

H5 和 H6 单元格这一部分的公式，可用鼠标拖动填充的方式编辑公式。

4. 月末结账

1）输入结账时间

输入结账的时间，并在“摘要”栏居中，录入“本月合计”。

2）计算相关数据

主要是计算各项目的合计数和本月余额，公式如表 7-5 所示。

表 7-5　各项目的合计数和本月余额公式

序　号	单　元　格	公　式
1	F10	=SUM(F4∶F9)
2	G10	=SUM(G4∶G9)
3	H9	=F9-G9
4	I9	=SUM(I4∶I9)
5	J9	=SUM(J4∶J9)
6	K9	=SUM(K4∶K9)
7	L9	=SUM(L4∶L9)
8	M9	=SUM(M4∶M9)
9	H4	=F4
10	H5	=H4+F5-G5
11	H6	=H5+F6-G6
12	H7	=H6+F7-G7
13	H8	=H7+F8-G8
14	H9	=H8+F9-G9
15		=H9+F10-G10

数据格式设置为无记账符号的会计专用数据格式后，数字“0”在单元格中居中显示“—”。

5. 结账画线

选择 A10∶N10 区域，单击鼠标右键，在弹出的快捷菜单中选择“设置单元格格式”，打开“设置单元格格式”对话框。在“边框”选择中，选择线条的样式、颜色和边框的位置。

经过上述操作，管理费用明细分类账如表 7-6 所示。

表 7-6 管理费用明细分类账

年	月	日	凭证编码	摘　　要	借方金额	贷方金额	余　额	办公费	折旧费	工　资	福利费	摊销费	其　他
2015	12	04	2015120408	银行存款支付办公费	60 000.00		60 000.00	60 000.00					
2015	12	10	2015121026	计提本月累计折旧	60 000.00		120 000.00		60 000.00				
2015	12	18	2015121832	计提职工工资	40 000.00		160 000.00			40 000.00			
2015	12	18	2015121833	计提职工福利费	5 600.00		165 600.00				5 600.00		
2015	12	25	2015122538	摊销无形资产	16 000.00		181 600.00					16 000.00	
2015	12	31	2015123150	结转费用类账户		181 600.00	—						
2015	12	31		本月合计	181 600.00	181 600.00	—	60 000.00	60 000.00	40 000.00	5 600.00	16 000.00	

项目四 总账的编制

项目描述

以“库存商品”账户为例，完成总分类账的设计制作与登记，如图 7-16 所示。

总分类账

年	月	日	凭证编码	摘要	借方金额	贷方金额	方向	余额

图 7-16 总分类账图示

项目实施

▶ 1. 新建工作表

新建工作表，并更名为“总分类账”。在“总分类账”工作表中建立总分类账表体，其格式参照总分类账的纸质格式。录入总账名称“库存商品”及相应的期初余额。

▶ 2. 数据复制

打开“科目汇总表”工作表并查找“库存商品”的本期发生额，并将相关数据复制到“总分类账”工作表的相应单元格中。

▶ 3. 计算库存现金账的余额

在 J6 单元格输入公式=J5+G6−H6。

▶ 4. 判断余额方向

在 I5 单元格输入公式 = IF(J5>0，“借”，IF(J5<0，“贷”，“平”))，并向下填充公式。

▶ 5. 月末结账

1）输入结账时间

输入结账的时间，并在“摘要”栏居中，录入“本月合计”。

2）计算相关数据

(1) 计算“借方金额”和“贷方金额”合计数。在 G10 和 G11 单元格输入公式如表 7-7 所示。

表 7-7 “借方余额”和“贷方余额”合计数公式

单 元 格	公 式
G10	=SUM(G5：G6)
G11	=SUM(H5：H6)

(2) 计算期末余额，在 J7 单元格输入公式一J5 | G7－H7。

(3) 判断期末余额的方向。把光标定位在 I6 单元格，用鼠标左键拖动单元格右下角的小方框，进行填充公式。

▶ 6. 结账画线

选择 B7：J7 区域，单击鼠标右键，在弹出的快捷菜单中选择“设置单元格格式”，打开“设置单元格格式”对话框。在“边框”选项卡中选择线条的样式、颜色和边框的位置。

经过上述操作，库存商品总分类账如表 7-8 所示。

表 7-8 库存商品总分类账

年	月	日	凭证编码	摘 要	借 方 金 额	贷 方 金 额	方向	余 额
2015	12	01		期初余额			借	665 800.00
2015	12	31	科汇表 1	本月发生额	686 752.76	1 300 000.00	借	52 552.76
2015	12	31		本月合计	686 752.76	1 300 000.00	借	52 552.76

8 模块八 Chapter 8 Excel在财务报表编制中的应用

>>> 学习目标

1. 掌握SUM()函数、数据引用、公式设置的功能和语法。

2. 理解各函数的应用，能根据需要正确使用函数。

3. 能设计电子版的会计报表，主要是期末余额表、资产负债表、利润表和现金流量表。

4. 能根据函数和公式的使用方法，正确制作会计报表。

5. 能利用公式、函数以及借贷记账法的规则，进行平衡检测。

项目一 期末余额表的设计与制作

项目描述

根据华宇公司2015年12月的经济业务，编制该公司2015年12月的各账户期末余额表。

(1) 设计并制作期末余额表。

(2) 利用Excel函数和公式，编制华宇公司2015年12月期末余额表。

项目知识

期末余额表的编制要利用资产类科目的期末余额、负债类科目的期末余额和所有者权益类科目的期末余额进行填列。

在Excel中，为便于取数和计算，可单独编制各类账户的期末余额，计算公式为

资产类账户的期末余额＝期初余额＋本期借方发生额－本期贷方发生额

负债类账户的期末余额＝期初余额＋本期贷方发生额－本期借方发生额

所有者权益类账户的期末余额＝期初余额＋本期贷方发生额－本期借方发生额

资产类账户的余额在借方，负债类、所有者权益类和资产类账户的备抵账户的期末余额在贷方。

期初余额在建账时已全部录入并平衡。本期发生额可从科目汇总表中取数计算完成。

项目实施

▶ 1. 新建工作表

新建“期末余额表”工作表，如图 8-1 所示。

各账户期末余额表

总账科目代码	总账科目	期初余额		本期发生额		期末余额	
		借方	贷方	借方	贷方	借方	贷方
合计							

图 8-1　期末余额表图示

▶ 2. 录入数据

根据期初余额表和资产负债表的信息，录入总账科目代码、总账科目和期初余额。

▶ 3. 利用 VLOOKUP()函数从科目汇总表中取出发生额

(1) 在“科目汇总表”工作表中，单击“公式”→“名称管理器”打开“新建名称”对话框，设置如图 8-2 所示。

(2) 计算本期借方发生额。打开“期末余额”工作表，在 E4 单元格插入 VLOOKUP()函数，设置如图 8-3 所示。

(3) 计算本期贷方发生额。在 F4 单元格插入 VLOOKUP()函数，设置如图 8-4 所示。

▶ 4. 计算期末余额

本项目中，相关的会计账户有资产类、备抵类、负债类和成本类等账户，需分别计算期末余额，公式如表 8-1 所示。

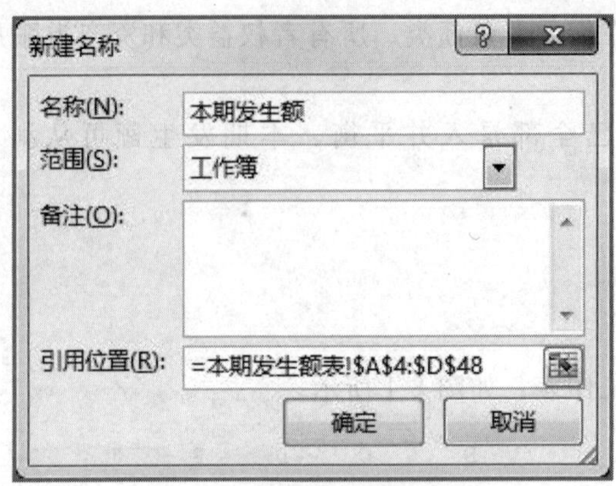

图 8-2　定义名称“本期发生额”

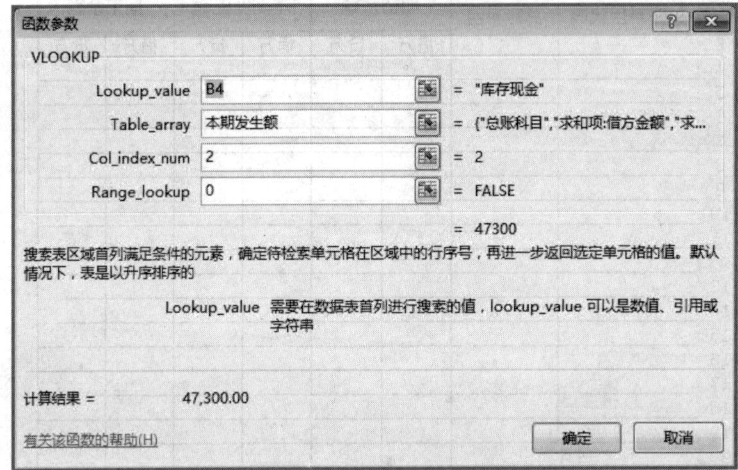

图 8-3　E4 单元格 VLOOKUP( )函数参数设置

函数参数
VLOOKUP
Lookup_value B4 = "库存现金"
Table_array 本期发生额 = {"总账科目","求和项:借方金额","求...
Col_index_num 3 = 3
Range_lookup 0 = FALSE
= 47860
搜索表区域首列满足条件的元素，确定待检索单元格在区域中的行序号，再进一步返回选定单元格的值。默认情况下，表是以升序排序的
Lookup_value 需要在数据表首列进行搜索的值，lookup_value 可以是数值、引用或字符串
计算结果 = 47,860.00
有关该函数的帮助(H)
确定
取消

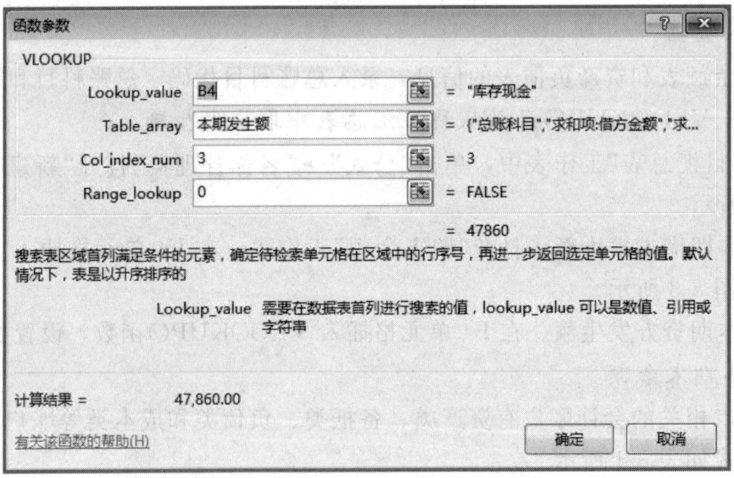

图 8-4　F4 单元格 VLOOKUP( )函数参数设置

表 8-1　期末余额计算公式

账户类别	公　式
资产类、成本类	期末余额＝期初余额＋本期借方发生额－本期贷方发生额
负债类、备抵类	期末余额＝期初余额＋本期贷方发生额－本期借方发生额

以“库存现金”和“短期借款”为例讲解，其他各公式可复制。

1）计算“库存现金”的期末余额

“库存现金”账户的余额在借方。在 G4 单元格输入公式＝C4＋E4－F4。

2）计算“短期借款”的期末余额

“短期借款”账户的余额在贷方。在 H29 单元格输入公式＝D29＋F29－E29。复制公式，计算出其他各账户的期末余额。调整备抵账户的余额方向。

▶ 5. 计算平衡

1）利用 SUM(C4：C29)函数求出各列的合计数

在 C31 单元格插入 SUM()函数，设置如图 8-5 所示。

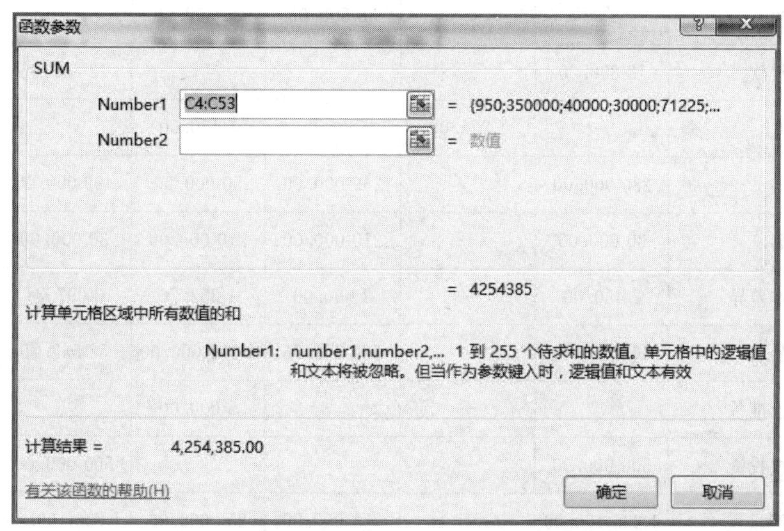

图 8-5　C31 单元格 SUM()函数参数设置

拖动鼠标左键，填充其他各列求和公式，计算出合计数。

2）试算平衡

需分别对期初余额、本期发生额和期末余额分别进行试算，使“有借必有贷，借贷必相等”。在试算平衡单元格输入公式进行试算，公式如表 8-2 所示。

表 8-2　试算平衡公式

单元格	公　式
C56	＝IF(C54＝D54,"借贷平衡，可继续。","借贷不平衡，请检查。")
C57	＝IF(E54＝F54,"借贷平衡，可继续。","借贷不平衡，请检查。")
C58	＝IF(G54＝H54,"借贷平衡，可继续。","借贷不平衡，请检查。")

经过上述操作，各账户期末余额如表 8-3 所示。试算平衡结果如表 8-4 所示。

表 8-3　各账户期末余额表　　　　单位：元

总账科目代码	总账科目	期初余额		本期发生额		期末余额	
		借方	贷方	借方	贷方	借方	贷方
1001	库存现金	950.00	—			950.00	
1002	银行存款	350 000.00	—	2 914 000.00	1 781 772.50	1 482 227.50	
1012	其他货币资金	40 000.00	—	—	11 700.00	28 300.00	
1101	交易性金融资产	30 000.00	—	—	30 000.00	—	
1121	应收票据	71 225.00	—	40 000.00	50 000.00	61 225.00	
1122	应收账款	245 000.00	—	351 000.00	117 000.00	479 000.00	
1123	预付账款	40 000.00	—			40 000.00	
1131	应收股利		—	38 500.00	38 500.00	—	
1231	其他应收款	13 800.00	—	—		13 800.00	
1241	坏账准备	—	1 225.00	—	1 170.00		2 395.00
1403	原材料	280 000.00	—	269 000.00	50 000.00	499 000.00	
1404	材料采购	30 000.00	—	210 000.00	210 000.00	30 000.00	
1405	材料成本差异	2 450.00	—	2 000.00	1 352.76	3 097.24	
1406	库存商品	665 800.00	—	686 752.76	1 300 000.00	52 552.76	
1471	存货跌价准备		—	—	5 000.00		5 000.00
1524	长期股权投资	500 000.00	—	—		500 000.00	
1601	固定资产	1 235 160.00	—	751 000.00	250 000.00	1 736 160.00	
1602	累计折旧	—	456 200.00	183 000.00	400 000.00		673 200.00
1603	固定资产减值准备	—	20 000.00	—	38 000.00		58 000.00
1604	在建工程	—	—	300 000.00	300 000.00	—	
1605	工程物资	—	—	205 000.00	205 000.00	—	
1606	固定资产清理	—	—	97 300.00	97 300.00	—	
1701	无形资产	750 000.00	—			750 000.00	
1702	累计摊销	—	75 000.00	—	16 000.00		91 000.00
1703	无形资产减值准备	—	—	—	32 000.00		32 000.00

续表

总账科目代码	总 账 科 目	期 初 余 额		本期发生额		期 末 余 额	
		借 方	贷 方	借 方	贷 方	借 方	贷 方
2001	短期借款	—	300 000.00	100 000.00	—		200 000.00
2201	应付票据	—	60 000.00	20 000.00	234 000.00		274 000.00
2202	应付账款	—	457 480.00	—	60 000.00		517 480.00
2211	应付职工薪酬	—	85 000.00	330 000.00	422 000.00		177 000.00
2221	应交税费	—	6 280.00	581 172.50	574 892.50		—
2231	应付利息	—		20 000.00	105 000.00		85 000.00
2241	其他应付款	—	9 000.00				9 000.00
2601	长期借款	—	300 000.00	—	300 000.00		600 000.00
4001	实收资本	—	2 000 000.00	—			2 000 000.00
4101	盈余公积	—	43 420.00	—	46 803.75		90 223.75
4103	本年利润	—		2 370 000.00	2 370 000.00		—
4104	利润分配	—	440 780.00	93 607.50	514 841.25		862 013.75
5001	生产成本	—		686 752.76	686 752.76		
5101	制造费用	—		362 800.00	362 800.00		
6001	主营业务收入	—		2 300 000.00	2 300 000.00		
6111	投资收益	—		40 000.00	40 000.00		
6301	营业外收入	—		30 000.00	30 000.00		
6401	主营业务成本	—		1 300 000.00	1 300 000.00		
6403	营业税金及附加	—		27 880.00	27 880.00		
6601	销售费用	—		50 000.00	50 000.00		
6602	管理费用	—		181 600.00	181 600.00		
6603	财务费用	—		94 300.00	94 300.00		
6701	资产减值损失	—		76 170.00	76 170.00		
6711	营业外支出	—		16 000.00	16 000.00		
6801	所得税费用	—		156 012.50	156 012.50		
合 计		4 254 385.00	254 385.00	14 883 848.02	14 883 848.02	5 676 312.50	676 312.50

表 8-4 试算平衡结果

试算平衡项目	显示结果
期初余额试算平衡	借贷平衡 可继续。
本期发生额试算平衡	借贷平衡 可继续。
期末余额试算平衡	借贷平衡 可继续。

项目二 资产负债表的设计与制作

项目描述

根据华宇公司 2015 年 12 月的经济业务，编制该公司 2015 年 12 月的资产负债表。

(1) 设计并制作资产负债表。

(2) 利用 Excel 函数和公式，编制华宇公司 2015 年 12 月资产负债表。

项目知识

资产负债表亦称财务状况表，是表示企业在一定日期(通常为各会计期末，如年末、季末、月末)的财务状况(即资产、负债和所有者权益的状况)的主要会计报表。资产负债表是静态报表，利用会计平衡原则，将资产、负债、所有者权益交易科目分为“资产”和“负债及股东权益”两大模块。

资产负债表由表头、表体和表尾组成。表头是报表的标志，包括报表名称、编制单位、报表日期和金额单位。表体是报表的主体，是主要构成内容，资产负债表的项目按资产、负债和所有者权益的类别分别列示。表尾主要是对表体内容的补充说明，它提供企业和有关部门需要了解的指标的详细内容。目前，国际上流行的资产负债表主要有账户式和报告式两种基本格式。

我国采用资产负债表采用账户式结构，根据“资产＝负债＋所有者权益”的基本公式，报表分为左右两方，左方列示资产账户各项目，反映全部资产的分布及存在形态；右方列示负债和所有者权益各项目，反映全部负债和所有者权益的内容及构成情况。

项目实施

1. 新建工作表

新建工作表，并更名为“资产负债表”，资产负债表的格式如图 8-6 所示。

设置好表头、表体、在“资产”和“负债和所有者权益”列中输入资产负债表的固定内容，并根据需要调整行高和列宽。

选择 A4∶H37 区域，右击在弹出的快捷菜单中选择“设置单元格格式”，在“设置单元格格式”对话框中完成数字、对齐、字体、边框等选项的设置。

资 产 负 债 表

年 月 日　　　　会企01表

编制单位:　　　　单位：元

资 产	行次	期末余额	年初余额	负债和所有者权益	行次	期末余额	年初余额
流动资产:				流动负债:			
货币资金	1			短期借款	32		
交易性金融资产	2			交易性金融负债	33		
应收票据	3			应付票据	34		
应收账款	4			应付账款	35		
预付账款	5			预收账款	36		
应收利息	6			应付职工薪酬	37		
应收股利	7			应交税费	38		
其他应收款	8			应付利息	39		
存货	9			应付股利	40		
一年内到期的非流动资产	10			其他应付款	41		
其他流动资产	11			一年内到期的非流动负债	42		
流动资产合计	12			其他流动负债	43		
非流动资产:				流动负债合计	44		
可供出售金融资产	13			非流动负债:			
持有至到期投资	14			长期借款	45		
长期应收款	15			应付债券	46		
长期股权投资	16			长期应付款	47		
投资性房地产	17			专项应付款	48		
固定资产	18			预计负债	49		
在建工程	19			递延所得税负债	50		
工程物资	20			其他非流动负债	51		
固定资产清理	21			非流动负债合计	52		
生产性生物资产	22			负债合计	53		
油气资产	23			所有者权益:	54		
无形资产	24			实收资本(或股本)	55		
开发支出	25			资本公积	56		
商誉	26			减:库存股	57		
长期待摊费用	27			盈余公积	58		
递延所得税资产	28			未分配利润	59		
其他非流动资产	29			所有者权益(或股东权益合计)	60		
非流动资产合计	30						
资产总计	31			负债和所有者权益总计	61		

图 8-6　资产负债表

▶ 2. 计算各账户的金额，并试算平衡

“年初余额”栏内各项数字，应根据上年末资产负债表的“期末余额”栏内所列数字填列。如果本年度资产负债表规定的各项目的名称和内容与上年不一致，则应对上年末资产负债表各项目的名称和数字按本年度规定调整，填入本表“年初余额”栏内。

“期末余额”栏要总括反映会计报告期末的资产、负债和所有者权益的详细情况，主要根据总分类账或明细分类账记录中的期末余额来编制。重点介绍本栏内容项目的填制方法。

“年初余额”可利用 VLOOKUP()函数填充。

以华宇公司 2015 年 12 月的经济为依据，利用 Excel 函数和公式实现资产负债表中各账户“期末余额”的计算和录入。以下在“资产负债表”工作表中进行操作。

1）货币资金期末余额的计算

因为库存现金、银行存款、其他资金的科目代码小于交易性金融资产的科目代码，即小于 1100，可在 C6 单元格插入 SUMIF()函数计算，设置如图 8-7 所示。

2）应收账款期末余额的计算

应收账款反映的是期末的净值，应扣除坏账准备的金额。在 C9 单元格输入 SUMIF()函数，函数需嵌套，公式＝SUMIF('期末余额表'！$B$4：$B$53，A9，'期末余额表'！$G$4：$G$53)－SUMIF('期末余额表'！$B$4：$B$53，“坏账准备”，'期末余额表'！$H$4：$H$53)。

3）存货期末余额的计算

存货反映的是原材料、库存商品、生产成本等账户的期末余额合计数减去存货跌价准

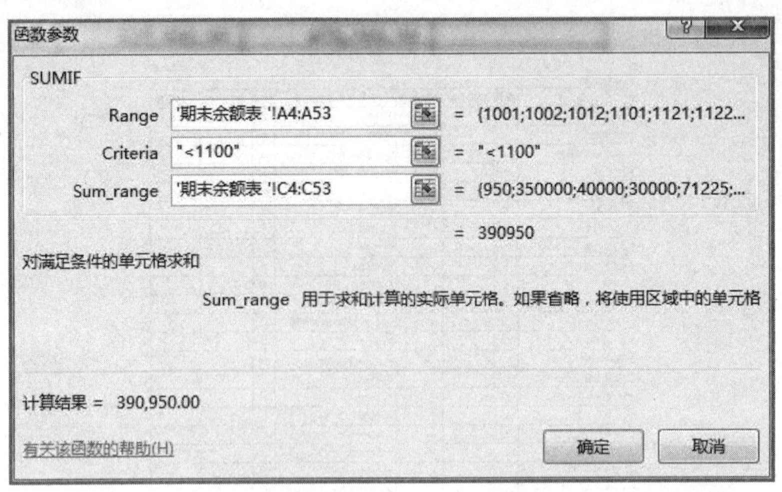

图 8-7 C6 单元格 SUMIF()函数参数设置

备余额。在 C14 单元格输入公式＝SUMIF('期末余额表'! ＄B＄4：＄B＄53，“原材料”，'期末余额表'! ＄G＄4：＄G＄53)＋SUMIF('期末余额表'! ＄B＄4：＄B＄53，“库存商品”，'期末余额表'! ＄G＄4：＄G＄53)＋SUMIF('期末余额表'! ＄B＄4：＄B＄53，“生产成本”，'期末余额表'! ＄G＄4：＄G＄53)＋SUMIF('期末余额表'! ＄B＄4：＄B＄53，“材料采购”，'期末余额表'! ＄G＄4：＄G＄53)＋SUMIF('期末余额表'! ＄B＄4：＄B＄53，“材料成本差异”，'期末余额表'! ＄G＄4：＄G＄53)－SUMIF ('期末余额表'! ＄B＄4：＄B＄53，“存货跌价准备”，'期末余额表'! ＄H＄4：＄H＄53)。

4）固定资产期末余额的计算

固定资产反映的是期末的净值，应扣除累计折旧和固定资产减值准备的金额。在 C24 单元格输入公式＝SUMIF('期末余额表'! ＄B＄4：＄B＄53，“固定资产”，'期末余额表'! G4：G53)－SUMIF('期末余额表'! ＄B＄4：＄B＄53，“累计折旧”，'期末余额表'! ＄H＄4：＄H＄53)－SUMIF('期末余额表'! B4：B53，“固定资产减值准备”，'期末余额表'! H4：H53)。

5）无形资产期末余额的计算

无形资产反映的是期末的净值，应扣除累计推销和无形资产减值准备的金额。在 C30 单元格输入公式＝SUMIF('期末余额表'! ＄B＄4：＄B＄53，“无形资产”，'期末余额表'! ＄G＄4：＄G＄53)－SUMIF('期末余额表'! ＄B＄4：＄B＄53，“累计摊销”，'期末余额表'! ＄H＄4：＄HG＄53)－SUMIF('期末余额表'! ＄B＄4：＄B＄53，“无形资产减值准备”，'期末余额表'! ＄H＄4：＄H＄53)。

6）其他账户期末余额的计算

其他账户的期末余额可根据本账户的期末余额直接填列，是相等关系，以“交易性金融资产”讲解。在 C7 单元格输入 SUMIF()函数，设置如图 8-8 所示。

依次计算和录入其他账户的期末余额。

7）各项目合计数据计算

用 SUM()函数求资产负债表中各会计要素的合计数。公式如表 8-5 所示。

表 8-5 资产负债表中各会计要素的合计数公式

项　　目	单　元　格	公　　式
流动资产合计	C17	=SUM(C6：C16)
非流动资产合计	C36	=SUM(C19：C35)
资产总计	C37	=C17+C36
流动负债合计	G18	=SUM(G6：G17)
非流动负债合计	G27	=SUM(G20：G26)
所有者权益(或股东权益合计)	G35	=SUM(G30：G34)
负债和所有者权益总计	G37	=G18+G27+G35

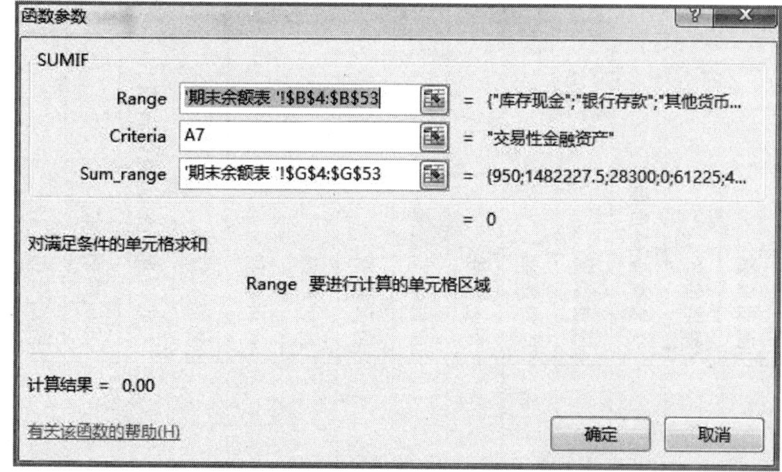

图 8-8 C7 单元格 SUMIF( )函数参数设置

8）试算平衡

依据会计恒等式的要求进行试算平衡。在 C39 单元格插入 IF()函数，设置如图 8-9 所示。

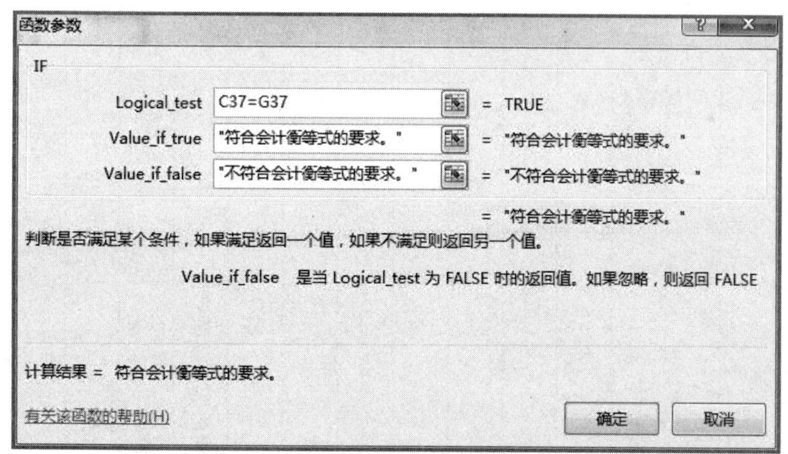

图 8-9 C39 单元格 IF( )函数参数设置

经过上述操作，编制完成的资产负债表如表 8-6 所示。

表 8-6　资产负债表

2015 年 12 月 31 日

会企 01 表

编制单位：华宇公司　　　　单位：元

资　　产	行次	期末余额	年初余额	负债和所有者权益	行次	期末余额	年初余额
流动资产：				流动负债：			
货币资金	1	1 511 477.50		短期借款	32	200 000.00	
交易性金融资产	2	—		交易性金融负债	33	—	
应收票据	3	61 225.00		应付票据	34	274 000.00	
应收账款	4	476 605.00		应付账款	35	517 480.00	
预付账款	5	40 000.00		预收账款	36	—	
应收利息	6	—		应付职工薪酬	37	177 000.00	
应收股利	7	—		应交税费	38	—	
其他应收款	8	13 800.00		应付利息	39	85 000.00	
存货	9	579 650.00		应付股利	40	—	
一年内到期的非流动资产	10			其他应付款	41	9 000.00	
其他流动资产	11			一年内到期的非流动负债	42		
流动资产合计	12	2 682 757.50		其他流动负债	43		
非流动资产：				流动负债合计	44	1 262 480.00	
可供出售金融资产	13			非流动负债：			
持有至到期投资	14			长期借款	45	600 000.00	

续表

资　　产	行次	期末余额	年初余额	负债和所有者权益	行次	期末余额	年初余额
长期应收款	15			应付债券	46	—	
长期股权投资	16	500 000.00		长期应付款	47	—	
投资性房地产	17			专项应付款	48	—	
固定资产	18	1 004 960.00		预计负债	49	—	
在建工程	19			递延所得税负债	50	—	
工程物资	20			其他非流动负债	51	—	
固定资产清理	21			非流动负债合计	52	600 000.00	
生产性生物资产	22			负债合计	53	1 862 480.00	
油气资产	23			所有者权益：	54		
无形资产	24	627 000.00		实收资本	55	2 000 000.00	
开发支出	25			资本公积	56	—	
商誉	26			减：库存股	57	—	
长期待摊费用	27			盈余公积	58	90 223.75	
递延所得税资产	28			未分配利润	59	862 013.75	
其他非流动资产	29			所有者权益（或股东权益合计）	60	2 952 237.50	
非流动资产合计	30	2 131 960.00					
资产总计	31	4 814 717.50		负债和所有者权益总计	61	4 814 717.50	
试算平衡：				符合会计恒等式的要求。			

项目三 利润表的设计与制作

项目描述

根据华宇公司 2015 年 12 月的经济业务，编制该公司 2015 年 12 月的利润表。

(1) 设计并制作利润表。

(2) 利用 Excel 函数和公式，编制华宇公司 2015 年 12 月利润表。

项目知识

利润表是反映企业一定时期生产经营活动成果的会计报表，是财务报告中的基本报表之一。利润表是一张动态报表，它是根据“收入－费用＝利润”这一会计等式，将一定时期的营业收入与同一会计期间相关的营业费用进行配比，以计算出企业一定时期的利润，其主要构成要素包括收入、费用和利润。

利润表的结构或格式因企业的不同而不同，主要有单步式利润表和多步式利润表两种。我国目前的《企业会计准则》规定，企业利润表应采用多步式。

利润表一般分为表首、正表两部分。利润表的表首应标明编制单位和报表名称，报表名称下面标明编制的期间以及货币单位。由于利润表反映企业某一期间的经营成果，所以其时间只能标明为某年某月，或某一个会计期间。正表是利润表的主体，具体说明利润表的各项内容，每项内容通常分为“本期金额”栏和“上期金额”栏分别填列。

利润表中设有“本期金额”和“上期金额”两栏。其中，“上期金额”栏内各数据应根据上期利润表的“本期金额”栏内所列示数字填列。“本期金额”栏内各数据除“基本股收益”和“稀释每股收益”项目外，应当按相关账户的发生额填列。

在多步式利润表中，净利润是分若干步骤计算出来的，一般可分为以下几步。

▶ 1. 计算营业利润

营业利润＝营业收入－营业成本－营业税金及附加－销售费用－管理费用－财务费用－资产减值损失＋公允价值变动收益(－公允价值变动损失)＋投资收益(－投资损失)

其中：营业收入＝主营业务收入＋其他业务收入

营业成本＝主营业务成本＋其他业务成本

▶ 2. 计算利润总额

利润总额＝营业利润＋营业外收入－营业外支出

▶ 3. 计算净利润

净利润＝利润总额－所得税费用

▶ 4. 计算基本每股收益

基本每股收益＝归属于普通股股东的当期净利润÷当期发行在外普通股的加权平均数

▶ 5. 计算稀释每股收益

如果潜在普通股具有稀释性，公司还应当根据具有稀释性的潜在普通股的影响，分别调整归属于普通股股东的当期净利润以及当期发行在外普通股的加权平均数，据以计算稀释的每股收益。

项目实施

▶ 1. 新建工作表

新建工作表，并更名为“利润表”，格式如图 8-10 所示。设置好表头、表体、在“项目”列中输入利润表的固定内容，并根据需要调整行高和列宽。

利润表

会企：02表

编制单位：　　　　　　年　　月　　　　　　单位：元

项　目	行次	本期金额	上期金额
一、营业收入	1		
减：营业成本	2		
营业税金及附加	3		
销售费用	4		
管理费用	5		
财务费用	6		
资产减值损失	7		
加：公允价值变动收益（损失以“-”号填列）	8		
投资收益（损失以“-”号填列）	9		
其中：对联营企业和合营企业的投资收益	10		
二、营业利润（亏损以“-”号填列）	11		
加：营业外收入	12		
减：营业外支出	13		
其中：非流动资产处置损失	14		
三、利润总额（亏损总额以“-”号填列）	15		
减：所得税费用	16		
四、净利润（净亏损以“-”号填列）	17		
五、每股收益：	18		
㈠基本每股收益	19		
㈡稀释每股收益	20		

单位负责人：　　财会负责人：　　复核：　　制表：

图 8-10　利润表

根据需要在“设置单元格格式”对话框中完成数字、对齐、字体、边框等项目的设置。

▶ 2. 填写各损益类账户的名称

在“会计科目”填写各损益类账户的名称。

▶ 3.“本期金额”的录入

“本期金额”的填列可通过 Excel 函数从“期末余额表”文件中的损益类账户的“本期发生额”中取数，然后利用函数和公式进行计算编制。具体公式如表 8-7 所示。

表 8-7　利润表中的公式设置

单元格	项　　目	公　　式
C5	营业收入	=SUMIF('期末余额表'! $B$4：$B$53，“主营业务收入”，'期末余额表'! $F$4：$F$53)+SUMIF('期末余额表'! $B$4：$B$53，“其他业务收入”，'期末余额表'! $F$4：$F$53)
C6	营业成本	=SUMIF('期末余额表'! $B$4：$B$53，“主营业务成本”，'期末余额表'! $F$4：$F$53)+SUMIF('期末余额表'! $B$4：$B$53，“其他业务成本”，'期末余额表'! $F$4：$F$53)
C7	营业税金及附加	=SUMIF('期末余额表'! $B$4：$B$53，“营业税金及附加”，'期末余额表'! $F$4：$F$53)

续表

单元格	项　目	公　式
C8	销售费用	=SUMIF('期末余额表'!$B$4:$B$53,"销售费用",'期末余额表'!$F$4:$F$53)
C9	管理费用	=SUMIF('期末余额表'!$B$4:$B$53,"管理费用",'期末余额表'!$F$4:$F$53)
C10	财务费用	=SUMIF('期末余额表'!$B$4:$B$53,"财务费用",'期末余额表'!$F$4:$F$53)
C11	资产减值损失	=SUMIF('期末余额表'!$B$4:$B$53,"资产减值损失",'期末余额表'!$F$4:$F$53)
C13	投资收益	=SUMIF('期末余额表'!$B$4:$B$53,"投资收益",'期末余额表'!$F$4:$F$53)
C15	营业利润	=L5－L6－L7－L8－L9－L10－L11＋L13
C16	营业外收入	=SUMIF('期末余额表'!$B$4:$B$53,"营业外收入",'期末余额表'!$F$4:$F$53)
C17	营业外支出	=SUMIF('期末余额表'!$B$4:$B$53,"营业外支出",'期末余额表'!$F$4:$F$53)
C19	利润总额	=L15＋L16－L17
C20	所得税费用	=SUMIF('期末余额表'!$B$4:$B$53,"所得税费用",'期末余额表'!$F$4:$F$53)
C21	净利润	=L19－L20

经过上述操作，利润表如表 8-8 所示。

表 8-8　利　润　表

会企：02 表

编制单位：华宇公司　　　　2015 年 12 月　　　　单位：元

项　目	行　次	本期金额	上期金额
一、营业收入	1	2 300 000.00	
减：营业成本	2	1 300 000.00	
营业税金及附加	3	27 880.00	
销售费用	4	50 000.00	
管理费用	5	181 600.00	
财务费用	6	94 300.00	
资产减值损失	7	76 170.00	

续表

项目	行次	本期金额	上期金额
加：公允价值变动收益(损失以“－”号填列)	8		
投资收益(损失以“－”号填列)	9	40 000.00	
其中：对联营企业和合营企业的投资收益	10		
二、营业利润(亏损以“－”号填列)	11	610 050.00	
加：营业外收入	12	30 000.00	
减：营业外支出	13	16 000.00	
其中：非流动资产处置损失	14		
三、利润总额(亏损总额以“－”号填列)	15	624 050.00	
减：所得税费用	16	156 012.50	
四、净利润(净亏损以“－”号填列)	17	468 037.50	
五、每股收益：	18		
(一)基本每股收益	19		
(二)稀释每股收益	20		

单位负责人：　　财会负责人：　　复核：　　制表：

项目四 现金流量表的设计与制作

项目描述

根据华宇公司 2015 年 12 月的经济业务，编制该公司 2015 年 12 月的现金流量表。

(1) 设计并制作现金流量表。

(2) 利用 Excel 函数和公式，编制华宇公司 2015 年 12 月现金流量表。

项目知识

现金流量表是反映一定时期内(如月度、季度或年度)企业经营活动、投资活动和筹资活动对其现金及现金等价物所产生影响的财务报表。

一、现金流量表的结构

现金流量表包括表首、正表和补充资料三部分，如图 8-11 所示。

▶ 1. 表首

表首部分包括报表的名称、编制单位的名称、编制时间和金额单位四个要素。

▶ 2. 正表

正表部分包括经营活动产生的现金流量、投资活动产生的现金流量、筹资活动产生的现金流量等内容。

	A	B	C	D	E	F
1	现　金　流　量　表					
2						会企03表
3	编制单位:			年　月　日		单位：元
4	项　　目	本期金额	上期金额	补充资料	本期金额	上期金额
5	**一、经营活动产生的现金流量：**			**1、将净利润调节为经营活动现金流量：**		
6	销售商品、提供劳务收到的现金			净利润		
7	收到的税费返还			加：计提的资产减值准备		
8	收到的其他与经营活动有关的现金			固定资产折旧		
9	**现金流入小计**			无形资产摊销		
10	购买商品、接受劳务支付的现金			长期待摊费用摊销		
11	支付给职工以及为职工支付的现金			待摊费用减少（减：增加）		
12	支付的各项税费			预提费用增加（减：减少）		
13	支付的其他与经营活动有关的现金			处置固定资产、无形资产和其他长期资产的损失（减：收益）		
14	**现金流出小计**			固定资产报废损失		
15	**经营活动产生的现金流量净额**			财务费用		
16	**二、投资活动产生的现金流量：**			投资损失（减：收益）		
17	收回投资所收到的现金			递延税款贷项（减：借项）		
18	取得投资收益所收到的现金			存货的减少（减：增加）		
19	处置固定资产、无形资产和其他长期资产所收回的现金净额			经营性应收项目的减少（减：增加）		
20	处置子公司及其他营业单位收到的现金净额			经营性应付项目的增加（减：减少）		
21	收到的其他与投资活动有关的现金			其他		
22	**现金流入小计**			**经营活动产生的现金流量净额**		
23	购建固定资产、无形资产和其他长期资产所支付的现金					
24	投资所支付的现金					
25	取得子公司及其他营业单位支付的现金净额					
26	支付的其他与投资活动有关的现金					
27	**现金流出小计**					
28	**投资活动产生的现金流量净额**			**2、不涉及现金收支的投资和筹资活动：**		
29	**三、筹资活动产生的现金流量：**			债务转为资本		
30	吸收投资所收到的现金			一年内到期的可转换公司债券		
31	取得借款收到的现金			融资租入固定资产		
32	收到的其他与筹资活动有关的现金					
33	**现金流入小计**					
34	偿还债务所支付的现金					
35	分配股利、利润或偿付利息所支付的现金					
51						

图 8-11　现金流量表

▶ 3. 补充资料

补充资料包括将净利润调节为经营活动现金流量、不涉及现金收支的投资和筹资活动，以及现金及现金等价物净增加情况等。

二、现金流量表的填列方法与具体内容

▶ 1. 现金流量表的编制方法

现金流量表的项目分为“本期金额”和“上期金额”两列。

1）“上期金额”栏的填列方法

该栏目的数据，可根据上年同期企业现金流量表“本期金额”栏内所列数字填列。

2）“本期金额”栏的填列方法

我国《企业会计准则》规定，企业应采用直接编报现金流量表，同时要求在附注中提供以净利润为基础调节经营活动现金流量的信息。

直接法又称损益表法，是指按现金收入和现金支出的主要类别直接反映企业经营活动产生的现金流量的方法，如直接列报销售商品、提供劳务得到的现金，购买商品、接受劳务支付的现金等。在直接法下，一般以利润表中的营业收入为起算点，调节与经营活动有关项目的增减变动，然后计算出经营活动产生的现金流量。

间接法，是指以净利润为起算点，调整不涉及现金的收入、费用、营业外收支等有关项目，剔除投资活动、筹资活动对现金流量的影响，据此计算出经营活动产生的现金流量。由于净利润是以权责发生制为核算基础的，而且包括了与投资活动和筹资活动相关的收益和费用，将净利润调节为经营活动现金流量，实际上就是将权责发生制为核算基础确定的净利润调整现金净流入，并剔除投资活动和筹资活动对现金流量的影响。

▶ 2. 现金流量表的内容

1）经营活动产生的现金流量

经营活动是除投资活动和筹资活动以外的所有交易活动，包括销售商品、提供劳务、

购买商品接受劳务以及缴纳税费。

(1) 销售商品、提供劳务收到的现金项目。本项目可根据主营业务收入、其他业务收入、应收账款、应收票据、预收账款及库存现金、银行存款等账户分析填列。

(2) 收到的税费返还项目。该项目反映企业收到返还的各种税费。本项目可以根据库存现金、银行存款、应交税费、营业税金及附加等账户的记录分析填列。

(3) 收到的其他与经营活动有关的现金项目。本项目反映企业除了上述各项目以外收到的其他与经营活动有关的现金流入，如罚款收入、流动资产损失中由个人赔偿的现金收入等。本项目可根据营业外收入、营业外支出、库存现金、银行存款、其他应收款等账户的记录分析填列。

(4) 购买商品、接受劳务支付的现金项目。本项目可根据应付账款、应付票据、预付账款、库存现金、银行存款、主营业务成本、其他业务成本、存货等账户的记录分析填列。

(5) 支付给职工以及为职工支付的现金项目。该项目反映企业实际支付给职工，以及为职工支付的工资、奖金、各种津贴和补贴等(含为职工支付的养老、失业等各种保险和其他福利费用)，但不含为离退休人员支付的各种费用和固定资产购建人员的工资。本项目可根据库存现金、银行存款、应付职工薪酬、生产成本等账户的记录分析填列。

(6) 支付的各项税费项目。本项目反映的是企业按规定支付的各项税费和有关费用，但不包括已计入固定资产原价而实际支付的耕地占用税和本期退回的所得税。本项目应根据应交税费、库存现金、银行存款等账户的记录分析填列。

(7) 支付的其他与经营活动有关的现金项目。本项目反映企业除上述各项目外，支付的其他与经营活动有关的现金，包括罚款支出、差旅费、业务招待费、保险费支出费用等。本项目应根据管理费用、销售费用、营业外支出等账户的记录分析填列。

2) 投资活动产生的现金流量

投资活动现金流入和现金流出的各项目的内容和填列方法如下。

(1) 收回投资所收到的现金项目。本项目反映企业出售、转让和到期收回的除现金等价物以外的交易性金融资产、长期股权投资而收到的现金，以及收回持有至到期投资本金而收到的现金，不包括持有至到期投资收回的利息以及收回的非现金资产。本项目应根据交易性金融资产、长期股权投资、库存现金、银行存款等账户的记录分析填列。

(2) 取得投资收益所收到的现金项目。本项目反映企业因股权性投资而分得的现金股利、分回利润所收到的现金，以及债权性投资取得的现金利息收入。本项目应根据投资收益、库存现金、银行存款等账户的记录分析填列。

(3) 处置固定资产、无形资产和其他长期资产所收回的现金净额项目。该项目反映处置上述各项长期资产所取得的现金，减去为处置这些资产所支付的有关费用后的净额。本项目可根据固定资产清理、库存现金、银行存款等账户的记录分析填列，如该项目所收回的现金净额为负数，应在支付的其他与投资活动有关的现金项目填列。

(4) 收到的其他与投资活动有关的现金项目。本项目反映除上述各项目以外，收到的其他与投资活动有关的现金流入。应根据库存现金、银行存款和其他有关账户的记录分析填列。

(5) 购建固定资产、无形资产和其他长期资产所支付的现金项目。本项目反映企业购买、建造固定资产，取得无形资产和其他长期资产所支付的现金。其中，企业为购建固定资产支付的现金，包括购买固定资产支付的价款现金及增值税款、固定资产购建支付的现金，但不包括购建固定资产的借款利息支出和融资租入固定资产的租赁费。本项目应根据固定资产、无形资产、在建工程、库存现金、银行存款等账户的记录分析填列。

(6) 投资所支付的现金项目。该项目反映企业在现金等价物以外进行交易性金融资产、长期股权投资、持有至到期投资所实际支付的现金，包括佣金手续费所支付的现金。但不包括企业购买股票和债券时，实际支付价款中包含的已宣告尚未领取的现金股利或已到付息期但尚未领取的债券利息。本项目应根据交易性金融资产、长期股权投资、持有至到期投资、库存现金、银行存款等账户记录分析填列。

(7) 支付的其他与投资活动有关的现金项目。本项目反映企业除了上述各项以外，支付的与投资活动有关的现金流出。包括企业购买股票和债券时，实际支付价款中包含的已宣告尚未领取的现金股利或已到付息期但尚未领取的债券利息等。本项目应根据库存现金、银行存款、应收股利、应收利息等账户的记录分析填列。

3) 筹资活动产生的现金流量

筹资活动产生的现金流入和现金流出包括的各项目的内容和填列方法如下。

(1) 吸收投资所支付的现金项目。本项目反映企业收到投资者投入的现金，包括以发行股票、债券等方式筹集资金实际收到的款项净额(即发行收入减去支付的佣金等发行费用后的净额)。本项目可根据实收资本(或股本)、应付债券、库存现金、银行存款等账户的记录分析填列。

(2) 借款所得到的现金项目。本项目反映企业举借各种短期借款、长期借款而收到的现金。本项目可根据短期借款、长期借款、银行存款等账户的记录分析填列。

(3) 收到的其他与筹资活动有关的现金项目。该项目反映企业除上述各项以外，收到的其他与筹资活动有关的现金流入。本项目应根据库存现金、银行存款和其他有关账户的记录分析填列。

(4) 偿还债务所支付的现金项目。本项目反映企业以现金偿还债务的本金，包括偿还金融机构的借款本金、偿还到期的债券本金等。本项目可根据短期借款、长期借款、应付债券、库存现金、银行存款等账户的记录分析填列。

(5) 分配股利、利润或偿还利息所支付的现金项目。本项目反映企业实际支付的现金股利、支付给投资人的利润或用现金支付的借款利息、债券利息等。本项目可根据应付股利(或应付利润)、财务费用、长期借款、应付债券、库存现金、银行存款等账户的记录分析填列。

(6) 支付的其他与筹资活动有关的现金项目。本项目反映除了上述各项目以外，支付的与筹资活动有关的现金流出，例如发行股票债券所支付的审计、咨询等费用。该项目可根据库存现金、银行存款和其他有关账户的记录分析填列。

4) 汇率变动对现金的影响的现金项目

本项目反映企业的外币现金流量发生日所采用的汇率与期末汇率的差额对现金的影响数额。编制方法略。

5) 现金及现金等价物的净增加额的编制方法

现金及现金等价物的净增加额，是将本表中经营活动产生的现金流量净额、投资活动产生的现金流量净额、筹资活动产生的现金流量净额和汇率变动对现金的影响四个项目相加得出的。

6) 期末现金及现金等价物余额的填列

本项目是将计算出来的现金及现金等价物净增加额加上期初现金及现金等价物金额求得。它应该与企业期末的全部货币资金与现金等价物的合计余额相等。

7) 补充资料项目的内容和编制方法

除现金流量表反映的信息外，企业还应该在附注中披露将净利润调节为经营活动的现金流量，以及不涉及现金收支的重大投资和筹资活动、现金及现金等价物净变动情况等信息，也就是要求按间接法编制现金流量表的补充资料。

（1）将净利润调节为经营活动的现金流量。现金流量表采用直接法反映经营活动的现金流量，同时，企业还应采用间接法反映经营活动产生的现金流量。间接法，是指以企业本期净利润为起算点，通过调整不涉及现金的收入和费用、营业外收支以及经营性应收应付等项目的增减变动，调整不属于经营活动的现金收支项目，据此计算并列报经营活动产生的现金流量的方法。现金流量表补充资料是对现金流量表采用直接法反映的经营活动现金流量进行核对和补充说明。

采用间接法列报经营活动产生的现金流量时，需要对四大类项目进行调整：实际没有支付现金的费用、实际没有收到现金的收益、不属于经营活动的损益，以及经营性应收应付项目的增减变动。

（2）不涉及现金收支的投资和筹资活动。不涉及现金收支的投资和筹资活动项目，反映企业一定期间内影响资产和负债但不形成现金收支的所有投资和筹资活动的信息。这些投资和筹资活动虽不涉及现金收支，但对以后各期的现金流量会产生重大影响，所以也应进行列示和披露。

（3）现金及现金等价物净变动情况。该项目反映企业一定会计期间现金及现金等价物的期末余额减去期初余额的净增加额（或净减少额），是对现金流量表中现金及现金等价物净增加额项目的补充，该项目的金额应与现金流量表中现金及现金等价物的净增加额项目的金额核对相符。

三、现金流量表的编制方法

现金流量表的编制方法主要有工作底稿法或 T 形账户法、分析填列法。

分析填列法是直接从利润表出发，将利润表中以权责发生制为基础的收入和费用，转换为以收付实现制为基础的现金流入和流出，并开示各项现金流入的来源和现金流出的去向。企业通常直接根据资产负债表、利润表和有关会计科目明细账记录，分析计算出现金流量表各项目的金额，并据以编制现金流量表的一种方法。

分析填列下，各项目的计算公式如表 8-9 所示。

表 8-9 现金流量表各项目计算公式

项　目	公　式	项　目	公　式
一、经营活动产生的现金流量		1. 将净利润调节为经营活动现金流量	
销售商品、提供劳务收到的现金	主营业务收入＋应交增值税（销项税额）＋其他业务收入（不含租金）＋应收账款（期初余额－期末余额）＋应收票据（期初余额－期末余额）＋预收账款（期末余额－期初余额）＋本期收回前期核销坏账（本收本销不考虑）＋收到的补价－本期票据贴现利息－实际发生的现金折扣－视同销售的销项税－以物抵债的减少－本期计提的坏账准备	净利润	利润表净利润数

续表

项　　目	公　　式	项　　目	公　　式
收到的税费返还	返还的增值税＋返还的消费税＋返还的关税＋返还的所得税＋返还的教育费附加	加：计提的资产减值准备	本期计提的各项资产减值准备发生额累计数
收到的其他与经营活动有关的现金	罚款收入＋个人赔偿＋经营租赁收入	固定资产折旧	累计折旧期末数－累计折旧期初数
现金流入小计		无形资产摊销	无形资产（期初数－期末数）
购买商品、接受劳务支付的现金	主营业务成本＋其他业务支出（不含租金）＋应付账款（期初余额－期末余额）＋应付票据（期初余额－期末余额）＋预付账款（期末余额－期初余额）＋当期计提的存货跌价准备＋存货（期末余额－期初余额）＋存货损耗＋程领用、投资、赞助的存货＋支付的补价－本期列入生产成本、制造费用的职工薪酬及折旧费、修理费－收到非现金抵债的存货－接受投资、捐赠的存货－视同购货的进项税	长期待摊费用摊销	长期待摊费用（期初数－期末数）
支付给职工以及为职工支付的现金	应付职工薪酬（期初余额－期末余额）	待摊费用减少（减：增加）	待摊费用期初数－待摊费用期末数
支付的各项税费	当期所得税费用＋营业税金及附加＋应交税费（增值税——已交税金）＋管理费用（印花税）	预提费用增加（减：减少）	预提费用期末数－预提费用期初数
支付的其他与经营活动有关的现金	罚款支出＋差旅费＋业务招待费＋保险支出＋经营租赁支出	处置固定资产、无形资产和其他长期资产的损失（减：收益）	固定资产清理及营业外支出（或收入）明细账
现金流出小计		固定资产报废损失	固定资产清理及营业外支出明细账
经营活动产生的现金流量净额		财务费用	利息支出－应收票据的贴现利息

续表

项　　目	公　　式	项　　目	公　　式
二、投资活动产生的现金流量		投资损失（减：收益）	投资收益（借方余额正号填列，贷方余额负号填列）
收回投资所收到的现金	（短期投资期初数－短期投资期末数）＋（长期股权投资期初数－长期股权投资期末数）＋（长期债权投资期初数－长期债权投资期末数）	递延税款贷项（减：借项）	递延税款（期末数－期初数）
取得投资收益所收到的现金	利润表投资收益－（应收利息期末数－应收利息期初数）－（应收股利期末数－应收股利期初数）	存货的减少（减：增加）	存货（期初数－期末数）
处置固定资产、无形资产和其他长期资产所收回的现金净额	“固定资产清理”的贷方余额＋（无形资产期末数－无形资产期初数）＋（其他长期资产期末数－其他长期资产期初数）	经营性应收项目的减少（减：增加）	应收账款（期初数－期末数）＋应收票据（期初数－期末数）＋预付账款（期初数－期末数）＋其他应收款（期初数－期末数）＋待摊费用（期初数－期末数）－坏账准备期末余额
处置子公司及其他营业单位收到的现金净额		经营性应付项目的增加（减：减少）	应付账款（期末数－期初数）＋预收账款（期末数－期初数）＋应付票据（期末数－期初数）＋应付工资（期末数－期初数）＋应付福利费（期末数－期初数）＋应交税金（期末数－期初数）＋其他应交款（期末数－期初数）
收到的其他与投资活动有关的现金	收回融资租赁设备本金＋收回购买时宣告未付的股利及利息	其他	
现金流入小计		经营活动产生的现金流量净额	

续表

项　目	公　式	项　目	公　式
购建固定资产、无形资产和其他长期资产所支付的现金	(在建工程期末数－在建工程期初数)(剔除利息)＋(固定资产期末数－固定资产期初数)＋(无形资产期末数－无形资产期初数)＋(其他长期资产期末数－其他长期资产期初数)		
投资所支付的现金	(短期投资期末数－短期投资期初数)＋(长期股权投资期末数－长期股权投资期初数)(剔除投资收益或损失)＋(长期债权投资期末数－长期债权投资期初数)(剔除投资收益或损失)		
取得子公司及其他营业单位支付的现金净额			
支付的其他与投资活动有关的现金	投资未按期到位罚款		
现金流出小计			
投资活动产生的现金流量净额		2. 不涉及现金收支的投资和筹资活动	
三、筹资活动产生的现金流量		债务转为资本	
吸收投资所收到的现金	实收资本或股本期末数－实收资本或股本期初数＋应付债券期末数－应付债券期初数	一年内到期的可转换公司债券	
取得借款收到的现金	短期借款期末数－短期借款期初数＋长期借款期末数－长期借款期初数	融资租入固定资产	

续表

项　目	公　式	项　目	公　式
收到的其他与筹资活动有关的现金	接受现金捐赠＋投资人未按期缴纳股权的罚款现金收入		
现金流入小计			
偿还债务所支付的现金	(短期借款期初数－短期借款期末数)＋(长期借款期初数－长期借款期末数)(剔除利息)＋(应付债券期初数－应付债券期末数)(剔除利息)		
分配股利、利润或偿付利息所支付的现金	应付股利借方发生额＋利息支出＋长期借款利息＋在建工程利息＋应付债券利息－预提费用中“计提利息”贷方余额－票据贴现利息支出		
支付的其他与筹资活动有关的现金	捐赠支出＋融资租赁支出＋企业直接支付的发行股票债券的审计、咨询等费用等		
现金流出小计		3. 现金及现金等价物净增加情况	
筹资活动产生的现金流量净额		现金的期末余额	资产负债表“货币资金”期末余额
四、汇率变动对现金的影响		减：现金的期初余额	资产负债表“货币资金”期初余额
五、现金及现金等价物净增加额		加：现金等价物的期末余额	
加：期初现金及现金等价物余额		减：现金等价物的期初余额	
六、期末现金及现金等价物余额		现金及现金等价物净增加额	

项目实施

▶ 1. 建立现金流量表表体

(1) 新建工作表，并更名为"现金流量表"。

(2) 参照现金流量表的样式设置好表头、表体、各项目名称。并根据需要调整行高和列宽。

(3) 根据需要在"设置单元格格式"对话框中完成数字、对齐、字体、边框等项目的设置。

▶ 2. 分析各数据

销售商品、提供劳务收到的现金＝2 300 000＋391 000＋(243 775－476 605)＋(71 225－61 225)－1 170－2 300－2 000＝2 462 700(元)

购买商品接受劳务支付的现金＝1 300 000＋112 200－(978 250－579 650)＋5 000＋(457 480－517 480)＋(60 000－274 000)＋(40 000－40 000)－(240 000＋20 000＋33 600＋2 800)－34 000＝31 700(元)

支付给职工以及为职工支付的现金＝342 000＋85 000－177 000＝250 000(元)

支付的各项税费＝156 012.5＋27 880＋278 800－(0－6 280)＝468 972.5(元)

支付的其他与经营活动有关的现金＝60 000＋50 000＝110 000(元)

收回投资收到的现金＝30 000＋1 500＝31 500(元)

取得投资收益所收到的现金＝38 500(元)

处置固定资产收回的现金净额＝80 000＋(1 300－300)＝81 000(元)

购建固定资产所支付的现金＝451 000＋205 000＋80 000＋76 500＝812 500(元)

取得借款所收到的现金＝300 000(元)

偿还债务支付的现金＝100 000(元)

偿还利息支付的现金＝20 000(元)

计提的资产减值准备＝1 170＋5 000＋38 000＋32 000＝76 170(元)

固定资产折旧＝340 000＋60 000＝400 000(元)

无形资产摊销＝16 000(元)

处置固定资产、无形资产和长期资产的损失(减收益)＝－30 000(元)

报废固定资产净损失＝16 000(元)

财务费用＝94 300－2 300－2 000＝90 000(元)

投资损失(减收益)＝－40 000(元)

存货的减少(减增加)＝978 250－(579 650＋5 000)＝393 600(元)

经营性应收项目的减少(减增加)＝(71 225－61 225)＋[(243 775＋1 225)－(476 605＋2 395)]＋(13 800－13 800)＝－224 000(元)

经营性应付项目的增加(减减少)＝(274 000－60 000)＋(517 480－457 480)＋(177 000－85 000)＋(0－6 280)＋76 500＋(9 000－9 000)＝436 220(元)

▶ 3. 将数据填列到表，并计算相应的合计数

经过设置，华宇公司的现金流量表如表 8-10 所示。

表 8-10 现金流量表

会企 03 表

编制单位：华宇公司　　2015 年 12 月　　单位：元

项　目	本期金额	上期金额	补充资料	本期金额	上期金额
一、经营活动产生的现金流量	2 462 700.00		1. 将净利润调节为经营活动现金流量		
销售商品、提供劳务收到的现金	—		净利润	468 037.50	
收到的税费返还	—		加：计提的资产减值准备	76 170.00	
收到的其他与经营活动有关的现金			固定资产折旧	400 000.00	
现金流入小计	2 462 700.00		无形资产摊销	16 000.00	
购买商品、接受劳务支付的现金	31 700.00		长期待摊费用摊销	—	
支付给职工以及为职工支付的现金	250 000.00		待摊费用减少(减：增加)	—	
支付的各项税费	468 972.50		预提费用增加(减：减少)	—	
支付的其他与经营活动有关的现金	110 000.00		处置固定资产、无形资产和其他长期资产的损失(减：收益)	—30 000.00	
现金流出小计	860 672.50		固定资产报废损失	16 000.00	
经营活动产生的现金流量净额	1 602 027.50		财务费用	90 000.00	
二、投资活动产生的现金流量			投资损失(减：收益)	—40 000.00	
收回投资所收到的现金	31 500.00		递延税款贷项(减：借项)	—	
取得投资收益所收到的现金	38 500.00		存货的减少(减：增加)	393 600.00	
处置固定资产、无形资产和其他长期资产所收回的现金净额	81 000.00		经营性应收项目的减少(减：增加)	—224 000.00	
处置子公司及其他营业单位收到的现金净额	—		经营性应付项目的增加(减：减少)	436 220.00	
收到的其他与投资活动有关的现金	—		其他	—	

续表

项　　目	本期金额	上期金额	补充资料	本期金额	上期金额
现金流入小计	151 000.00		经营活动产生的现金流量净额	1 602 027.50	
购建固定资产、无形资产和其他长期资产所支付的现金	812 500.00				
投资所支付的现金	—				
取得子公司及其他营业单位支付的现金净额	—				
支付的其他与投资活动有关的现金	—				
现金流出小计	812 500.00				
投资活动产生的现金流量净额	—661 500.00		2. 不涉及现金收支的投资和筹资活动		
三、筹资活动产生的现金流量			债务转为资本	—	
吸收投资所收到的现金	—		一年内到期的可转换公司债券	—	
取得借款收到的现金	300 000.00		融资租入固定资产	—	
收到的其他与筹资活动有关的现金	—				
现金流入小计	300 000.00				
偿还债务所支付的现金	100 000.00				
分配股利、利润或偿付利息所支付的现金	20 000.00				
支付的其他与筹资活动有关的现金	—				
现金流出小计	120 000.00		3. 现金及现金等价物净增加情况		
筹资活动产生的现金流量净额	180 000.00		现金的期末余额	1 511 477.50	
四、汇率变动对现金的影响	—		减：现金的期初余额	390 950.00	
五、现金及现金等价物净增加额	1 120 527.50		加：现金等价物的期末余额	—	
加：期初现金及现金等价物余额	390 950.00		减：现金等价物的期初余额	—	
六、期末现金及现金等价物余额	1 511 477.50		现金及现金等价物净增加额	1 120 527.50	

9 模块九 Chapter 9 Excel在财务报表分析中的应用

>>> 学习目标

1. 了解财务报表分析的意义。
2. 掌握财务报表分析的方法。
3. 能用 Excel 对财务报表进行分析。

财务报表分析又称财务分析，是通过收集、整理企业财务会计报告中的有关数据，并结合其他说明为依据和起点，采用专门的方法，系统分析和评价企业的过去和现在的经营成果、财务状况及其变动，对财务报告使用者提供管理决策和控制的一项管理工作。

财务分析信息的需求者主要包括企业所有者、企业债权人、企业经营决策者和政府等。不同主体出于不同的利益考虑，对财务分析信息有着各自不同的要求。

(1) 企业所有者作为投资人，关心其资本的保值和增值状况，因此较为重视企业盈利能力指标，主要进行企业盈利能力分析。

(2) 企业债权人因不能参与企业剩余收益分享，首先关注的是其投资的安全性，因此更重视企业偿债能力指标，主要进行企业偿债能力分析，同时也关注企业盈利能力分析。

(3) 企业经营决策者必须对企业经营理财的各个方面，包括营运能力、偿债能力、盈利能力及发展能力的全部信息予以详尽地了解和掌握，主要进行各方面综合分析，并关注企业财务风险和经营风险。

(4) 政府兼具多重身份，既是宏观经济管理者，又是国有企业的所有者和重要的市场参与者，因此政府对企业财务分析的关注点因所具身份不同而异。

项目 财务报表的分析

项目描述

针对财务报表分析的内容，采用比率分析法，对力创机械制造公司 2015 年的财务报表进行分析。

项目知识

财务报表分析的主体不同，对企业财务分析的要求及侧重点也不同，但就企业总体而言，财务报表分析的内容包括以下几个方面。

▶ 1. 偿债能力分析

偿债能力是指企业偿还到期债务（包含本金及利息）的能力。能否及时偿还到期债务，是反映企业财务状况好坏的重要标志。通过对偿债能力的分析，可以考察企业持续经营的能力和风险，有助于对企业未来收益进行预测。

▶ 2. 盈利能力分析

盈利能力是指企业获取利润的能力，也称为企业的资金或资本增值能力，通常表现为一定时期内企业收益数额的多少及其水平的高低。企业具有较强的盈利能力，就能为企业带来较多的经济利益收入，企业投资者的回报及债权人的本息收回才有保障，企业才能保持良好的发展态势。

▶ 3. 营运能力分析

营运能力是企业在生产经营过程中驾驭资产，实现资本增值的能力。营运状况如何，直接关系到资本增值的程度，关系到企业生产经营的成败。如果企业具有较强的营运能力，资产的变现能力就较强，就能较好地利用企业的各项经济资源创造社会财富，使其获取较高的经济效益并增强偿债能力。

▶ 4. 成长能力分析

企业成长能力是指企业未来发展趋势与发展速度，包括企业规模的扩大：利润和所有者权益的增加。企业成长能力是随着市场环境的变化，企业资产规模、盈利能力、市场占有率持续增长的能力，反映了企业未来的发展前景。

财务报表各分析项目的指标具体如表 9-1 所示。

表 9-1 常用的财务报表分析比率表

财务比率		计算公式	参考值
偿债能力比率	流动比率	流动比率(＝流动资产合计/流动负债合计)×100％	200％
	速动比率	速动比率＝[(流动资产合计－存货)/流动负债合计]×100％	100％
	资产负债比率	资产负债率＝(负债总额/资产总额)×100％	70％
	产权比率	产权比率＝(负债总额/所有者权益总额)×100％	120％

续表

财务比率		计算公式	参考值
营运能力比率	应收账款周转率	应收账款周转率＝销售收入/[(期初应收账款＋期末应收账款)/2]×100%	300%
	存货周转率	存货周转率＝产品销售成本/[(期初存货＋期末存货)/2]×100%	300%
	流动资产周转率	流动资产周转率＝销售收入/[(期初流动资产＋期末流动资产)/2]×100%	100%
	总资产周转率	总资产周转率＝销售收入/[(期初资产总额＋期末资产总额)/2]×100%	80%
盈利能力比率	销售净利率	销售净利率＝净利润/销售收入×100%	10%
	销售毛利率	销售毛利率＝[(销售收入－销售成本)/销售收入]×100%	15%
	净资产收益率	净资产收益率＝净利润/[(期初所有者权益合计＋期末所有者权益合计)/2]×100%	8%
	成本费用利润率	成本费用利润率＝利润总额/(营业成本＋营业税金及附加＋销售费用＋管理费用＋财务费用)×100%	高
成长能力比率	主营业务收入增长率	主营业务收入增长率＝(本期主营业务收入－上期主营业务收入)/上期主营业务收入×100%	高
	利润增长率	利润增长率＝(本期营业利润－上期营业利润)/上期营业利润总额×100%	高
	净利润增长率	净利润增长率＝(当期净利润－上期净利润)/上期净利润×100%	高

项目实施

▶ 1. 新建工作表

新建标题为“比率分析表”的工作表，如图 9-1 所示。

▶ 2. 设置计算公式及计算结果(见表 9-2)

表 9-2　财务比率分析公式表

财务比率分析指标		比　率	公　式
偿债能力比率	流动比率	2.19	＝资产负债表！B16/资产负债表！E17
	速动比率	1.81	＝(资产负债表！B16－资产负债表！B13)/资产负债表！E17
	资产负债比率	0.161 893 744	＝资产负债表！E17/资产负债表！B36
	产权比率	0.193 166 132	＝资产负债表！E27/资产负债表！E34

续表

财务比率分析指标		比　率	公　式
营运能力比率	应收账款周转率	42.938 907 85	＝利润表！C5/((资产负债表！B8＋资产负债表！C8)/2)
	存货周转率	20.753 378 39	＝利润表！C6/((资产负债表！B13＋资产负债表！C13)/2)
	流动资产周转率	5.63	＝利润表！C5/((资产负债表！B16＋资产负债表！C16)/2)
	总资产周转率	1.714 504 954	＝利润表！C5/((资产负债表！B36＋资产负债表！C36)/2)
盈利能力比率	销售净利率	0.067 052 052	＝利润表！C21/利润表！C5
	销售毛利率	0.291 136 302	＝(利润表！C5－利润表！C6)/利润表！C5
	净资产收益率	0.114 961 075	＝利润表！C21/((资产负债表！E36＋资产负债表！F36)/2)
	成本费用利润率	0.096 529 365	＝利润表！C19/(利润表！C6＋利润表！C7＋利润表！C8＋利润表！C9＋利润表！C10)
成长能力比率	主营业务收入增长率	0.079 185 652	＝(利润表！C5－利润表！D5)/利润表！D5
	利润增长率	0.050 982 468	＝(利润表！C19－利润表！D15)/利润表！D15
	净利润增长率	0.021 696 255	＝(利润表！C21－利润表！D21)/利润表！D21

	A	B	C	D
1	比率分析表			
2	财务比率分析指标		比率	公式
3	偿债能力比率	流动比率		
4		速动比率		
5		资产负债比率		
6		产权比率		
7	营运能力比率	应收账款周转率		
8		存货周转率		
9		流动资产周转率		
10		总资产周转率		
11	盈利能力比率	销售净利率		
12		销售毛利率		
13		净资产收益率		
14		成本费用利润率		
15	成长能力比率	主营业务收入增长率		
16		利润增长率		
17		净利润增长率		

图 9-1　比率分析表图示

▶ 3. 结合指标含义进行综合分析

流动比率越高，反映企业短期偿债能力越强，债权人的权益越有保障。其比率为2.19，稍高于参考值，说明企业的偿债能力强；速动比率为1.81，大大高于标准值，资金闲置可能会增加企业的机会成本；资产负债比率为 0.161 893 744，产权比率为 0.193 166 132，远低于保守观点的 0.5，所以表明企业具有较强的长期偿债能力。总之，企业偿债能力较强，但也可能存在资金利用率不高，机会成本增加，对财务杠杆的利用不够等问题。

一般情况下，应收账款周转率越高越好，表明企业收账迅速，账龄较短，资产流动性较强，短期偿债能力较强，可以减少坏账损失等；存货周转率越高越好，表明存货变现的速度快，周转额较大，资金占用水平较低；流动资产周转率和总资产周转率同样是越高越好，表明企业资产利用度高。尤其是前两个指标，超出参考值多倍，表明企业具有良好的营运能力。销售净利率、销售毛利率、净资产收益率、成本费用利润率均是越高越好，表明企业市场竞争力强，发展潜力大，获利能力强。和参考值相比，销售净利润略低，销售毛利率和净资产收益率接近参考值，该企业产品的生命周期应属于成熟期；成本费用利润率尚可，表明企业为取得利润而付出的代价小，成本费用控制好，获利能力强。总之，企业具有较强的获利能力。

主营业务收入增长率、利润增长率、净利润增长率也是越高越好，该企业的指标虽然略低，但仍是正值，表明企业仍具有成长能力。

10 模块十 Chapter 10 Excel在会计中的综合应用

>>> **学习目标**

1. 了解会计政策的确定和内容。
2. 掌握会计核算的基本流程和基本方法。
3. 掌握各会计要素的核算方法。
4. 掌握各成本费用的收集和计算方法。
5. 掌握会计账簿的登记方法。
6. 掌握会计报表的编制方法。
7. 能用 Excel 填制会计凭证。
8. 能用 Excel 编制成本费用计算单。
9. 能用 Excel 登记总账和明细分类账。
10. 能用 Excel 编制会计报表。

项 目 模拟企业 Excel 综合应用

项目描述

一、模拟企业概况

▶ 1. 模拟企业基本信息

山东力创机械制造有限责任公司是一家从事活塞生产的机械加工企业，注册资金 1 000万元，现有员工 316 人。陈力平任董事长，对股东会负责，陈创伟任总经理，对董事长负责。公司基本信息如下。

公司名称：山东力创机械制造有限责任公司

公司地址：山东省莱芜市高新区凤凰路666号

法人代表：陈创伟

联系电话：0634-6677889

开户银行：莱芜商业银行高新区支行

银行账号：987000000123666

税务登记号：189000000321666

2. 注册资本金及股本构成

（1）模拟企业注册资本金1 000万元。

（2）模拟企业股本构成如表10-1所示。

表 10-1　模拟企业股本构成本一览表

股东名称	持股比例(%)
山东昊御车辆有限公司	45
山东汇金股份有限责任公司	30
陈力平	15
陈创伟	10

3. 生产经营组织

该公司是为汽车制造、塑料机械等生产行业制造各类活塞的机械加工企业。产品有10多个品种规格的活塞，可分为汽车发动机用活塞和塑料机械用两大类。为教学需要，选用三种品牌的发动机用活塞进行会计核算。三种品牌分别是汽油机活塞、柴油机活塞、天然气机活塞。该公司内设铸造车间、加工车间、机修车间和车队，其部门档案如表10-2所示。

表 10-2　企业部门档案

编码	名称	部门属性
1	综合部	管理兼技术
101	经理办公室	管理
102	财务部	财务
2	生产部	生产
201	铸造车间	铸造
202	加工车间	基本生产
203	机修车间	辅助生产
204	车队	运输服务
3	供销部门	供销
301	销售科	销售
302	供应科	供应

▶ 4. 企业会计机构及人员

该公司实行财务经理负责制，财务部在财务经理的领导下开展财务活动。其机构与人员配备如表 10-3 所示。

表 10-3 企业会计机构及人员

编码	职务	姓名	主要职责
011	财务经理	王五	全面负责财务工作，制订本公司财务制度
012	会计主管	刘金	主持财务部工作，编制公司财务预算，进行成本和利润控制
013	稽核	何可人	负责会计稽核和总账报表核算，包括审核会计凭证、登记总账、和编制会计报表
014	制单会计	周强	负责编制会计凭证并录入系统，整理会计凭证
015	记账会计	张云	负责财产物资、成本费用、往来账项、财务成果核算，负责登记明细分类账
016	出纳	赵力	现金收付、银行结算及有关账务，保管库存现金、有价证券、财务印章及有关票据

▶ 5. 企业供应商

企业供应商信息如表 10-4 所示。

表 10-4 企业供应商

序号	供应商名称	供应商简称
001	烟台顺洋贸易有限责任公司	烟台顺洋
002	淄博佑安石化有限责任公司	淄博佑安
003	泰安兴旺石化有限公司	泰安兴旺
004	莱芜三江包装物品有限责任公司	莱芜三江
005	济南顺迪合金公司	济南顺迪

▶ 6. 企业客户

企业客户信息如表 10-5 所示。

表 10-5 企业客户

序号	客户名称	客户简称
001	烟台平安汽修厂	烟台平安
002	莱芜通达机械制造有限责任公司	莱芜通达
003	济南四海贸易有限责任公司	济南四海

二、期初模拟资料

1. 资产负债表年初资料

企业 2015 年 11 月资产负债表资料如表 10-6 所示。

表 10-6 资产负债表年初资料

2015 年 11 月 30 日 单位：元

资　产	年初余额	负债和所有者权益（或股东权益）	年初余额
流动资产：		流动负债：	
货币资金	1 445 848.13	短期借款	
交易性金融资产	18 250.00	交易性金融负债	
应收票据	179 882.50	应付票据	150 600.00
应收账款	278 600.00	应付账款	388 410.00
预收账款		预收账款	
应收利息		应付职工薪酬	855 778.72
应收股利		应交税费	226 199.67
其他应收款	4 800.00	应付利息	
存货	582 822.58	应付股利	
一年内非到期的流动资产		其他应付款	6 306.66
其他流动资产		一年内到期的非流动负债	
流动资产合计	2 510 203.21	其他流动负债	
非流动资产：		流动负债合计	1 627 295.05
可供出售金融资产		非流动负债：	
持有至到期投资		长期借款	
长期应收款		应付债券	
长期股权投资		长期应付款	500 000.00
投资性房地产		专项应付款	
固定资产	6 254 359.73	预计负债	
在建工程		递延所得税负债	
固定资产清理		其他非流动负债	
生产性生物资产		非流动负债合计	500 000.00
油气资产		负债合计	2 127 295.05
无形资产	1 770 000.00	所有者权益（或股东权益）：	
开发支出		实收资本（或股本）	8 000 000.00
商誉		资本公积	

续表

资　　产	年 初 余 额	负债和所有者权益(或股东权益)	年 初 余 额
长期待摊费用		减：库存股	
递延所得税资产		盈余公积	165 890.00
其他非流动资产		未分配利润	241 377.89
非流动资产合计	8 024 359.73	所有者权益(或股东权益)合计：	8 407 267.89
资产总计	10 534 562.94	负债和所有者权益(或股东权益)总计	10 534 562.94

2. 各账户期初余额表

2015 年 12 月 1 日，各账户期初余额资料如表 10-7 所示。

表 10-7　各账户期初余额表

2015 年 12 月 1 日　　单位：元

科 目 名 称	借 方 余 额	贷 方 余 额	单　价	数　量	单　位
库存现金	988.85				
银行存款	1 520 956.55				
应收票据	189 350.00				
商业承兑汇票	189 350.00				
应收账款	350 000.00				
应收账款—烟台平安	335 000.00				
应收账款—莱芜通达	15 000.00				
其他应收款	400.00				
其他应收款—报刊征订费	400.00				
坏账准备		1 750.00			
在途物资	13 260.00				
在途物资—原材料	13 260.00				
原材料	240 364.00				
原主材料—纯铝	168 010.00		16.80	10 000	千克
原主材料—硅	27 600.00		13.80	2 000	
辅助材料—切削液	6 080.00		15.20	400	
辅助材料—液压油	3 654.00		12.18	300	千克
辅助材料—钢铁除油剂	684.00		13.68	50	千克
燃料—柴油	13 320.00		6.66	2 000	千克
燃料—重油	16 720.00		4.18	4 000	
包装材料—塑料膜	4 296.00		14.32	300	千克

续表

科目名称	借方余额	贷方余额	单价	数量	单位
库存商品	383 014.00				
库存商品—汽油机活塞	210 714.00		15.05	14 000	只
库存商品—柴油机活塞	90 496.00		16.16	5 600	只
库存商品—天然气机活塞	81 804.00		12.03	6 800	只
周转材料	10 195.00				
周转材料—汽油机活塞包装箱	3 408.00		11.36	300	个
周转材料—柴油机活塞包装箱	1 060.00		10.60	100	个
周转材料—天然气机活塞包装箱	1 527.00		10.18	150	个
周转材料—低值易耗品—劳保鞋	2 800.00		56.00	50	双
周转材料—低值易耗品—耐热手套	1 400.00		5.00	280	副
固定资产	7 476 129.21				
固定资产—生产用	5 378 219.32				
固定资产—非生产用	2 097 909.89				
累计折旧		644 706.19			
在建工程	300 000.00				
在建工程—仓库工程	300 000.00				
无形资产	1 800 000.00				
无形资产—土地使用权	1 800 000.00				
累计摊销		85 000.00			
应付账款		363 000.00			
应付账款—烟台顺洋		350 000.00			
应付账款—济南顺迪		13 000.00			
应付职工薪酬		847 305.66			
应付职工薪酬—工资		556 829.75			
应付职工薪酬—职工养老保险		172 994.90			
应付职工薪酬—失业保险		13 307.30			
应付职工薪酬—工伤保险		3 326.83			
应付职工薪酬—生育保险		4 657.56			
应付职工薪酬—住房公积金		90 866.40			
应付职工薪酬—工会经费		5 322.92			
应交税费		211 401.56			
应交税费—未交增值税		187 000.00			

续表

科目名称	借方余额	贷方余额	单价	数量	单位
应交税费—应交城建税		13 090.00			
应交税费—应交教育费附加		5 610.00			
应交税费—地方教育费附加		1 870.00			
应交税费—应交印花费		612.36			
应交税费—应交个人所得税		3 219.20			
应付利息		5 580.00			
其他应付款		6 244.22			
长期借款		500 000.00			
实收资本		8 000 000.00			
资本公积		165 890.00			
本年利润		1 294 097.31			
利润分配		241 377.89			
利润分配—未分配利润		241 377.89			
生产成本	81 695.22				
生产成本—汽油机活塞—直接材料	5 661.10				
生产成本—汽油机活塞—直接人工	1 618.33				
生产成本—汽油机活塞—制造费用	812.05				
生产成本—柴油机活塞—直接材料	9 041.54				
生产成本—柴油机活塞—直接人工	3 527.73				
生产成本—柴油机活塞—制造费用	2 043.29				
生产成本—天然气机活塞—直接材料	50 747.03				
生产成本—天然气机活塞—直接人工	10 301.32				
生产成本—天然气机活塞—制造费用	5 944.23				

3. 损益类账户发生额及累计数

损益类账户的发生额及累计数如表10-8所示。

表 10-8 损益类账户 2015 年 1—11 月发生额及上年累计数

单位：元

账户名称	2015 年 1—11 月累计发生数		2014 年度累计发生额	
	借方	贷方	借方	贷方
主营业务收入		19 169 700.00		19 361 397.00
其他业务收入		104 500.00		107 635.00
公允价值变动		142 246.00		92 459.90

续表

账户名称	2015 年 1—11 月累计发生数		2014 年度累计发生额	
	借方	贷方	借方	贷方
投资收益		82 142.50		76 392.53
营业外收入		67 000.00		62 310.00
主营业务成本	13 639 957.50		13 776 357.08	
其他业务成本	27 434.00		28 257.02	
营业税金及附加	211 310.19		196 518.48	
销售费用	892 284.80		829 824.86	
管理费用	3 008 507.13		2 978 422.06	
财务费用	30 690.00		32 224.50	
资产减值损失			8 987.00	
营业外支出	29 941.80		11 078.47	
所得税费用	431 365.77		459 631.24	

三、会计核算管理制度

模拟企业采取以下会计核算管理制度。

(1) 会计核算以人民币为记账本位币，采用借贷记账法记账。

(2) 交易性金融资产按公允价值计量，购入、出售交易性金融资产均在“银行存款”账户中核算。期末，按单项交易性金融资产计算并将其公允价值的变动计入当期损益。

(3) 存货(原材料、周转材料、库存商品)，按实际成本计价。

① 原材料的核算。“原材料”总账下设“原主材料”“辅助材料”“燃料”“包装材料”二级明细账。

② 周转材料的核算。“周转材料”按“低值易耗品”“包装物”设置二级明细账。

③ 存货发出的核算。发出存货成本采用全月一次加权平均法计算。月末，会计部门对全月的存货出库单进行汇总，编制“发料凭证汇总表”，采用全月一次加权平均法计算发出存货的平均单价及发出存货的成本。相关存货的数据账则由仓库管理员日常根据出入库单进行逐笔登记，月末与会计进行对账。

④ 增值税处理应注意几种不同的情况。

· 普通采购的税率是17%，除明确说明外，本例中的单价是不含税价；个别给出总价的，除说明外，也是不含税价。

· 运输费用的增值税税率是11%。

· 出租不动产，取得收入时，增值税税率是11%。

⑤ 每个月末要对各种库存存货进行实地盘点。对于盘盈盘亏的存货，由董事会批准后进行账务处理。

⑥ 期末，存货按照成本与可变现净值孰低计量。按各项确认存货的可变现净值，对于可变现净值低于其成本的差额提取存货跌价准备。

(4) 坏账准备采用“应收账款余额百分法”计提，计提比例为5%。

(5) 固定资产按平均年限法及分类折旧率计提折旧(固定资产的残值率为5%)。

(6) 无形资产自取得当月起预计使用年限内分期平均摊销，计入损益。

(7) 职工薪酬。

① 职工薪酬的核算。在“应付职工薪酬”下设置“工资”“职工福利”“养老保险”“失业保险”“工伤保险”“生育保险”“住房公积金”“职工教育经费”“工会经费”等二级明细科目。一般薪酬在月末确认为负债，并根据职工提供服务的受益对象，分别计入相关资产成本或当期损益，并在下月初支付或发放。

② 职工福利和职工经费的核算。按实际使用列支，在实际发生时记入“应付职工薪酬——职工福利”或“应付职工薪酬——职工教育经费”的借方，月末按当月实际发生金额转入当期损益。

③ 为职工缴纳的养老保险(失业保险、工伤保险、生育保险、住房公积金、工会经费)按照应付工资总额的一定比例计算，上述各项费用的计提基数和比例如下。

· 基本养老保险的缴纳比例：企业缴纳18%，个人缴纳8%。

· 失业保险的缴纳比例：企业和职工个人均按应付工资的1%缴纳。

· 工伤保险的缴纳比例：企业缴纳0.5%。

· 生育保险的缴纳标准：企业缴纳0.7%。

· 住房公积金的缴纳比例：8%～12%，本模拟企业选择单位和个人均按8%计算缴纳(缴存基数于每年的7月1—15日由住房公积金管理中心按前12个月的平均工资重新核定)。

(8) 产品成本计算采用品种法，“生产成本”总账下按“基本生产成本”“辅助生产成本”设置二级明细账，分别核算基本生产车间和辅助生产车间发生的各项生产费用。

(9) 基本生产车间生产费用的归集分配。

① 在“生产成本——基本生产成本”二级明细账下，按汽油机活塞、柴油机活塞、天然气机活塞三种产品设置三级账目。三种产品均按“直接材料”“直接人工”和“制造费用”三个成本项目归集应负担的生产费用。

② 基本生产车间发生的直接材料费用，直接人工费用均按实际发生数直接计入产品成本。

③ 基本生产车间发生的各项间接费用先通过“制造费用”账户归集，“制造费用”账户按“铸造车间”“加工车间”设置明细账，月末再将本月发生的间接生产费用按生产工时比例分配转入汽油机活塞、柴油机活塞、天然气机活塞三项产品成本中。

(10) 辅助生产车间生产费用的归集。在“生产成本——辅助生产成本”二级明细账下按“车队”“机修车间”设置三级明细账，不单独设置制造费用明细账，发生的各项费用在辅助生产费用三级明细账中归集，月末采用直接分配法按受益对象的受益量进行辅助生产费用分配。

(11) 完工产品成本计算。采用约当产量法，将期初在产品成本和本月发生费用合计数在期末在产品和完工产品之间进行分配，编制产品成本计算单。

(12) 各项税费的缴纳。企业在莱芜市国家税务局和地方税务局缴纳税金，企业为增值税一般纳税人，增值税税率为17%，城市维护建设税税率为7%，教育费附加征收率为

3%，地方教育费附加征收率为1%，印花税税率为0.03%，印花税以购销合同上的金额为计税金额，各种税费于月末计算，次月10日内缴纳；企业所得税税率为25%，企业所得税按年计算，分月缴纳，月末计提，次月10日内预缴，年终汇算清缴，多退少补(假定企业1—11月的所得税已计算上缴)。

(13) 法定盈余公积于年末一次提取，提取比例为净利润的10%。

(14) 向投资者分配利润。应分配给投资者的利润按股东的出资比例和提取法定盈余公积后剩余可供分配利润的40%于年末计算分配。

(15) 各种分配率、单价、单位成本保留六位小数，尾差在末项调整。

四、模拟企业12月经济业务

2015年12月，该公司发生以下经济业务，利用Excel完成会计核算工作。

(1) 12月1日，购现金支票等会计凭证共计43元，用银行存款支付。

(2) 12月1日，从银行提取现金3 000元，备用。

(3) 12月1日，在证券交易所购入中国国电4 000股，成交价25元/股，佣金和过户费共计154元。实付金额100 154元，已用银行存款支付。

(4) 12月1日，从工商银行取得一笔借款500 000元，还款日期是2010年6月1日，借款月利率是0.452%。

(5) 12月1日，开出现金支票，支付下一年度财产保险费3 600元。

(6) 12月2日，工会用现金发放职工生日补贴1 100元。

(7) 12月2日，铸造车间为生产汽油机活塞领用纯铝8 000千克，硅1 000千克，0#柴油1 530千克，180#重油3 060千克，液压油168千克。加工车间为生产天然气机活塞领用切削液30千克，塑料膜20千克，领用汽油机活塞包装箱50只，天然气机活塞包装箱100只。

(8) 12月2日，申办银行汇票300 000元，准备采购。

(9) 12月2日，综合部分购买办公用品计5 100元，用银行存款支付。

(10) 12月3日，财务部报销职称考试报名费380元，用现金支付。

(11) 12月3日，销售汽油机活塞10 000只，单价21元；销售天然气机活塞5 000只，单价16元。收到银行承兑汇票339 300元。

(12) 12月3日，销售部支付广告费11 568元，用银行存款支付。

(13) 12月3日，上月从泰和合金有限公司购买的1 000千克硅已验收入库，单价13.26元，计13 260元。

(14) 12月4日，从烟台顺洋贸易公司购买纯铝15 000千克，单价17元，运费15 000元，用银行存款支付不足款15元。材料尚未验收入库。

(15) 12月4日，人力资源部参加人才招聘会，用现金支付人才招聘费摊位费460元。

(16) 12月4日，将烟台顺洋贸易公司的银行承兑汇票背书转让抵付欠货款339 300元。

(17) 12月5日，之前从烟台顺洋贸易公司购买的纯铝15 000千克，到货验收入库。

(18) 12月5日，从银行提取现金8 000元备用。

(19) 12月5日，从淄博佑安石化公司购入0#柴油2 000千克，单价6.46元，已验收入库，款项尚未支付。

(20) 12月5日，综合部预借差旅费6 000元，以现金支付。

(21) 12月6日，从泰安兴旺化工有限公司购入180#重油6 000千克，单价4.25元，已验收入库，货款已用银行存款支付。

(22) 12月6日，产品完工验收入库，其中汽油机活塞2 000只，天然气机活塞13 000只。

(23) 12月6日，银行代扣上月增值税187 000元。

(24) 12月6日，银行代扣上月城市维护建设税13 090元，教育费附加5 610元，地方教育费附加1 870元，印花税612.36元，个人所得税3 219.2元。

(25) 12月6日，银行代扣上月工会经费5 322.92元。

(26) 12月6日，银行代扣上月社会保险费：基本养老保险费单位承担部分119 765.7元，个人承担部分53 229.20元；失业保险费单位承担部分6 653.65元，个人承担部分6 653.65元；工作保险费3 326.83元，生育保险费4 657.56元。

(27) 12月7日，在证券交易所卖出中国国电4 000股，成交价27.10元/股，佣金162.6元，印花税108.4元，实收银行存款108 129元。

(28) 12月7日，用银行存款支付自建仓库工程第二期进度款2 000 000元。

(29) 12月7日，铸造车间为生产汽油机活塞领用原主材料纯铝6 830千克，硅910千克；为生产柴油机活塞领用主材料纯铝6 000千克，硅500千克，0#柴油1 000千克，180#重油2 000千克，46#液压油100千克。加工车间为生产汽油机活塞领用辅助材料切削液230千克，包装材料塑料膜140千克；为生产柴油机活塞领用塑料膜30千克，汽油机活塞包装箱220只，柴油机活塞包装箱60只。

(30) 12月8日，用银行存款偿还淄博佑安石化公司的前欠货款15 116.4元。

(31) 12月8日，与济南四海贸易公司签订购销合同，该公司购买柴油机活塞5 000只，单价23元，天然气机活塞10 000只，单价16元。购买方预收价税款的80%，到账后三天内发货。收到银行存款257 400元。

(32) 12月8日，因发货错误，收到上月销售给正大机械公司退回的天然气机活塞500只，单价16元。价税款已用银行存款支付，货物已验收入库。

(33) 12月9日，综合部购打印纸15箱，单价160元，计算器15部，单价80元。款项已用银行存款支付。综合部领用7箱打印纸，6部计算器；销售部领用4箱打印纸，5部计算器；铸造车间、加工车间、机修车间、车队各领用1箱打印纸，1部计算器。

(34) 12月9日，向济南四海贸易公司发出柴油机活塞5 000只，天然气机活塞10 000只。

(35) 12月9日，支付车队保险费12 318.39元。

(36) 12月10日，收到济南四海贸易公司货款64 350元。

(37) 12月10日，用银行存款发放11月工资556 829.75元。

(38) 12月10日，用库存现金支付职工培训费2 000元。

(39) 12月10日，编制1—10日科目汇总表登记总账。

(40) 12月11日，购入工作服300套，单价150元，并验收入库用。银行存款支付45 000元。

（41）12月11日，银行代扣银行承兑汇票手续费、邮电费等计11 2.58元。

（42）12月11日，产品完工验收入库，其中汽油机活塞18 000只，柴油机活塞3 000只。

（43）12月11日，购入材料硅3 000千克，单价12.9元，价税款用银行承兑汇票支付，材料已验收入库。

（44）12月12日，购入一台铣床50 000元，增值税8 500元，装卸搬运费140元。款项已由银行支付。

（45）12月12日，铸造车间领用耐热手套69副，工作服69套；加工车间领用耐热手套156副，工作服156套，机修车间领用耐热手套5副。工作服5套；车队领用耐热手套8副，工作服8套。

（46）12月12日，用银行存款支付铣床安装费1 170元。

（47）12月13日，从泰安兴旺化工有限公司购入切削液600千克，单价15.6元；液压油300千克，单价12.38元，仅收到发票，款项未付，材料未到。

（48）12月13日，用银行存款缴纳住房公积金90 866.4元，单位与个人各负担50%。

（49）12月13日，从泰安兴旺化工有限公司购入的辅助材料已到，进行验收入库。其中，切削液600千克；液压油有100千克质量不符，需退回，实际入库200千克。

（50）12月14日，向泰安兴旺化工有限公司退回液压油有100千克。

（51）12月14日，经批准核销坏账莱芜通达机械厂的货款15 000元。

（52）12月15日，铣床已经安装完毕，交付使用。

（53）12月15日，提取现金3 000元备用。

（54）12月25日，综合部报销差旅费4 580元，收回余款现金1 420元。

（55）12月16日，从烟台顺洋贸易公司购入纯铝15 000千克，单价17元，支付运费1 500元，价税款已用银行存款支付，材料尚未验收入库。

（56）12月16日，向济南四海贸易公司销售汽油机活塞15 000只，单价21元，商品已发出，款项已收到。

（57）12月17日，用现金支付特快专递费20元。

（58）12月17日，实创机械有限公司签发的商业承兑汇票到期，收到前欠货款189 350元。

（59）12月17日，购入包装物。其中，汽油机活塞包装箱100只，单价11.47元；柴油机活塞包装箱300只，单价10.8元；天然气机活塞包装箱100只，单价10.2元。包装物已验收入库，款项已用银行存款支付。

（60）12月17日，用银行存款支付排污费共计1 500元。

（61）12月17日，从烟台顺洋贸易公司购买的纯铝15 000千克已验收入库。

（62）12月18日，铸造车间为生产柴油机活塞领用纯铝9 400千克，硅1500千克，0#柴油600千克，180#重油1 200千克，液压油75千克，切削液240千克，塑料膜100千克；为生产天然气机活塞纯铝3 200千克，硅410千克，0#柴油330千克，180#重油650千克，液压油36千克。机修车间领用钢铁除油剂30千克，劳保鞋5双。加工车间为生产柴油机活塞领用切削液240千克，塑料膜100千克，领用汽油机活塞包装箱90只，柴油机活塞包装箱170只。

(63) 12 月 18 日，用银行存款支付业务招待费 1 650 元。

(64) 12 月 18 日，用银行存款支付汽车修理费 1 380 元。

(65) 12 月 18 日，将不用的仓库向外出租，出租期一年，租赁费 9 500 元，开户行已收到仓库租金。

(66) 12 月 19 日，产品完工入库，其中汽油机活塞 10 000 只，柴油机活塞 20 000 只。

(67) 12 月 20 日，加工车间一名员工违规操作，处以罚款 300 元，已收到现金。

(68) 12 月 20 日，编制 11—20 日的科目汇总表，登记总账。

(69) 12 月 21 日，提取现金 3 000 元备用。

(70) 12 月 21 日，以现金发放职工困难补助 3 500 元。

(71) 12 月 21 日，销售产品一批，柴油机活塞 20 000 只，单价 23 元；天然气机活塞 5 000 只，单价 16 元。产品已发出，收到对方开具的商业承兑汇票一张，金额是 631 800元。

(72) 12 月 21 日，收到银行转入本公司工商银行存款户的利息收入 3 356.88 元。

(73) 12 月 22 日，从莱芜三江包装品公司购入塑料膜 200 千克，单价 14.50 元，材料已验收入库，价税款尚未支付。

(74) 12 月 22 日，有一长期贷款，约定按季付息(企业每月计提利息)，到期还本，本金为 500 000 元，现已到期，用银行存款偿还本息和共计 508 370 元。

(75) 12 月 22 日，将持有的商业承兑汇票办理贴现，票面金额是 631 800 元，贴现息 3 790.80 元，收到银行存款 628 009.20 元。

(76) 12 月 23 日，加工车间领用材料：柴油机活塞包装箱 114 只，天然气机活塞包装箱 82 只，为生产天然气机活塞领用切削液 20 千克，塑料膜 20 千克。

(77) 12 月 23 日，吸收企业法人投资款 250 万元，注册资本达到 1 000 万元，该法人占公司总资本的 20%。

(78) 12 月 23 日，应付济南顺迪合金公司的货款 13 000 元，因该公司已破产倒闭，无法支付，现将应付账款转作营业外收入。

(79) 12 月 23 日，从二级市场以每股 7.50 元的成交价购入潍柴动力股票 80 000 股。支付佣金和过户费 980 元，以银行存款支付 600 980 元。准备近期出售。

(80) 12 月 24 日，用银行存款支付本月电话费 4 828.56 元。其中，管理部门 2 011.58 元，销售部门 2 245.66 元，铸造车间 118.56 元，加工车间 138.94 元，机修车间 138.14 元，车队 175.68 元。

(81) 12 月 24 日，以银行存款支付救灾捐款 30 000 元。

(82) 12 月 24 日，完工产品入库，包括汽油机活塞 6 000 只，柴油机活塞 11 400 只，天然气机活塞 10 200 只。

(83) 12 月 25 日，车队报销汽油费 2 600 元，以银行存款支付。

(84) 12 月 25 日，提取现金 28 000 元备用。

(85) 12 月 26 日，以现金发放保健费 26 800 元。其中：管理部门 1 800 元，销售部门 1 200 元，铸造车间 6 900 元，加工车间 15 600 元，机修车间 500 元，车队 800 元。

(86) 12 月 26 日，一台熔铝炉损坏报废，原值是 84 600 元，预计使用年限为 10 年，现已使用 102 个月，已提折旧 71 400 元。同意报废，转入清理。

(87) 以银行存款支付熔铝炉的清理费 530 元。

(88) 12 月 27 日，以现金支付总经理手机话费 303 元。

(89) 12 月 28 日，将熔铝炉残料出售，收到银行存款 956 元。

(90) 12 月 28 日，结转熔铝清理损益。

(91) 12 月 28 日，销售汽油机活塞 15 000 只，单价 21 元，产品已发出，价税款尚未收到。

(92) 12 月 29 日，进行现金盘点，发生长款 100 元。

(93) 12 月 29 日，经批准，将现金长款 100 元转营业外收入。

(94) 12 月 30 日，本月照明电 7 084 度，单价 0.45 元，生产用电 108 100 度，单价 0.85 元，增值税税率均为 17%。以银行存款支付 111 235.18 元。各部门耗电量如下：管理部门 3 600 度，销售部门 800 度，机修车间 1 800 度，车队 884 度，加工车间 66 100 度，铸造车间 42 000 度。

(95) 12 月 30 日，以银行存款支付本月水费 5 546.25 元。本月共用水 2 465 方，单价 2.25 元。各部门用水量如下：管理部门 200 方，销售部门 80 方，机修车间 150 方，车队 215 方，加工车间 320 方，铸造车间 1 500 方。

(96) 12 月 31 日，用银行存款发放车队出车补贴 3 606.93 元。

(97) 12 月 31 日，计算原材料、周转材料的加权平均单价成本，对本月领用的材料进行分配和核算。

(98) 12 月 31 日，进行存货盘点清查，180＃重油账面数量 3 090 千克，实存数量 3 080千克，发现盘亏 10 千克。

(99) 12 月 31 日，经批准，将盘亏的 10 千克 180＃重油转入管理费用。

(100) 12 月 31 日，经核算，本月应付职工薪酬 667 915.11 元。其中加工车间生产工人工资 376 917.28 元，加工车间管理人员工资 8 620.13 元，铸造车间生产工人工资 166 713.40元，铸造车间管理人员工资 5 620.14 元，机修车间人员工资 11 266.26 元，车队人员工资 18 209.82 元，管理部门人员工资 51 420.54 元，销售部门人员工资 29 147.54 元。生产工人工资按产品的生产工时(小时)分配。加工车间生产总工时是 40 000 小时，其中汽油机活塞 15 000 小时，柴油机活塞 16 000 小时，天然气机活塞 9 000 小时。铸造车间生产总工时是 20 000 小时，其中汽油机活塞 7 000 小时，柴油机活塞 8 000 小时，天然气机活塞 5 000 小时。

(101) 12 月 31 日，计算本月应交纳的社会保险费，含单位和个人。

(102) 12 月 31 日，结转本月应负担的职工住房公积金，缴存基数为 567 915 元，职工个人月应缴额 45 433.20 元，单位补贴额 45 433.20 元。

(103) 12 月 31 日，结转本月应代扣代交的职工个人所得税 3 408.80 元。

(104) 12 月 31 日，计算并结转本月应交的增值税 165 846.44 元。

(105) 12 月 31 日，计算本月应负担的印花税 518.10 元、城市维护建设税 11 642.50 元、地方教育费附加 1 663.21 元、教育费附加 4989.64 元、工会经费 5343.32 元。

(106) 12 月 31 日，潍柴动力股票目前市场价为 8.88 元/股，确定其公允价值变动损益。

(107) 12 月 31 日，按应收账款余额的 0.000 5，计提本年度的坏账准备。

(108) 12 月 31 日，原材料硅的可变现净值为 16 800 元，计提存货跌价准备。

(109) 12 月 31 日，计提本月固定资产折旧：加工车间 16 000 元，铸造车间 10 000 元，机修车间 5 000 元，车队 8 000 元，管理部门 11 600 元，销售部门 3 000 元，经营出租设备 2 000 元。

(110) 12 月 31 日，计算本月应摊销的无形资产 5 000 元。

(111) 12 月 31 日，摊销本月应负担的报刊征订费 400 元，厂房保险费 300 元。

(112) 12 月 31 日，计算当月应付单的短期借款利息费用 2 260 元。

(113) 12 月 31 日，结转本月发生的职工福利费支出 31 400 元。

(114) 12 月 31 日，结转本月发生的职工教育经费支出 2 380 元。

(115) 12 月 31 日，分配辅助生产费用，具体数据如表 10-9 所示。

表 10-9　辅助生产车间提供劳务汇总表

辅助生产车间	计量单位	提供劳务总量	受益车间(部门)及受益数量					
			加工车间	铸造车间	机修车间	车队	管理部门	销售部门
机修车间	小时	1 530	800	500	—	30	120	80
车队	千米	30 400	1 500	1 000	400	—	7 500	20 000

(116) 12 月 31 日，将制造费用按生产工时比例，加工车间生产工时数 40 000 小时，铸造车间 20 000 小时。

(117) 12 月 31 日，编制产品成本计算单并结转完工入库产品成本汽油机活塞 5 000 只，完工程度 80%；柴油机活塞 8 000 只，完工程度 70%；天然气机活塞 2 000 只，完工程度 90%。

(118) 12 月 31 日，编制销售产品成本完工计算单并结转已销产品的成本。

(119) 12 月 31 日，计算应缴的企业所得税。

(120) 12 月 31 日，将损益类中的支出账户本月净发生额转入本年利润账户。

(121) 12 月 31 日，将损益类中的收入账户本月净发生额转入本年利润账户。

(122) 12 月 31 日，结转本年利润转入利润分配账户。

(123) 12 月 31 日，按全年利润的 10%提取法定盈余公积金。

(124) 12 月 31 日，按提取法定盈余公积后可分配利润的 40%计 603 722.95 元，向投资者分配利润。

(125) 12 月 31 日，结转利润分配有关明细账的余额。

(126) 12 月 31 日，编制本月的“科目汇总表”登记总账。

(127) 12 月 31 日，编制试算平衡表进行期末对账和结账。

(128) 12 月 31 日，编制会计报表。

项目实施

新建“力创公司 2015 年 12 月会计账表”文件。在文件中设置会计科目体系、期初试算平衡表、会计凭证汇总表、会计凭证、科目汇总表、期末余额表、各科目日记账总分类账和明细账、会计报表等账表文件的工作表。

▶ 1. 设置会计体系

将 Sheet1 改名为“会计科目体系”。设置会计体系如表 10-10 所示。

表 10-10 会计科目体系

科目代码	总账科目	明细科目
1001	库存现金	
1002	银行存款	
1012	其他货币资金	
1101	交易性金融资产	
110101	交易性金融资产	成本
110102	交易性金融资产	公允价值变动
1121	应收票据	
112101	应收票据	银行承兑汇票
112102	应收票据	商业承兑汇票
1122	应收账款	
112201	应收账款	莱芜通达
112202	应收账款	济南四海
1221	其他应收款	
122101	其他应收款	财产保险费
122102	其他应收款	预借差旅费
122103	其他应收款	报刊征订费
1231	坏账准备	
1402	在途物资	
140201	在途物资	原材料
1403	原材料	
14030101	原材料	原主材料—硅
14030102	原材料	原主材料—纯铝
140302	原材料	包装材料—塑料膜
14030301	原材料	燃料—柴油
14030302	原材料	燃料—重油
14030401	原材料	辅助材料—切削液
14030402	原材料	辅助材料—液压油

续表

科 目 代 码	总 账 科 目	明 细 科 目
14030403	原材料	辅助材料—钢铁除油剂
1405	库存商品	
140501	库存商品	汽油机活塞
140502	库存商品	柴油机活塞
140503	库存商品	天然气机活塞
1411	周转材料	
141101	周转材料	包装物—汽油机活塞包装箱
141102	周转材料	包装物—柴油机活塞包装箱
141103	周转材料	包装物—天然气机活塞包装箱
141104	周转材料	低值易耗品—劳保鞋
141105	周转材料	低值易耗品—耐热手套
141106	周转材料	低值易耗品—工作服
1471	存货跌价准备	
1601	固定资产	
160101	固定资产	生产用固定资产
1602	累计折旧	
1604	在建工程	
160401	在建工程	仓库工程
160402	在建工程	安装工程
1606	固定资产清理	
1702	累计摊销	
1901	待处理财产损益	
190101	待处理财产损益	待处理流动资产损益
190102	待处理财产损益	待处理固定资产损益
2001	短期借款	
2161	应付利润	
216101	应付利润	山东昊御车辆有限公司
216102	应付利润	山东汇金股份有限责任公司
216103	应付利润	陈力平

续表

科目代码	总账科目	明细科目
216104	应付利润	陈创伟
2201	应付票据	
220101	应付票据	应付银行承兑汇票
220102	应付票据	应付商业承兑汇票
2202	应付账款	
220201	应付账款	烟台顺洋
220202	应付账款	淄博佑安
220203	应付账款	泰安兴旺
220204	应付账款	莱芜三江
220205	应付账款	济南顺迪
2203	预收账款	济南四海
2211	应付职工薪酬	
221101	应付职工薪酬	工资
221102	应付职工薪酬	职工福利费
221103	应付职工薪酬	职工教育经费
221104	应付职工薪酬	工会经费
221105	应付职工薪酬	职工养老保险
221106	应付职工薪酬	失业保险
221107	应付职工薪酬	工伤保险
221108	应付职工薪酬	生育保险
221109	应付职工薪酬	住房公积金
2221	应交税费	
222101	应交税费	应交增值税—销项税额
222102	应交税费	应交增值税—进项税额
222103	应交税费	转出未交增值税
222104	应交税费	应交增值税—进项税额转出
222105	应交税费	应交印花税
222106	应交税费	应交所得税
222107	应交税费	应交教育费附加

续表

科目代码	总账科目	明细科目
222108	应交税费	应交个人所得税
222109	应交税费	应交城建税
222110	应交税费	未交增值税
222111	应交税费	地方教育费附加
2232	应付利息	
2601	长期借款	
4001	实收资本	
4002	资本公积	
4101	盈余公积	
410101	盈余公积	法定盈余公积
4103	本年利润	
4104	利润分配	
410401	利润分配	未分配利润
410402	利润分配	提取法定盈余公积
410403	利润分配	提取任意盈余公积
410404	利润分配	应付利润
5001	生产成本	
50010101	生产成本	基本生产成本—汽油机活塞—直接材料
50010102	生产成本	基本生产成本—汽油机活塞—直接人工
50010103	生产成本	基本生产成本—汽油机活塞—制造费用
50010201	生产成本	基本生产成本—柴油机活塞—直接材料
50010202	生产成本	基本生产成本—柴油机活塞—直接人工
50010203	生产成本	基本生产成本—柴油机活塞—制造费用
50010301	生产成本	基本生产成本—天然气机活塞—直接材料
50010302	生产成本	基本生产成本—天然气机活塞—直接人工
50010303	生产成本	基本生产成本—天然气机活塞—制造费用
50010401	生产成本	辅助生产成本—机修车间
50010402	生产成本	辅助生产成本—车队
5101	制造费用	

续表

科目代码	总账科目	明细科目
510101	制造费用	铸造车间
510102	制造费用	加工车间
6001	主营业务收入	
600101	主营业务收入	汽油机活塞
600102	主营业务收入	天然气机活塞
600103	主营业务收入	柴油机活塞
6051	其他业务收入	
6101	公允价值变动损益	
6111	投资收益	
6301	营业外收入	
6401	主营业务成本	
640101	主营业务成本	汽油机活塞
640102	主营业务成本	柴油机活塞
640103	主营业务成本	天然气机活塞
6402	其他业务成本	
6403	营业税金及附加	
6601	销售费用	
6602	管理费用	
660201	管理费用	办公费
660202	管理费用	差旅费
660203	管理费用	业务招待费
660204	管理费用	水电费
660205	管理费用	存货盈亏
660206	管理费用	工资薪酬
660207	管理费用	社会保险费
660208	管理费用	住房公积金
660209	管理费用	工会经费
660210	管理费用	印花税
660211	管理费用	折旧费

续表

科目代码	总账科目	明细科目
660212	管理费用	无形资产摊销
660213	管理费用	财产保险费
660214	管理费用	报刊费
660215	管理费用	职工福利费
660216	管理费用	职工教育经费
660217	管理费用	其他
6603	财务费用	
6701	资产减值损失	
670101	资产减值损失	计提的坏账准备
670102	资产减值损失	计提的存货跌价准备
6711	营业外支出	
6801	所得税费用	

▶ 2. 期初试算平衡

将 Sheet2 改名为“总分类账户期初余额试算平衡表”，录入总分类账户的期初余额，如表 10-11 所示。

表 10-11　总分类账户期初余额表　　单位：元

科目编号	科目名称	借方余额	贷方余额
1001	库存现金	988.85	
1002	银行存款	1 520 956.55	
1121	应收票据	189 350.00	
1122	应收账款	350 000.00	
1221	其他应收款	400.00	
1231	坏账准备		1 750.00
1402	在途物资	13 260.00	
1403	原材料	240 364.00	
1405	库存商品	383 014.00	
1411	周转材料	10 195.00	
1601	固定资产	7 476 129.21	
1602	累计折旧		644 706.19
1604	在建工程	300 000.00	

续表

科目编号	科目名称	借方余额	贷方余额
1701	无形资产	1 800 000.00	
1702	累计摊销		85 000.00
2202	应付账款		363 000.00
2211	预收账款		
2211	应付职工薪酬		847 305.66
2221	应交税费		211 401.56
2232	应付利息		5 580.00
2501	其他应付款		6 244.22
2601	长期借款		500 000.00
4001	实收资本		8 000 000.00
4002	资本公积		165 890.00
4103	本年利润		1 294 097.31
4104	利润分配		241 377.89
5001	生产成本	81 695.22	

只有满足“有借必有贷，借贷必相等”的试算平衡和“资产＝负债＋所有者权益”的试算平衡，才能继续下面的会计工作。

▶ 3. 编制会计凭证汇总表

将 Sheet3 改名为“会计凭证汇总表”，编制本月经济业务的会计凭证。

会计凭证汇总表格式如图 10-1 所示。

图 10-1 记账凭证汇总表图示

(1) 设置“凭证号”自动生成的公式。

(2) 设置“摘要”和“科目代码”有效性输入公式。

(3) 设置“总账科目”和“明细科目”查找输入公式。

(4) 结合项目描述中的固定资产管理、成本核算、工资管理等内容，对该公司本月的经济业务进行会计核算。

设置完成的记账凭证汇总表如表 10-12 所示。

表 10-12　力创机械制造有限公司记账凭证汇总表

单位：元

年	月	日	序号	凭证编码	摘要	总账科目代码	科目代码	总账科目	明细科目	借方金额	贷方金额
2015	12	01	001	20151201001	购银行空白凭证	6602	660217	管理费用	其他	43	
2015	12	01	001	20151201001	购银行空白凭证	1002	1002	银行存款			43
2015	12	01	002	20151201002	提取现金	1001	1001	库存现金		3 000.00	
2015	12	01	002	20151201002	提取现金	1002	1002	银行存款			3 000.00
2015	12	01	003	20151201003	购入股票，准备近期出售	6111	6111	投资收益		154	
2015	12	01	003	20151201003	购入股票，准备近期出售	1101	110101	交易性金融资产	成本	100 000.00	
2015	12	01	003	20151201003	购入股票，准备近期出售	1002	1002	银行存款			100 154.00
2015	12	01	004	20151201004	取得短期借款	1002	1002	银行存款		500 000.00	
2015	12	01	004	20151201004	取得短期借款	2001	2001	短期借款			500 000.00
2015	12	01	005	20151201005	付下一年度财产保险费	1221	122101	其他应收款	财产保险费	3 600.00	
2015	12	01	005	20151201005	付下一年度财产保险费	1002	1002	银行存款			3 600.00
2015	12	02	006	20151202006	发放职工生日补贴	2211	221102	应付职工薪酬	职工福利费	1 100.00	
2015	12	02	006	20151202006	发放职工生日补贴	1001	1001	库存现金			1 100.00
2015	12	02	007	20151202007	申办银行汇票，准备采购	1012	1012	其他货币资金		300 000.00	
2015	12	02	007	20151202007	申办银行汇票，准备采购	1002	1002	银行存款			300 000.00
2015	12	02	008	20151202008	购买办公用品	6602	660201	管理费用	办公费	510	
2015	12	02	008	20151202008	购买办公用品	1001	1001	库存现金			510
2015	12	03	009	20151203009	销职称考试报名费	2211	221103	应付职工薪酬	职工教育经费	380	
2015	12	03	009	20151203009	销职称考试报名费	1001	1001	库存现金			380

续表

年	月	日	序号	凭证编码	摘要	总账科目代码	科目代码	总账科目	明细科目	借方金额	贷方金额
2015	12	03	010	20151203010	销售产品，收到银行承兑汇票	1121	112101	应收票据	银行承兑汇票	339 300.00	
2015	12	03	010	20151203010	销售产品，收到银行承兑汇票	2221	222101	应交税费	应交增值税—销项税额		49 300.00
2015	12	03	010	20151203010	销售产品，收到银行承兑汇票	6001	600101	主营业务收入	汽油机活塞		210 000.00
2015	12	03	010	20151203010	销售产品，收到银行承兑汇票	6001	600102	主营业务收入	天然气机活塞		80 000.00
2015	12	03	011	20151203011	支付广告费	6601	6601	销售费用		11 568.00	
2015	12	03	011	20151203011	支付广告费	1002	1002	银行存款			11 568.00
2015	12	03	012	20151203012	上月购买的材料验收入库	1403	14030101	原材料	原主材料—硅	13 260.00	
2015	12	03	012	20151203012	上月购买的材料验收入库	1402	140201	在途物资	原材料		13 260.00
2015	12	04	013	20151204013	购买材料，用银行存款支付不足款	2221	222102	应交税费	应交增值税—进项税额	43 515.00	
2015	12	04	013	20151204013	购买材料，用银行存款支付不足款	1402	140201	在途物资	原材料	256 500.00	
2015	12	04	013	20151204013	购买材料，用银行存款支付不足款	1002	1002	银行存款			15.00
2015	12	04	013	20151204013	购买材料，用银行存款支付不足款	1012	1012	其他货币资金			300 000.00
2015	12	04	014	20151204014	支付人才招聘会摊位费	6602	660217	管理费用	其他	460	
2015	12	04	014	20151204014	支付人才招聘会摊位费	1001	1001	库存现金			460

续表

年	月	日	序号	凭证编码	摘要	总账科目代码	科目代码	总账科目	明细科目	借方金额	贷方金额
2015	12	04	015	20151204015	银行承兑汇票背书转让抵付欠货款	2202	220201	应付账款	烟台顺洋	339 300.00	
2015	12	04	015	20151204015	银行承兑汇票背书转让抵付欠货款	1121	112101	应收票据	银行承兑汇票		339 300.00
2015	12	05	016	20151205016	外购材料入库	1403	14030102	原材料	原主材料—纯铝	256 500.00	
2015	12	05	016	20151205016	外购材料入库	1402	140201	在途物资	原材料		256 500.00
2015	12	05	017	20151205017	提取现金	1001	1001	库存现金		8 000.00	
2015	12	05	017	20151205017	提取现金	1002	1002	银行存款			8 000.00
2015	12	05	018	20151205018	赊购材料并验收入库	2221	222102	应交税费	应交增值税—进项税额	2 196.40	
2015	12	05	018	20151205018	赊购材料并验收入库	1403	14030301	原材料	燃料—柴油	12 920.00	
2015	12	05	018	20151205018	赊购材料并验收入库	2202	220202	应付账款	淄博佑安		15 116.40
2015	12	05	019	20151205019	预借差旅费	1221	122102	其他应收款	预借差旅费	6 000.00	
2015	12	05	019	20151205019	预借差旅费	1001	1001	库存现金			6 000.00
2015	12	06	020	20151206020	购买材料并验收入库	2221	222102	应交税费	应交增值税—进项税额	4 335.00	
2015	12	06	020	20151206020	购买材料并验收入库	1403	14030302	原材料	燃料—重油	25 500.00	
2015	12	05	020	20151205020	购买材料并验收入库	1002	1002	银行存款			29 835.00
2015	12	06	021	20151206021	银行代扣上月增值税	2221	222110	应交税费	未交增值税	187 000.00	
2015	12	06	021	20151206021	银行代扣上月增值税	1002	1002	银行存款			187 000.00
2015	12	06	022	20151206022	银行代扣上月城市维护建设税等税费	2221	222105	应交税费	应交印花税	612.36	

续表

年	月	日	序号	凭证编码	摘要	总账科目代码	科目代码	总账科目	明细科目	借方金额	贷方金额
2015	12	06	022	20151206022	银行代扣上月城市维护建设税等税费	2221	222107	应交税费	地方教育费附加	1 870.00	
2015	12	06	022	20151206022	银行代扣上月城市维护建设税等税费	2221	222108	应交税费	应交个人所得税	3 219.20	
2015	12	06	022	20151206022	银行代扣上月城市维护建设税等税费	2221	222107	应交税费	应交教育费附加	5 610.00	
2015	12	06	022	20151206022	银行代扣上月城市维护建设税等税费	2221	222109	应交税费	应交城建税	13 090.00	
2015	12	06	022	20151206022	银行代扣上月城市维护建设税等税费	1002	1002	银行存款			24 401.56
2015	12	06	023	20151206023	银行代扣上月城市维护建设税等税费	2211	221104	应付职工薪酬	工会经费	5 322.92	
2015	12	06	023	20151206023	银行代扣上月工会经费	1002	1002	银行存款			5 322.92
2015	12	06	024	20151206024	交上月社会保险费	2211	221107	应付职工薪酬	工伤保险	3 326.83	
2015	12	06	024	20151206024	交上月社会保险费	2211	221108	应付职工薪酬	生育保险	4 657.56	
2015	12	06	024	20151206024	交上月社会保险费	2211	221106	应付职工薪酬	失业保险	13 307.30	
2015	12	06	024	20151206024	交上月社会保险费	2211	221105	应付职工薪酬	职工养老保险	172 994.90	
2015	12	06	024	20151206024	交上月社会保险费	1002	1002	银行存款			194 286.59
2015	12	07	025	20151207025	在证券交易所卖出“中国国电”	1002	1002	银行存款		108 129.00	
2015	12	07	025	20151207025	在证券交易所卖出“中国国电”	1101	110101	交易性金融资产	成本		100 000.00

续表

年	月	日	序号	凭证编码	摘　　要	总账科目代码	科目代码	总账科目	明细科目	借方金额	贷方金额
2015	12	07	025	20151207025	在证券交易所卖出“中国国电”	6111	6111	投资收益			8 129.00
2015	12	07	026	20151207026	支付仓库第二期工程款	1604	160401	在建工程	仓库工程	200 000.00	
2015	12	07	026	20151207026	支付仓库第二期工程款	1002	1002	银行存款			200 000.00
2015	12	08	027	20151208027	偿还欠货款	2202	220202	应付账款	淄博佑安	15 116.40	
2015	12	08	027	20151208027	偿还欠货款	1002	1002	银行存款			15 116.40
2015	12	08	028	20151208028	向济南四海公司预收销货款	1002	1002	银行存款		257 400.00	
2015	12	08	028	20151208028	向济南四海公司预收销货款	2203	2203	预收账款	济南四海		257 400.00
2015	12	08	029	20151208029	上月销售退回	2221	222101	应交税费	应交增值税—销项税额	1 360.00	
2015	12	08	029	20151208029	上月销售退回	6001	600102	主营业务收入	天然气机活塞	8 000.00	
2015	12	08	029	20151208029	上月销售退回	1002	1002	银行存款			9 360.00
2015	12	09	030	20151209030	购买打印纸等办公用品	5101	510101	制造费用	铸造车间	240	
2015	12	09	030	20151209030	购买打印纸等办公用品	5101	510102	制造费用	加工车间	240	
2015	12	09	030	20151209030	购买打印纸等办公用品	5001	50010401	生产成本	辅助生产成本—机修车间	240.000	
2015	12	09	030	20151209030	购买打印纸等办公用品	5001	50010402	生产成本	辅助生产成本—车队	240.000	
2015	12	09	030	20151209030	购买打印纸等办公用品	6601	6601	销售费用		1 040.00	
2015	12	09	030	20151209030	购买打印纸等办公用品	6602	660201	管理费用	办公费	1 600.00	
2015	12	09	030	20151209030	购买打印纸等办公用品	1002	1002	银行存款			3 600.00

续表

年	月	日	序号	凭证编码	摘　　要	总账科目代码	科目代码	总账科目	明细科目	借方金额	贷方金额
2015	12	09	031	20151209031	向济南四海公司发出商品	2203	2203	预收账款	济南四海	321 750.00	
2015	12	09	031	20151209031	向济南四海公司发出商品	6001	600103	主营业务收入	柴油机活塞		115 000.00
2015	12	09	031	20151209031	向济南四海公司发出商品	2221	222101	应交税费	应交增值税—销项税额		46 750.00
2015	12	09	031	20151209031	向济南四海公司发出商品	6001	600102	主营业务收入	天然气机活塞		160 000.00
2015	12	09	032	20151209032	支付车队保险费	5001	50010402	生产成本	辅助生产成本—车队	12318.390	
2015	12	09	032	20151209032	支付车队保险费	1002	1002	银行存款			12 318.39
2015	12	10	033	20151210033	收到济南四海公司尾款	1002	1002	银行存款		64 350.00	
2015	12	10	033	20151210033	收到济南四海公司尾款	2203	2203	预收账款	济南四海		64 350.00
2015	12	10	034	20151210034	发放 11 月工资	2211	221101	应付职工薪酬	工资	556 829.75	
2015	12	10	034	20151210034	发放 11 月工资	1002	1002	银行存款			556 829.75
2015	12	10	035	20151210035	报销职工培训费	2211	221103	应付职工薪酬	职工教育经费	2 000.00	
2015	12	10	035	20151210035	报销职工培训费	1001	1001	库存现金			2 000.00
2015	12	11	036	20151211036	购买工作服，并验收入库	1411	141106	周转材料	低值易耗品—工作服	45 000.00	
2015	12	11	036	20151211036	购买工作服，并验收入库	1002	1002	银行存款			45 000.00
2015	12	11	037	20151211037	支付银行承兑汇票承兑手续费	6603	6603	财务费用		112.58	
2015	12	11	037	20151211037	支付银行承兑汇票承兑手续费	1002	1002	银行存款			112.58
2015	12	11	038	20151211038	购入材料，验收入库	2221	222102	应交税费	应交增值税—进项税额	6 579.00	
2015	12	11	038	20151211038	购入材料，验收入库	1403	14030101	原材料	原主材料—硅	38 700.00	

续表

年	月	日	序号	凭证编码	摘要	总账科目代码	科目代码	总账科目	明细科目	借方金额	贷方金额
2015	12	11	038	20151211038	购入材料，验收入库	2201	220101	应付票据	应付银行承兑汇票		45 279.00
2015	12	12	039	20151212039	购入一台铣床，直接交付安装	2221	222102	应交税费	应交增值税—进项税额	8 500.00	
2015	12	12	039	20151212039	购入一台铣床，直接交付安装	1604	160402	在建工程	安装工程	50 140.00	
2015	12	12	039	20151212039	购入一台铣床，直接交付安装	1002	1002	银行存款			58 640.00
2015	12	12	040	20151212040	支付铣床安装费	2221	222102	应交税费	应交增值税—进项税额	170.00	
2015	12	12	040	20151212040	支付铣床安装费	1604	160402	在建工程	安装工程	1 000.00	
2015	12	12	040	20151212040	支付铣床安装费	1002	1002	银行存款			1 170.00
2015	12	12	041	20151212041	赊购料未到	2221	222102	应交税费	应交增值税—进项税额	2 222.58	
2015	12	12	041	20151212041	赊购料未到	1402	140201	在途物资	原材料	13 074.00	
2015	12	12	041	20151212041	赊购料未到	2202	220203	应付账款	泰安兴旺		15 296.58
2015	12	13	042	20151213042	交纳住房公积金	2211	221109	应付职工薪酬	住房公积金	90 866.40	
2015	12	13	042	20151213042	交纳住房公积金	1002	1002	银行存款			90 866.40
2015	12	14	043	20151214043	材料入库	1403	14030402	原材料	辅助材料—液压油	2 476.00	
2015	12	14	043	20151214043	材料入库	1403	14030401	原材料	辅助材料—切削液	9 360.00	
2015	12	14	043	20151214043	材料入库	1402	140201	在途物资	原材料		11 836.00
2015	12	14	044	20151214044	购货退回	2202	220203	应付账款	泰安兴旺	1 448.46	
2015	12	14	044	20151214044	购货退回	1402	140201	在途物资	原材料		1 238.00

续表

年	月	日	序号	凭证编码	摘　要	总账科目代码	科目代码	总账科目	明细科目	借方金额	贷方金额
2015	12	14	044	20151214044	购货退回	2221	222104	应交税费	应交增值税—进项税额转出		210.46
2015	12	15	045	20151215045	经批准核销坏账一笔	1231	1231	坏账准备		15 000.00	
2015	12	15	045	20151215045	经批准核销坏账一笔	1122	112201	应收账款	莱芜通达		15 000.00
2015	12	15	046	20151215046	铣床已安装完毕，交付使用	1601	160101	固定资产	生产用	51 131.60	
2015	12	15	046	20151215046	铣床已安装完毕，交付使用	1604	160402	在建工程	安装工程		51 131.60
2015	12	15	047	20151215047	提取现金	1001	1001	库存现金		3 000.00	
2015	12	15	047	20151215047	提取现金	1002	1002	银行存款			3 000.00
2015	12	15	048	20151215048	报销差旅费	1001	1001	库存现金		1 420.00	
2015	12	15	048	20151215048	报销差旅费	6602	660202	管理费用	差旅费	4 580.00	
2015	12	15	048	20151215048	报销差旅费	1221	122102	其他应收款	预借差旅费		6 000.00
2015	12	16	049	20151216049	购买材料，未入库	2221	222102	应交税费	应交增值税—进项税额	43 515.00	
2015	12	16	049	20151216049	购买材料，未入库	1402	140201	在途物资	原材料	256 500.00	
2015	12	16	049	20151216049	购买材料，未入库	1002	1002	银行存款			300 015.00
2015	12	16	050	20151216050	销售并收款	1002	1002	银行存款		368 550.00	
2015	12	16	050	20151216050	销售并收款	2221	222101	应交税费	应交增值税—销项税额		53 550.00
2015	12	16	050	20151216050	销售并收款	6001	600101	主营业务收入	汽油机活塞		315 000.00
2015	12	16	051	20151216051	支付特快专递费	6602	660207	管理费用	其他	20.00	
2015	12	16	051	20151216051	支付特快专递费	1001	1001	库存现金			20.00

续表

年	月	日	序号	凭证编码	摘要	总账科目代码	科目代码	总账科目	明细科目	借方金额	贷方金额
2015	12	17	052	20151217052	商业承兑汇票到期，收到款项	1002	1002	银行存款		189 350.00	
2015	12	17	052	20151217052	商业承兑汇票到期，收到款项	1121	112102	应收票据	商业承兑汇票		189 350.00
2015	12	17	053	20151217053	购入包装物并验收入库	2221	222102	应交税费	应交增值税—进项税额	919.19	
2015	12	17	053	20151217053	购入包装物并验收入库	1411	141103	周转材料	包装物—天然气机活塞包装箱	1 020.00	
2015	12	17	053	20151217053	购入包装物并验收入库	1411	141101	周转材料	包装物—汽油机活塞包装箱	1 147.00	
2015	12	17	053	20151217053	购入包装物并验收入库	1411	141102	周转材料	包装物—柴油机活塞包装箱	3 240.00	
2015	12	17	053	20151217053	购入包装物并验收入库	1002	1002	银行存款			6 326.19
2015	12	17	054	20151217054	支付排污费	6602	660207	管理费用	其他	1 500.00	
2015	12	17	054	20151217054	支付排污费	1002	1002	银行存款			1 500.00
2015	12	17	055	20151217055	材料入库	1403	14030102	原材料	原主材料—纯铝	256 500.00	
2015	12	17	055	20151217055	材料入库	1402	140201	在途物资	原材料		256 500.00
2015	12	18	056	20151218056	支付业务招待费	6602	660203	管理费用	业务招待费	1 650.00	
2015	12	18	056	20151218056	支付业务招待费	1002	1002	银行存款			1 650.00
2015	12	18	057	20151218057	支付汽车修理费	5001	50010402	生产成本	辅助生产成本—车队	1380.000	
2015	12	18	057	20151218057	支付汽车修理费	1002	1002	银行存款			1 380.00
2015	12	18	058	20151218058	收到本月产成品仓库租金	1002	1002	银行存款		10 545.00	

续表

年	月	日	序号	凭证编码	摘要	总账科目代码	科目代码	总账科目	明细科目	借方金额	贷方金额
2015	12	18	058	20151218058	收到本月产成品仓库租金	2221	222101	应交税费	应交增值税—销项税额		1 045.00
2015	12	18	058	20151218058	收到本月产成品仓库租金	6051	6051	其他业务收入			9 500.00
2015	12	20	059	20151220059	收到生产车间工人违章操作罚款	1001	1001	库存现金		300.00	
2015	12	20	059	20151220059	收到生产车间工人违章操作罚款	6301	6301	营业外收入			300.00
2015	12	21	060	20151221060	提取现金	1001	1001	库存现金		3 000.00	
2015	12	21	060	20151221060	提取现金	1002	1002	银行存款			3 000.00
2015	12	21	061	20151221061	发放职工困难补助	2211	221102	应付职工薪酬	职工福利费	3 500.00	
2015	12	21	061	20151221061	发放职工困难补助	1001	1001	库存现金			3 500.00
2015	12	21	062	20151221062	销售产品，收到商业承兑汇票	1121	112102	应收票据	商业承兑汇票	631 800.00	
2015	12	21	062	20151221062	销售产品，收到商业承兑汇票	6001	600103	主营业务收入	柴油机活塞		460 000.00
2015	12	21	062	20151221062	销售产品，收到商业承兑汇票	2221	222101	应交税费	应交增值税—销项税额		91 800.00
2015	12	21	062	20151221062	销售产品，收到商业承兑汇票	6001	600102	主营业务收入	天然气机活塞		80 000.00
2015	12	21	063	20151221063	银行转入本公司工商银行存款户的利息收入	1002	1002	银行存款		3 356.88	
2015	12	21	063	20151221063	银行转入本公司工商银行存款户的利息收入	6603	6603	财务费用			3 356.88

续表

年	月	日	序号	凭证编码	摘　　要	总账科目代码	科目代码	总账科目	明细科目	借方金额	贷方金额
2015	12	22	064	20151222064	购入材料	2221	222102	应交税费	应交增值税—进项税额	493.00	
2015	12	22	064	20151222064	购入材料	1403	140302	原材料	包装材料—塑料膜	2 900.00	
2015	12	22	064	20151222064	购入材料	2202	220204	应付账款	莱芜三江		3 393.00
2015	12	22	065	20151222065	偿还到期的长期借款	6603	6603	财务费用		2 790.00	
2015	12	22	065	20151222065	偿还到期的长期借款	2231	2231	应付利息		5 580.00	
2015	12	22	065	20151222065	偿还到期的长期借款	2601	2601	长期借款		500 000.00	
2015	12	22	065	20151222065	偿还到期的长期借款	1002	1002	银行存款			508 370.00
2015	12	22	066	20151222066	将持有的商业承兑汇票办理贴现	6603	6603	财务费用		3 790.80	
2015	12	22	066	20151222066	将持有的商业承兑汇票办理贴现	1002	1002	银行存款		628 009.20	
2015	12	22	066	20151222066	将持有的商业承兑汇票办理贴现	1121	112102	应收票据	商业承兑汇票		631 800.00
2015	12	23	067	20151223067	吸收投资	1002	1002	银行存款		2 500 000.00	
2015	12	23	067	20151223067	吸收投资	4001	4001	实收资本			2 000 000.00
2015	12	23	067	20151223067	吸收投资	4002	4002	资本公积			500 000.00
2015	12	23	068	20151223068	转销无法支付的前欠货款	2202	220205	应付账款	济南顺迪	13 000.00	
2015	12	23	068	20151223068	转销无法支付的前欠货款	6301	6301	营业外收入			13 000.00
2015	12	23	069	20151223069	购入股票	6111	6111	投资收益		980	
2015	12	23	069	20151223069	购入股票	1101	110101	交易性金融资产	成本	600 000.00	
2015	12	23	069	20151223069	购入股票	1002	1002	银行存款			600 980.00

续表

年	月	日	序号	凭证编码	摘要	总账科目代码	科目代码	总账科目	明细科目	借方金额	贷方金额
2015	12	24	070	20151224070	支付本月电话费	5101	510101	制造费用	铸造车间	118.56	
2015	12	24	070	20151224070	支付本月电话费	5001	50010401	生产成本	辅助生产成本—机修车间	138.140	
2015	12	24	070	20151224070	支付本月电话费	5101	510102	制造费用	加工车间	138.94	
2015	12	24	070	20151224070	支付本月电话费	5001	50010402	生产成本	辅助生产成本—车队	175.680	
2015	12	24	070	20151224070	支付本月电话费	6602	660201	管理费用	办公费	2 011.58	
2015	12	24	070	20151224070	支付本月电话费	6601	6601	销售费用		2 245.66	
2015	12	24	070	20151224070	支付本月电话费	1002	1002	银行存款			4 828.56
2015	12	24	071	20151224071	支付捐款	6711	6711	营业外支出		30 000.00	
2015	12	24	071	20151224071	支付捐款	1002	1002	银行存款			30 000.00
2015	12	25	072	20151225072	车队报销汽油费	5001	50010402	生产成本	辅助生产成本—车队	2600.000	
2015	12	25	072	20151225072	车队报销汽油费	1001	1001	库存现金			2 600.00
2015	12	25	073	20151225073	提取现金	1001	1001	库存现金		28 000.00	
2015	12	25	073	20151225073	提取现金	1002	1002	银行存款			28 000.00
2015	12	25	074	20151225074	发放保健费	2211	221102	应付职工薪酬	职工福利费	26 800.00	
2015	12	25	074	20151225074	发放保健费	1001	1001	库存现金			26 800.00
2015	12	25	075	20151225075	报废溶铝炉一台	1606	1606	固定资产清理		13 200.00	
2015	12	25	075	20151225075	报废溶铝炉一台	1602	1602	累计折旧		71 400.00	
2015	12	25	075	20151225075	报废溶铝炉一台	1601	160101	固定资产	生产用		84 600.00
2015	12	26	076	20151226076	支付溶铝炉清理费	1606	1606	固定资产清理		530.00	

续表

年	月	日	序号	凭证编码	摘要	总账科目代码	科目代码	总账科目	明细科目	借方金额	贷方金额
2015	12	26	076	20151226076	支付溶铝炉清理费	1002	1002	银行存款			530.00
2015	12	27	077	20151227077	报销手机话费	6602	660201	管理费用	办公费	303.00	
2015	12	27	077	20151227077	报销手机话费	1001	1001	库存现金			303.00
2015	12	28	078	20151228078	报废溶铝炉残料变价出售	1002	1002	银行存款		956.00	
2015	12	28	078	20151228078	报废溶铝炉残料变价出售	1606	1606	固定资产清理			956.00
2015	12	28	079	20151228079	结转固定资产清理净损益	6711	6711	营业外支出		12 774.00	
2015	12	28	079	20151228079	结转固定资产清理净损益	1606	1606	固定资产清理			12 774.00
2015	12	28	080	20151228080	销售产品	1122	112202	应收账款	济南四海	368 550.00	
2015	12	28	080	20151228080	销售产品	2221	222101	应交税费	应交增值税—销项税额		53 550.00
2015	12	28	080	20151228080	销售产品	6001	600101	主营业务收入	汽油机活塞		315 000.00
2015	12	29	081	20151229081	现金盘点，发生长款	1001	1001	库存现金		100.00	
2015	12	29	081	20151229081	现金盘点，发生长款	1901	1901	待处理财产损益			100.00
2015	12	29	082	20151229082	现金长款转营业外收入	1901	1901	待处理财产损益		100.00	
2015	12	29	082	20151229082	现金长款转营业外收入	6301	6301	营业外收入			100.00
2015	12	30	083	20151230083	支付本月电费	6601	6601	销售费用		421.20	
2015	12	30	083	20151230083	支付本月电费	5001	50010402	生产成本	辅助生产成本—车队	465.430	
2015	12	30	083	20151230083	支付本月电费	5001	50010401	生产成本	辅助生产成本—机修车间	947.700	
2015	12	30	083	20151230083	支付本月电费	6602	660204	管理费用	水电费	1 895.40	
2015	12	30	083	20151230083	支付本月电费	2221	222102	应交税费	应交增值税—进项税额	15 620.45	

续表

年	月	日	序号	凭证编码	摘要	总账科目代码	科目代码	总账科目	明细科目	借方金额	贷方金额
2015	12	30	083	20151230083	支付本月电费	5101	510101	制造费用	铸造车间	35 700.00	
2015	12	30	083	20151230083	支付本月电费	5101	510102	制造费用	加工车间	56 185.00	
2015	12	30	083	20151230083	支付本月电费	1002	1002	银行存款			111 235.18
2015	12	31	084	20151231084	支付本月水费	6601	6601	销售费用		180.00	
2015	12	31	084	20151231084	支付本月水费	5001	50010401	生产成本	辅助生产成本—机修车间	337.500	
2015	12	31	084	20151231084	支付本月水费	6602	660204	管理费用	水电费	450.00	
2015	12	31	084	20151231084	支付本月水费	5001	50010402	生产成本	辅助生产成本—车队	483.750	
2015	12	31	084	20151231084	支付本月水费	5101	510102	制造费用	加工车间	720.00	
2015	12	31	084	20151231084	支付本月水费	5101	510101	制造费用	铸造车间	3 375.00	
2015	12	31	084	20151231084	支付本月水费	1002	1002	银行存款			5 546.25
2015	12	31	085	20151231085	发放车队出车补贴	5001	50010402	生产成本	辅助生产成本—车队	3606.930	
2015	12	31	085	20151231085	发放车队出车补贴	1002	1002	银行存款			3 606.93
2015	12	31	086	20151231086	汇总1—31日“领料单”，编制“发料汇总表”。根据业务（7）（29）（45）（62）（80）汇总	5001	50010402	生产成本	辅助生产成本—车队	1240.000	
2015	12	31	086	20151231086	汇总1—31日“领料单”，编制“发料汇总表”。根据业务（7）（29）（45）（62）（79）汇总	5001	50010401	生产成本	辅助生产成本—机修车间	1465.400	

续表

年	月	日	序号	凭证编码	摘　　要	总账科目代码	科目代码	总账科目	明细科目	借方金额	贷方金额
2015	12	31	086	20151231086	汇总1—31日“领料单”，编制“发料汇总表”。根据业务(7)(29)(45)(62)(81)汇总	5101	510101	制造费用	铸造车间	10 695.00	
2015	12	31	086	20151231086	汇总1—31日“领料单”，编制“发料汇总表”。根据业务(7)(29)(45)(62)(82)汇总	5101	510102	制造费用	加工车间	24 180.00	
2015	12	31	086	20151231086	汇总1—31日“领料单”，编制“发料汇总表”。根据业务(7)(29)(45)(62)(77)汇总	5001	50010301	生产成本	基本生产成本—天然气机活塞—直接材料	68 452.960 000	
2015	12	31	086	20151231086	汇总1—31日“领料单”，编制“发料汇总表”。根据业务(7)(29)(45)(62)(76)汇总	5001	50010101	生产成本	基本生产成本—汽油机活塞—直接材料	312414.580	
2015	12	31	086	20151231086	汇总1—31日“领料单”，编制“发料汇总表”。根据业务(7)(29)(45)(62)(78)汇总	5001	50010201	生产成本	基本生产成本—柴油机活塞—直接材料	324054.460	
2015	12	31	086	20151231086	汇总1—31日“领料单”，编制“发料汇总表”。根据业务(7)(29)(45)(62)(90)汇总	1403	140302	原材料	包装材料—塑料膜		4 461.52

续表

年	月	日	序号	凭证编码	摘要	总账科目代码	科目代码	总账科目	明细科目	借方金额	贷方金额
2015	12	31	086	20151231086	汇总1—31日“领料单”，编制“发料汇总表”。根据业务(7)(29)(45)(62)(87)汇总	1403	14030403	原材料	辅助材料—钢铁除油剂		410.40
2015	12	31	086	20151231086	汇总1—31日“领料单”，编制“发料汇总表”。根据业务(7)(29)(45)(62)(85)汇总	1403	14030401	原材料	辅助材料—切削液		8 028.80
2015	12	31	086	20151231086	汇总1—31日“领料单”，编制“发料汇总表”。根据业务(7)(29)(45)(62)(92)汇总	1411	141102	周转材料	包装物—柴油机活塞包装箱		3 698.00
2015	12	31	086	20151231086	汇总1—31日“领料单”，编制“发料汇总表”。根据业务7)(29)(45)(62)(91)汇总	1411	141101	周转材料	包装物—汽油机活塞包装箱		4 099.50
2015	12	31	086	20151231086	汇总1—31日“领料单”，编制“发料汇总表”。根据业务(7)(29)(45)(62)(86)汇总	1403	14030402	原材料	辅助材料—液压油		4 646.54
2015	12	31	086	20151231086	汇总1—31日“领料单”，编制“发料汇总表”。根据业务(7)(29)(45)(62)(88)汇总	1403	14030301	原材料	燃料—柴油		22 697.60

续表

年	月	日	序号	凭证编码	摘　　要	总账科目代码	科目代码	总账科目	明细科目	借方金额	贷方金额
2015	12	31	086	20151231086	汇总1—31日“领料单”，编制“发料汇总表”。根据业务（7）（29）（45）（62）（89）汇总	1403	14030302	原材料	燃料—重油		29 174.02
2015	12	31	086	20151231086	汇总1—31日“领料单”，编制“发料汇总表”。根据业务（7）（29）（45）（62）（83）汇总	1403	14030102	原材料	原主材料—纯铝		568 978.60
2015	12	31	086	20151231086	汇总1—31日“领料单”，编制“发料汇总表”。根据业务（7）（29）（45）（62）（93）汇总	1411	141103	周转材料	包装物—天然气机活塞包装箱		1 854.22
2015	12	31	086	20151231086	汇总1—31日“领料单”，编制“发料汇总表”。根据业务（7）（29）（45）（62）（96）汇总	1411	141106	周转材料	低值易耗品—工作服		35 700.00
2015	12	31	086	20151231086	汇总1—31日“领料单”，编制“发料汇总表”。根据业务（7）（29）（45）（62）（94）汇总	1411	141104	周转材料	低值易耗品—劳保鞋		280.00
2015	12	31	086	20151231086	汇总1—31日“领料单”，编制“发料汇总表”。根据业务（7）（29）（45）（62）（95）汇总	1411	141105	周转材料	低值易耗品—耐热手套		1 190.00

续表

年	月	日	序号	凭证编码	摘要	总账科目代码	科目代码	总账科目	明细科目	借方金额	贷方金额
2015	12	31	086	20151231086	汇总 1—31 日“领料单”，编制“发料汇总表”。根据业务（7）（29）（45）（62）（84）汇总	1403	14030101	原材料	原主材料—硅		57 283.20
2015	12	31	087	20151231087	进行存货盘点清查，发现盘亏	1901	1901	待处理财产损益		42.22	
2015	12	31	087	20151231087	进行存货盘点清查，发现盘亏	1403	14030302	原材料	燃料—重油		42.22
2015	12	31	088	20151231088	核销存货盘亏	6602	660207	管理费用	存货盈亏	42.22	
2015	12	31	088	20151231088	核销存货盘亏	1901	1901	待处理财产损益			42.22
2015	12	31	089	20151231089	分配本月工资费用	5101	510101	制造费用	铸造车间	5 620.14	
2015	12	31	089	20151231089	分配本月工资费用	5101	510102	制造费用	加工车间	8 520.13	
2015	12	31	089	20151231089	分配本月工资费用	5001	50010401	生产成本	辅助生产成本—机修车间	11266.260	
2015	12	31	089	20151231089	分配本月工资费用	5001	50010402	生产成本	辅助生产成本—车队	18209.820	
2015	12	31	089	20151231089	分配本月工资费用	6601	6601	销售费用		29 147.54	
2015	12	31	089	20151231089	分配本月工资费用	6602	660209	管理费用	工资薪酬	51 420.54	
2015	12	31	089	20151231089	分配本月工资费用	5001	50010302	生产成本	基本生产成本—天然气机活塞—直接人工	126484.740	
2015	12	31	089	20151231089	分配本月工资费用	5001	50010102	生产成本	基本生产成本—汽油机活塞—直接人工	199693.670	

续表

年	月	日	序号	凭证编码	摘要	总账科目代码	科目代码	总账科目	明细科目	借方金额	贷方金额
2015	12	31	089	20151231089	分配本月工资费用	5001	50010202	生产成本	基本生产成本—柴油机活塞—直接人工	217452.270	
2015	12	31	089	20151231089	分配本月工资费用	2211	221101	应付职工薪酬	工资		667 915.11
2015	12	31	090	20151231090	计算本月应交的社会保险费	2211	221101	应付职工薪酬	工资	60 112.36	
2015	12	31	090	20151231090	计算本月应交的社会保险费	6602	660210	管理费用	社会保险费	134 918.86	
2015	12	31	090	20151231090	计算本月应交的社会保险费	2211	221103	应付职工薪酬	职工养老保险		173 657.93
2015	12	31	090	20151231090	计算本月应交的社会保险费	2211	221106	应付职工薪酬	失业保险		13 358.30
2015	12	31	090	20151231090	计算本月应交的社会保险费	2211	221107	应付职工薪酬	工伤保险		3 339.58
2015	12	31	090	20151231090	计算本月应交的社会保险费	2211	221108	应付职工薪酬	生育保险		4 675.41
2015	12	31	091	20151231091	结转本月应负担的职工住房公积金	2211	221101	应付职工薪酬	工资	45 433.20	
2015	12	31	091	20151231091	结转本月应负担的职工住房公积金	6602	660216	管理费用	住房公积金	45 433.20	
2015	12	31	091	20151231091	结转本月应负担的职工住房公积金	2211	221109	应付职工薪酬	住房公积金		90 866.40
2015	12	31	092	20151231092	结转本月应代扣代交的职工个人所得税	2211	221101	应付职工薪酬	工资	3 408.80	

续表

年	月	日	序号	凭证编码	摘要	总账科目代码	科目代码	总账科目	明细科目	借方金额	贷方金额
2015	12	31	092	20151231092	结转本月应代扣代交的职工个人所得税	2221	222108	应交税费	应交个人所得税		3 408.80
2015	12	31	093	20151231093	计算并结转本月应交的增值税	2221	222103	应交税费	转出未交增值税	166 779.84	
2015	12	31	093	20151231093	计算并结转本月应交的增值税	2221	222110	应交税费	未交增值税		166 779.84
2015	12	31	094	20151231094	本月应负担城建税等各项地方税(费)	6602	660212	管理费用	印花税	518.10	
2015	12	31	094	20151231094	本月应负担城建税等各项地方税(费)	6602	660208	管理费用	工会经费	5 343.32	
2015	12	31	094	20151231094	本月应负担城建税等各项地方税(费)	6405	6405	营业税金及附加		18 295.35	
2015	12	31	094	20151231094	本月应负担城建税等各项地方税(费)	2221	222105	应交税费	应交印花税		518.10
2015	12	31	094	20151231094	本月应负担城建税等各项地方税(费)	2211	221104	应付职工薪酬	工会经费		5 343.32
2015	12	31	094	20151231094	本月应负担城建税等各项地方税(费)	2221	222109	应交税费	应交城建税		11 642.50
2015	12	31	094	20151231094	本月应负担城建税等各项地方税(费)	2221	222111	应交税费	地方教育费附加		1 663.21
2015	12	31	094	20151231094	本月应负担城建税等各项地方税(费)	2221	222107	应交税费	应交教育费附加		4 989.64
2015	12	31	095	20151231095	交易性金融资产期末计量	1101	110102	交易性金融资产	公允价值变动	110 400.00	

续表

年	月	日	序号	凭证编码	摘要	总账科目代码	科目代码	总账科目	明细科目	借方金额	贷方金额
2015	12	31	095	20151231095	交易性金融资产期末计量	6101	6101	公允价值变动损益			110 400.00
2015	12	31	096	20151231096	计提本年度的坏账准备	6701	670101	资产减值损失	计提的坏账准备	16 767.75	
2015	12	31	096	20151231096	计提本年度的坏账准备	1231	1231	坏账准备			16 767.75
2015	12	31	097	20151231097	计提存货跌价准备	6701	670102	资产减值损失	计提的存货跌价准备	5 476.80	
2015	12	31	097	20151231097	计提存货跌价准备	1471	1471	存货跌价准备			5 476.80
2015	12	31	098	20151231098	计提固定资产折旧	6402	6402	其他业务成本		2 000.00	
2015	12	31	098	20151231098	计提固定资产折旧	6601	6601	销售费用		3 000.00	
2015	12	31	098	20151231098	计提固定资产折旧	5001	50010401	生产成本	辅助生产成本—机修车间	5000.000	
2015	12	31	098	20151231098	计提固定资产折旧	5001	50010402	生产成本	辅助生产成本—车队	8000.000	
2015	12	31	098	20151231098	计提固定资产折旧	5101	510101	制造费用	铸造车间	10 000.00	
2015	12	31	098	20151231098	计提固定资产折旧	6602	660213	管理费用	折旧费	11 600.00	
2015	12	31	098	20151231098	计提固定资产折旧	5101	510102	制造费用	加工车间	16 000.00	
2015	12	31	098	20151231098	计提固定资产折旧	1602	1602	累计折旧			55 600.00
2015	12	31	099	20151231099	摊销无形资产	6602	660211	管理费用	无形资产摊销	5 000.00	
2015	12	31	099	20151231099	摊销无形资产	1702	1702	累计摊销			5 000.00
2015	12	31	100	20151231100	摊销本月应负担的报刊征订费及财产保险费	6602	660206	管理费用	财产保险费	300.00	
2015	12	31	100	20151231100	摊销本月应负担的报刊征订费及财产保险费	6602	660205	管理费用	报刊费	400.00	

续表

年	月	日	序号	凭证编码	摘要	总账科目代码	科目代码	总账科目	明细科目	借方金额	贷方金额
2015	12	31	100	20151231100	摊销本月应负担的报刊征订费及财产保险费	1221	122103	其他应收款	报刊征订费		400.00
2015	12	31	100	20151231100	摊销本月应负担的报刊征订费及财产保险费	1221	122101	其他应收款	财产保险费		300.00
2015	12	31	101	20151231101	当月应负担的借款利息费用	6603	6603	财务费用		2 260.00	
2015	12	31	101	20151231101	当月应负担的借款利息费用	2231	2231	应付利息			2 260.00
2015	12	31	102	20151231102	结转本月发生的职工福利费支出	6602	660214	管理费用	职工福利费	31 400.00	
2015	12	31	102	20151231102	结转本月发生的职工福利费支出	2211	221102	应付职工薪酬	职工福利费		31 400.00
2015	12	31	103	20151231103	结转本月发生的职工教育经费支出	6602	660215	管理费用	职工教育经费	2 380.00	
2015	12	31	103	20151231103	结转本月发生的职工教育经费支出	2211	221103	应付职工薪酬	职工教育经费		2 380.00
2015	12	31	104	20151231104	分配辅助生产费用	5101	510102	制造费用	加工车间	8 089.00	
2015	12	31	104	20151231104	分配辅助生产费用	5101	510101	制造费用	铸造车间	12 780.00	
2015	12	31	104	20151231104	分配辅助生产费用	6602	660217	管理费用	其他	13 731.60	
2015	12	31	104	20151231104	分配辅助生产费用	6601	6601	销售费用		33 514.40	
2015	12	31	104	20151231104	分配辅助生产费用	5001	50010402	生产成本	辅助生产成本—车队		48720.000

续表

年	月	日	序号	凭证编码	摘要	总账科目代码	科目代码	总账科目	明细科目	借方金额	贷方金额
2015	12	31	104	20151231104	分配辅助生产费用	5001	50010401	生产成本	辅助生产成本—机修车间		19395.000
2015	12	31	105	20151231105	将制造费用按生产工时比例分配结转	5001	50010303	生产成本	基本生产成本—天然气机活塞—制造费用	45203.830	
2015	12	31	105	20151231105	将制造费用按生产工时比例分配结转	5001	50010103	生产成本	基本生产成本—汽油机活塞—制造费用	70417.230	
2015	12	31	105	20151231105	将制造费用按生产工时比例分配结转	5001	50010203	生产成本	基本生产成本—柴油机活塞—制造费用	77080.710	
2015	12	31	105	20151231105	将制造费用按生产工时比例分配结转	5101	510101	制造费用	铸造车间		73 837.70
2015	12	31	105	20151231105	将制造费用按生产工时比例分配结转	5101	510102	制造费用	加工车间		118 864.07
2015	12	31	106	20151231106	结转完工入库产品成本	1405	140503	库存商品	天然气机活塞	277 595.15	
2015	12	31	106	20151231106	结转完工入库产品成本	1405	140501	库存商品	汽油机活塞	531 555.26	
2015	12	31	106	20151231106	结转完工入库产品成本	1405	140502	库存商品	柴油机活塞	544 552.00	
2015	12	31	106	20151231106	结转完工入库产品成本	5001	50010201	生产成本	基本生产成本—柴油机活塞—直接材料		286462.560
2015	12	31	106	20151231106	结转完工入库产品成本	5001	50010202	生产成本	基本生产成本—柴油机活塞—直接人工		190042.800
2015	12	31	106	20151231106	结转完工入库产品成本	5001	50010203	生产成本	基本生产成本—柴油机活塞—制造费用		64106.350

续表

年	月	日	序号	凭证编码	摘　　要	总账科目代码	科目代码	总账科目	明细科目	借方金额	贷方金额
2015	12	31	106	20151231106	结转完工入库产品成本	5001	50010203	生产成本	基本生产成本—柴油机活塞—制造费用		68046.640
2015	12	31	106	20151231106	结转完工入库产品成本	5001	50010101	生产成本	基本生产成本—汽油机活塞—直接材料		286268.110
2015	12	31	106	20151231106	结转完工入库产品成本	5001	50010102	生产成本	基本生产成本—汽油机活塞—直接人工		181180.800
2015	12	31	106	20151231106	结转完工入库产品成本	5001	50010301	生产成本	基本生产成本—天然气机活塞—直接材料		110617.590
2015	12	31	106	20151231106	结转完工入库产品成本	5001	50010302	生产成本	基本生产成本—天然气机活塞—直接人工		122161.920
2015	12	31	106	20151231106	结转完工入库产品成本	5001	50010303	生产成本	基本生产成本—天然气机活塞—制造费用		44815.640
2015	12	31	107	20151231107	结转已销产品的成本	6401	640103	主营业务成本	天然气机活塞	233 610.00	
2015	12	31	107	20151231107	结转已销产品的成本	6401	640102	主营业务成本	柴油机活塞	396 905.00	
2015	12	31	107	20151231107	结转已销产品的成本	6401	640101	主营业务成本	汽油机活塞	593 816.00	
2015	12	31	107	20151231107	结转已销产品的成本	1405	140502	库存商品	柴油机活塞		396 905.00
2015	12	31	107	20151231107	结转已销产品的成本	1405	140501	库存商品	汽油机活塞		593 816.00
2015	12	31	107	20151231107	结转已销产品的成本	1405	140503	库存商品	天然气机活塞		233 610.00
2015	12	31	108	20151231108	计算本月应交的所得税	6801	6801	所得税费用		38 356.50	
2015	12	31	108	20151231108	计算本月应交的所得税	2221	222106	应交税费	应交所得税		38 356.50
2015	12	31	109	20151231109	结转损益类中的支出类账户	4103	4103	本年利润		1 752 225.52	

续表

年	月	日	序号	凭证编码	摘要	总账科目代码	科目代码	总账科目	明细科目	借方金额	贷方金额
2015	12	31	109	20151231109	结转损益类中的支出类账户	6401	6401	主营业务成本			1 224 331.00
2015	12	31	109	20151231109	结转损益类中的支出类账户	6405	6405	营业税金及附加			18 295.35
2015	12	31	109	20151231109	结转损益类中的支出类账户	6402	6402	其他业务成本			2 000.00
2015	12	31	109	20151231109	结转损益类中的支出类账户	6601	6601	销售费用			81 116.80
2015	12	31	109	20151231109	结转损益类中的支出类账户	6602	6602	管理费用			317 510.82
2015	12	31	109	20151231109	结转损益类中的支出类账户	6603	6603	财务费用			5 596.50
2015	12	31	109	20151231109	结转损益类中的支出类账户	6711	6711	营业外支出			42 774.00
2015	12	31	109	20151231109	结转损益类中的支出类账户	6701	6701	资产减值损失			22 244.55
2015	12	31	109	20151231109	结转损益类中的支出类账户	6801	6801	所得税费用			38 356.50
2015	12	31	110	20151231110	结转损益类中的收入类账户	6111	6111	投资收益		6 995.00	
2015	12	31	110	20151231110	结转损益类中的收入类账户	6051	6051	其他业务收入		9 500.00	

续表

年	月	日	序号	凭证编码	摘要	总账科目代码	科目代码	总账科目	明细科目	借方金额	贷方金额
2015	12	31	110	20151231110	结转损益类中的收入类账户	6301	6301	营业外收入		13 400.00	
2015	12	31	110	20151231110	结转损益类中的收入类账户	6101	6101	公允价值变动损益		110 400.00	
2015	12	31	110	20151231110	结转损益类中的收入类账户	6001	6001	主营业务收入		1 727 000.00	
2015	12	31	110	20151231110	结转损益类中的收入类账户	4103	4103	本年利润			1 867 295.00
2015	12	31	111	20151231111	将本年利润结转到利润分配账户	4103	4103	本年利润		115 069.48	
2015	12	31	111	20151231111	将本年利润结转到利润分配账户	4104	410401	利润分配	未分配利润		115 069.48
2015	12	31	112	20151231112	提取法定盈余公积	4104	410402	利润分配	提取法定盈余公积	140 916.68	
2015	12	31	112	20151231112	提取法定盈余公积	4101	4101	盈余公积	法定盈余公积		140 916.68
2015	12	31	113	20151231113	向投资者分配利润	4104	410403	利润分配	应付利润	507 300.05	
2015	12	31	113	20151231113	向投资者分配利润	2161	216101	应付利润	山东昊御车辆有限公司		202 920.02
2015	12	31	113	20151231113	向投资者分配利润	2161	216102	应付利润	山东汇金股份有限责任公司		177 555.02
2015	12	31	113	20151231113	向投资者分配利润	2161	216103	应付利润	陈力平		76 095.01
2015	12	31	113	20151231113	向投资者分配利润	2161	216104	应付利润	陈创伟		50 730.00
2015	12	31	114	20151231114	结转利润分配明细账户	4104	410401	利润分配	未分配利润	648216.73	
2015	12	31	114	20151231114	结转利润分配明细账户	4104	410402	利润分配	提取法定盈余公积		140 916.68
2015	12	31	114	20151231114	结转利润分配明细账户	4104	410403	利润分配	应付利润		507 300.05

4. 编制科目汇总表

用数据透视表的方式，编制本月科目汇总表。数据透视时会产生新的工作表，将工作表命名为“科目汇总表”，如表 10-13 所示。

表 10-13　力创机械制造有限公司 2015 年 12 月科目汇总表

单位：元

总账科目代码	总账科目	数据	
		求和项：借方金额	求和项：贷方金额
1001	库存现金	46 820	43 673
1002	银行存款	4 629 751.08	3 470 027.7
1012	其他货币资金	300 000	300 000
1101	交易性金融资产	810 400	100 000
1121	应收票据	971 100	1 160 450
1122	应收账款	368 550	15 000
1221	其他应收款	9 600	6 700
1231	坏账准备	15 000	16 767.75
1402	在途物资	525 864	539 124
1403	原材料	617 906	695 722.9
1405	库存商品	1 353 702.41	1 224 331
1411	周转材料	50 407	46 821.72
1471	存货跌价准备		5 476.8
1601	固定资产	51 131.6	84 600
1602	累计折旧	71 400	55 600
1604	在建工程	251 131.6	51 131.6
1606	固定资产清理	13 730	13 730
1702	累计摊销		5 000
1901	待处理财产损益	142.22	142.22
2001	短期借款		500 000
2161	应付利润		603 722.95
2201	应付票据		45 279
2202	应付账款	368 864.86	33 805.98
2203	预收账款	321 750	321 750
2211	应付职工薪酬	990 040.02	992 936.05

续表

总账科目代码	总账科目	数据	
		求和项：借方金额	求和项：贷方金额
2221	应交税费	506 562.02	521 941.89
2231	应付利息	5 580	2 260
2601	长期借款	500 000	
4001	实收资本		2 000 000
4101	盈余公积		140 881.06
4002	资本公积		500 000
4103	本年利润	3 161 392.31	1 867 295
4104	利润分配	1 489 208.02	2 153 414.56
5001	生产成本	1 509 369.446	1 421 817.41
5101	制造费用	192 701.77	192 701.77
6001	主营业务收入	1 735 000	1 735 000
6051	其他业务收入	9 500	9 500
6101	公允价值变动损益	110 400	110 400
6111	投资收益	8 129	8 129
6301	营业外收入	13 400	13 400
6401	主营业务成本	1 224 331	1 224 331
6402	其他业务成本	2 000	2 000
6405	营业税金及附加	18 770.35	18 770.35
6601	销售费用	81 116.8	81 116.8
6602	管理费用	317 510.82	317 510.82
6603	财务费用	8 953.38	8 953.38
6701	资产减值损失	22 244.55	22 244.55
6711	营业外支出	42 774	42 774
6801	所得税费用	38 237.74	38 237.74
总计		22 764 472	22 764 472

▶ 5. 登记账簿

主要登记日记账、明细账和总分类账。用数据筛选的方式选出本月发生经济业务的核算信息，复制到相应的账簿中。以“库存现金”为例，处理结果如表 10-14 所示。

▶ 6. 编制会计报表

资产负债表和利润表如表 10-15 和表 10-16 所示。

表 10-14　力创机械制造有限公司 2015 年 12 月现金日记账

年	月	日	序号	凭证编码	摘　　要	借方金额	贷方金额	方向	余额
2015	12	01			期初余额			借	988.85
2015	12	01	002	20151201002	提取现金	3 000.00		借	3 988.85
2015	12	02	006	20151202006	发放职工生日代金		1 100.00	借	2 888.85
2015	12	02	008	20151202008	购买办公用品		510	借	2 378.85
2015	12	03	009	20151203009	报销职称考试报名费		380	借	1 998.85
2015	12	04	014	20151204014	支付人才招聘会摊位费		460	借	1 538.85
2015	12	05	017	20151205017	提取现金	8 000.00		借	9 538.85
2015	12	05	019	20151205019	预借差旅费		6 000.00	借	3 538.85
2015	12	10	035	20151210035	报销职工培训费		2 000.00	借	1 538.85
2015	12	15	047	20151215047	提取现金	3 000.00		借	4 538.85
2015	12	15	048	20151215048	报销差旅费	1 420.00		借	5 958.85
2015	12	16	051	20151216051	支付特快专递费		20.00	借	5 938.85
2015	12	20	059	20151220059	收到生产车间工人违章操作罚款	300.00		借	6 238.85
2015	12	21	060	20151221060	提取现金	3 000.00		借	9 238.85
2015	12	21	061	20151221061	发放职工困难补助		3 500.00	借	5 738.85
2015	12	25	072	20151225072	车队报销汽油费		2 600.00	借	3 138.85
2015	12	25	073	20151225073	提取现金	28 000.00		借	31 138.85
2015	12	25	074	20151225074	发放保健费		26 800.00	借	4 338.85
2015	12	27	077	20151227077	报销手机话费		303.00	借	4 035.85
2015	12	29	081	20151229081	现金盘点，发现长款	100.00		借	4 135.85
2015	12	31			本月合计	46820	43673		4 135.85

表 10-15 资产负债表

会企 01 表

编制单位：力创机械制造有限公司　　2015 年 12 月 31 日　　单位：元

资　产	行　次	期末余额	年初余额	负债和所有者权益	行　次	期末余额	年初余额
流动资产：				流动负债：			
货币资金	1	2 685 530.78		短期借款	32	500 000.00	
交易性金融资产	2	710 400.00		交易性金融负债	33		
应收票据	3			应付票据	34	45 279.00	
应收账款	4	700 032.25		应付账款	35	27 941.12	
预付账款	5			预收账款	36		
应收利息	6			应付职工薪酬	37	850 201.69	
应收股利	7			应交税费	38	227 358.59	
其他应收款	8	3 300.00		应付利息	39	2 250.00	
存货	9	852 693.25		应付股利	40	507 300.05	
一年内到期的非流动资产	10			其他应付款	41	6 244.22	
其他流动资产	11			一年内到期的非流动负债	42		
流动资产合计	12	4 951 956.28		其他流动负债	43		
非流动资产：				流动负债合计	44	2 166 584.67	
可供出售金融资产	13			非流动负债：			
持有至到期投资	14			长期借款	45		
长期应收款	15			应付债券	46		
长期股权投资	16			长期应付款	47		
投资性房地产	17			专项应付款	48		
固定资产	18	6 813 754.62		预计负债	49		
在建工程	19	500 008.40		递延所得税负债	50		
工程物资	20			其他非流动负债	51		
固定资产清理	21			非流动负债合计	52		
生产性生物资产	22			负债合计	53	2 166 584.67	
油气资产	23			所有者权益：	54		
无形资产	24	1 710 000.00		实收资本(或股本)	55	10 000 000.00	
开发支出	25			资本公积	56	665 890.00	
商誉	26			减：库存股	57		
长期待摊费用	27			盈余公积	58	140 916.68	
递延所得税资产	28			未分配利润	59	1 002 327.95	
其他非流动资产	29			所有者权益(或股东权益合计)	60	11 809 134.63	
非流动资产合计	30	9 023 763.02					
资产总计	31	13 975 719.30		负债和所有者权益总计	61	13 975 719.30	

表 10-16　利　润　表

会企 02 表

编制单位：力创机械制造有限公司　　2015 年 12 月　　单位：元

项　　目	行　次	本期金额	上期金额
一、营业收入	1	1 744 500.00	
减：营业成本	2	1 226 331.00	
营业税金及附加	3	18 295.35	
销售费用	4	81 116.80	
管理费用	5	317 510.82	
财务费用	6	8 953.38	
资产减值损失	7	22 244.55	
加：公允价值变动收益(损失以“－”号填列)	8	110 400.00	
投资收益(损失以“－”号填列)	9	6 995.00	
其中：对联营企业和合营企业的投资收益	10		
二、营业利润(亏损以“－”号填列)	11	187 443.10	
加：营业外收入	12	13 400.00	
减：营业外支出	13	42 774.00	
其中：非流动资产处置损失	14		
三、利润总额(亏损总额以“－”号填列)	15	158 069.10	
减：所得税费用	16	38 356.50	
四、净利润(净亏损以“－”号填列)	17	119 712.60	
五、每股收益	18		
(一)基本每股收益	19		
(二)稀释每股收益	20		

单位负责人：　　财会负责人：　　复核：　　制表：

参 考 文 献

[1] 孟俊婷. Excel 在财务管理中的应用[M]. 上海：立信会计出版社，2012.

[2] 姜国君，王兰兰. Excel 在会计实务中的应用[M]. 上海：立信会计出版社，2008.

[3] 王顺金，庄小欧. Excel 财务与会计应用精粹[M]. 北京：北京理工大学出版社，2014.

[4] 于政红. 中级财务会计[M]. 上海：立信会计出版社，2008.

[5] 李江霞. Excel 在财务管理中的应用[M]. 北京：北京邮电大学出版社，2011.

[6] 邵亮，王丹，金峰州. Excel 在会计中的应用[M]. 北京：教育科学出版社，2014.

[7] 刘铁. Excel 在财务中的应用[M]. 上海：立信会计出版社，2013.

[8] 陈跃安等. Excel 在财务和管理中的应用[M]. 北京：北京大学出版社，2013.

[9] 詹二妹. 会计综合模拟实训[M]. 上海：立信会计出版社，2013.

[10] 赵军荣，马维成. 财务报表编制与分析[M]. 北京：北京邮电大学出版社，2013.